U0070586

關於**邏輯學** 100 Stories of
的100個故事 **Logic**

吳正榮◎著

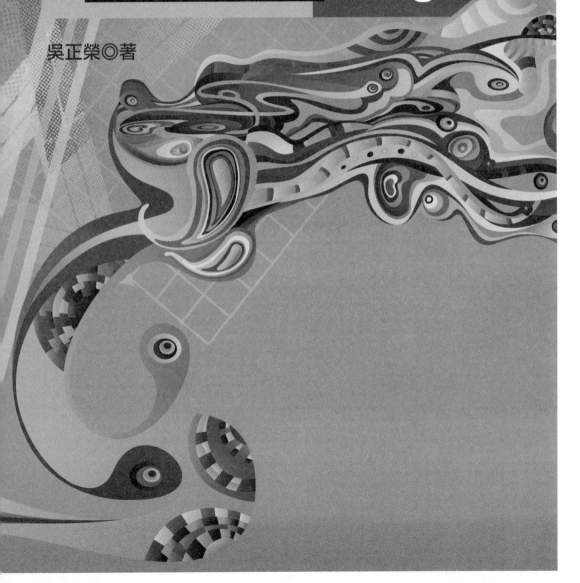

這是一本讓邏輯學變得輕鬆、好玩、實用的書

在中文的使用中，我們經常會聽到「邏輯」這個詞。比如，數學家們會說：「你這個數學推理不合邏輯。」哲學家們會說：「這個哲學解釋在邏輯上看來是合理的。」即便是在日常生活中，老師也會經常對學生說：「寫作文一定要有邏輯性。」

那麼，究竟什麼是邏輯呢？

簡單來說，邏輯是人的一種抽象思維，是人透過概念、判斷、推理、論證來理解和區分客觀世界的思維過程。

如果僅從定義來看，邏輯學是抽象複雜的，但也是非常重要的。它是哲學的一個重要分支，也是歐美通識教育中很重要的一門學科。著名哲學家羅素就是邏輯學家出身，維特根斯坦、胡塞爾等西方哲學史上名震千古的人物也都在邏輯學上有著重要的貢獻。

邏輯學之所以容易被人忽視，與語言被認為是枯燥乏味和推導過程複雜有關。但是，讀完本書之後，你會驚奇地發現，邏輯學完全可以變得輕鬆、好玩、實用。

在書中，作者透過一百個故事來解讀邏輯學，讀者們很容易就能

掌握邏輯學的一些重要的知識和推導過程。

全書分為四大章，從一開始介紹了邏輯學所涉及的定義、術語，到邏輯學所包含的類別以及我們常用的一些方法，接著介紹了邏輯學的歷史淵源和代表人物，最後闡述了邏輯學的四大基本規律以及在各方面的應用情況。

在第一章中，作者透過人們常見的一些邏輯學的概念和術語來展現一個大致的框架，說明什麼是邏輯學，我們生活中隨處可見的思維現象用邏輯學的術語如何界定。

第二章是全書的主體部分，重點講述了邏輯學的分類和方法，作者細化為六個小節分別進行闡述——

第一小節中，對於命題邏輯最為著名的「三段論」、「模態命題」、「二難命題」等，作者用通俗易懂的故事和簡單明瞭的邏輯運算式來闡述這些看起來枯燥無比的內容。

第二小節的符號邏輯，重點涉及到電腦、量子力學、熱力學等方面的邏輯學應用及實驗猜想。

第三小節的語言邏輯，詳細介紹了在語言的發展過程中所出現的邏輯學痕跡，「謂詞」的理解，什麼是「真值表」，什麼叫「一語雙關」，以及生活中常見的言語行為理論、預設和推演。

第四小節悖論邏輯最為有趣，作者整理分析了世界上著名的邏輯悖論，這些悖論大多是沒有答案的，但卻提供了一個開放式的空間讓大家繼續探索思考。

歸納推理是邏輯學最直接的表達形式，作者在第五小節中列舉了多種推理形式的使用要求和適用範圍。

第六小節的謬誤則是抽取分析了世界上一些最著名的邏輯謬誤，避免讀者朋友在使用中出現這樣的謬誤或者陷入謬誤的圈套不自知。

在第三章中，透過展示古今中外邏輯名家們的主張和大膽設想，讓讀者朋友見證邏輯學是如何一步步走到今天的。

最後一章介紹了邏輯學的四大基本規律：「同一律」、「矛盾律」、「排中律」、「充足理由律」，這些規律彼此依存，在邏輯學應用中不可或缺。而邏輯學在我們的生活中、倫理道德中、科學研究中、經濟發展中、哲學探索中、政治主張中，以及法律裁決中都具有極其重要的地位，潛移默化地成為這些領域的應用工具，這也讓讀者朋友對於邏輯學的用途有了更為深入的瞭解。

當然，邏輯學有其廣闊的研究領域，在日常生活中也有不可替代的作用，本書只是在邏輯學研究的廣闊沃土上略作耕耘，以盡綿薄之力而已。

親愛的讀者們，你瞭解邏輯嗎？你想成為邏輯大師嗎？你是不是曾經也想學習邏輯學，卻被大量的枯澀論述和複雜公式擋住了去路？

現在，你不用擔心了！

本書用超簡單、超實用、超有趣的方法告訴你，邏輯學沒有那麼難，起碼沒有你想像中的那麼難。

我們該如何學習邏輯學

　　一提起邏輯，有的人會覺得它很無趣，因為那些符號和公式看起來十分枯燥乏味；有的人則把它看得很神祕，似乎高深莫測，離我們很遠。其實，邏輯就是我們的身邊，有著無限的趣味，只要你換個角度學習邏輯，就會發現邏輯真的很好玩。

　　經常有朋友會這樣問我：「你研究邏輯學那麼久，能不能寫一本人人都能看懂的邏輯學？」

　　其實，為大眾讀者寫一本通俗易懂的邏輯學，很早以來就是我的願望。但是由於工作繁忙，加上各式各樣的原因，一直沒能達成。恰巧的是，出版社的編輯找到了我，和我溝通能不能透過講故事的形式來解讀邏輯學的知識。這個想法和我的初衷一拍即合，我當即便愉快地接受了這個「任務」。

　　在動筆之前，我做了大量的生活實例調查研究和資料整理，盡可能讓書中的故事貼近大眾的生活，語言也盡可能通俗易懂，旨在讓每個人都能進入到邏輯學五光十色的世界中。但畢竟每個人對於邏輯學的理解不同，能否滿足大家對邏輯學的學習需求，我們也是忐忑的，

在此，期望讀者們對本書的不足之處給予批評指正。

在閱讀正文之前，我先來說說我們該如何學習邏輯學。

首先，不要對這門學科「過於認真」。

邏輯學本身雖然是嚴謹的學科，但是它透過概念、判斷、推理、論證來理解和區分客觀世界的思維過程卻是條條大路通羅馬。換句話說，不同的思維過程就會得出不同的邏輯結果。有人說過，你不必對這個世界太認真，這句話也可以運用到邏輯學的學習過程中。如果你對邏輯學太過於認真，最後必然會落到無路可走的地步。毫不誇張地說，世界上最恐怖的事情莫過於走到了思維的死角。

其次，要學會思考，培養正確的邏輯精神。

蘇格拉底曾經說過：「未經思考的人生是不值得過的。」柏拉圖學園掛有一塊牌子：「不懂哲學者不得入內。」這兩位大師的要求固然比較高，但也從側面說明，人生不能缺少思考，特別是在學習邏輯學上。邏輯學不需要死記硬背，將邏輯學的知識先進行思考，再靈活運用到生活中，才是邏輯學真正想教各位讀者的精髓。

最後，將邏輯學變得簡單、好玩、實用，才是學習邏輯學的最終目的。

當你學會了邏輯學，你就能猜透生活中的那些小「意外」究竟是怎麼一回事。除了懂得，你也能夠從書中的故事體會出邏輯學的用處來。比如，如何運用邏輯逃過難關（見《劉墉巧過生死劫——因果聯繫歸納》一文），如何運用邏輯釣到一個金龜婿（見《可怕的老婆——

不相干謬誤》一文），如何運用邏輯找到一個好工作（見《意外的面試──合成謬誤》一文）。

當然，學習不僅只有趣味性，還要有知識性。在維持一百個故事的趣味性之外，我還用通俗易懂的語言詳細講解了與故事相關的一百個邏輯學的基本知識點，即便是從來沒有接觸過邏輯學的讀者們，也能輕易讀懂。

說了這麼多，你還在等什麼？

認識運用邏輯學，從這裡開始吧！

目錄

 第三章　邏輯學的歷史淵源及著名人物

第四章　邏輯學的基本規律及應用

第一章

邏輯學的定義和術語

所有希臘人終有一死
什麼是邏輯學

邏輯學是研究思維的學科，主要研究思維的邏輯形式和規律，以及一些邏輯法。

西元前三二〇年，在雅典城邦的郊外矗立著一座花園式的學校，名叫呂克昂學園（Lyceum）。這裡不但有宏偉的阿波羅神廟，還有很多幽靜清涼的林蔭道、鮮花走廊和四季長流的大噴泉。能在這樣美麗的風景裡求學，本身就是一件愜意的事，更何況這裡聚集了一些當時雅典知識最淵博的學者。

在呂克昂學園裡，學生們經常會看到一位六十多歲的老人帶領著十幾個年輕人在鮮花走廊或是林蔭道上緩緩而行，低年級的學生每每看到他們，都會駐足脫帽以表示對他們的尊敬。這位老人就是他們的校長亞里斯多德，而被他親自教授的學生是呂克昂學園高年級的學員。

拉斐爾的名畫《雅典學院》，畫面中心是兩位偉大的學者——柏拉圖與亞里斯多德，他們似乎是一邊進行著激烈的爭論，一邊向觀眾方向走來。

這天，亞里斯多德

帶著高年級的學員走到噴泉邊，坐在大石頭上小憩。他的一個學生問他：「老師，您能不能再講一遍三段論是什麼？」

亞里斯多德捋了一把自己的鬍子，給發問的學生舉了一個例子，這個例子在日後被邏輯學廣為引用。

亞里斯多德的這個例子共分為三句話。第一句是「所有希臘人是人」，第二句是「所有人終有一死」，第三句是「因此，所有希臘人終有一死」。

亞里斯多德對學生解釋說：「如果我們把前兩句當作證據，就可以透過它們得出第三句話的結論。也就是說……」他在周圍找了個樹枝，給學生們在地上畫了一個公式：

所有希臘人是人

所有人終有一死

———————————

所有希臘人終有一死

他指著第一和第二句話說：「這第一句『所有希臘人是人』包含著大項，我們可以將它看作大前提；第二句『所有人終有一死』包含著稍小於前面一句的概念項，我們可以把它看作小前提，這兩個前提可以得出第三句『所有希臘人終有一死』的結論。這種由兩個前提推斷出一個結局的推理過程就叫做三段論。」

學生們都陷入思考，有個好動的學生說：「那我也來舉個例子，我家鄉有個諺語正是符合老師說的三段論。諺語是這樣說的：如果你的錢包在你的口袋裡，而你的錢在你的錢包裡，那麼你的錢就一定是在你的口袋裡。」

亞里斯多德點點頭表示贊同，一個思維敏捷備受亞里斯多德喜愛的學生繼續開口說：「我們在研究三段論時，也要注意兩個前提的正確性，才能得出結論的準確性。」

亞里斯多德贊同他的看法：「如果大、小前提中的概念表述不明，那麼也就不會有結論的準確。這就是最簡單的思維推理。」

後來，亞里斯多德將自己畢生對於思維的研究，包括三段論都寫成了書流傳後世，他將這種對於思維推理的學科命名為邏輯學。

這樣學邏輯其實很有趣

邏輯一詞，來自於英文單字中「logic」，本意是言語和秩序，引申意義為理性、思維規律等。邏輯同時也是個多義詞，在實際語境中，它既可以指人們思維規則、事物發展的規律，也可以指一門學科，即邏輯學。

簡單來說，邏輯學是研究邏輯的學科，主要研究對象為思維的邏輯形式和規律，以及一些邏輯方法。從研究對象上來看，邏輯學可以說是一門很難的學科，因為它研究的是抽象的、純粹感覺方面的東西，且邏輯思維是變化多端的，邏輯學家們需要利用一些手段和方法才能

捕捉到它們。

　　邏輯學做為一門專業的學科，它起初是由亞里斯多德創立的，後來被德國古典哲學家們（尤其是黑格爾）帶入新的領域——將人的成長階段和思維形式的發展結合一起，使邏輯學具有嶄新的意義。

　　邏輯學發展到今天，經歷了傳統邏輯（形式邏輯）和辨證邏輯兩大階段。在辨證邏輯階段，邏輯學又發展出矛盾邏輯和對稱邏輯，其中對稱邏輯是邏輯學的最新研究成果，也是邏輯學的最高階段。

小知識

亞里斯多德（西元前三八四年～西元前三二二年）：古希臘斯吉塔拉人，柏拉圖的學生，亞歷山大的老師，世界古代史上最偉大的哲學家、科學家和教育家之一。他首創邏輯學概念，是形式邏輯學的奠基人。

邏輯學的現實意義

懂點邏輯學可以幫助我們在現實生活中更好地瞭解事物本質、客觀規律，對於更好地運用邏輯思維能力解決問題有實質意義。

喬老爺是他所在縣城裡最有錢的商人，據說他的產業遍布全國各個行業，更有傳聞說他的財富多得可以和一個小國全體國民的資產總值相媲美。不僅如此，他還是縣城裡公認最聰明的人。

喬老爺的產業之一是鏢局，所謂的鏢局類似現代社會中的快遞公司，是按照客戶需要將重要物資送到目的地的一種服務。

這天，城裡最大的珠寶商找到喬老爺的鏢局，想要把自己店裡全部的珠寶轉移到另一個城市去。

這趟鏢因為價值極高，喬老爺格外重視，不僅讓武功最高的幾個下屬負責護鏢，還親自制訂了運送路線。細心的他為了防止有人劫鏢，規劃了兩條路線以掩人耳目，事實上，真正的鏢車走的是第三條路線——一條只有鏢師們才知道的小路。

鏢車浩浩蕩蕩地出發了，還沒走到城門口，喬老爺的更夫就氣喘吁吁地衝上來，將親自帶隊的喬老爺拉到一邊，對他說：「老爺，我昨天夜裡做了一個夢。」

「你把我叫下來就為了一個夢？」喬老爺有點不悅。

「是的。」更夫點頭哈腰地說，「這個夢實在是過於蹊蹺。我在夢裡見到了觀音菩薩，菩薩告訴我務必要轉告您，不要走第三條路，應該走第二條路，因為第二條路是官道，一般人不會想到您會這麼明目張膽地就把鉅額財富暴露在民眾面前，反倒以為那是掩人耳目的。更何況幾個賊人已經把目光和主力都放到您走的第三條道路了。」

喬老爺略作思索，向更夫道謝後就騎馬離開了。

三個月後，喬老爺帶著隊伍回到家中，重賞了更夫，但出乎意外的是，他也辭退了更夫。

更夫不服地問：「你既然賞賜我，為什麼還要辭退我？」

更夫的疑問，院子裡的其他人也有。喬老爺對大家解釋道：「我們出發後，的確聽從了更夫的意見，走了第二條路。一路上暢通無阻，貨物平安送到。我們也同時聽說，在原本我們打算走的第三條路上，已經如更夫所說佈滿了賊人。如果我們走原計畫的路程，這趟鏢即便送到，我們也會損失慘重。這是我獎勵更夫的原因，他挽救了鏢局的聲譽，某種程度上也挽救了我們的生命。」

「而我辭退他的原因，」喬老爺轉向更夫說：「我記得很清楚，在臨走前，你跟我說，你在前一天的夜裡作了一個夢。我回來之後就查了那天的值班紀錄，當日是你當值，做為更夫，卻擅離職守，酣然入睡，即便你救了這趟鏢，我也要免你的職。」

喬老爺說得有根有據，更夫也只好承認自己確實在值班期間睡著了，願意接受喬老爺的懲罰。

💡這樣學邏輯其實很有趣

　　故事中的更夫好心替別人做了好事，卻給自己做了壞事。如果他懂得一點邏輯學，就不會犯下這樣的錯誤。

　　邏輯學存在於生活的各個方面，懂點邏輯學對於解決具體問題是有實質意義的。學生需要懂點邏輯學，能更好理解各個學科尤其是數學中的推理問題；電腦工作者懂點邏輯學，就會更加理解電腦語言，從而使其為自己服務；管理者懂點邏輯學，也能更好地理解下屬的各種行為；被管理者（如故事中的更夫）懂點邏輯學，就能用智慧避開困擾。

　　由此，我們可以看出，邏輯學實際上是一種基礎學科，學會了邏輯學，就能掌握思維的規律，做到思維清晰、判斷準確、推理合乎情理，繼而正確、妥當地處理現實問題。

小知識

玄奘（西元六〇二年～西元六六四年）：漢傳佛教史上最偉大的譯經師之一，中國佛教法相唯識宗創始人。以他為原型的故事在民間廣為流傳，比如《西遊記》。玄奘還是當時印度首屈一指的佛教邏輯學（因明）家，他將印度佛教邏輯學中的三種論證式廣為弘揚。

一磅肉的官司
概念

概念是揭示事物本質性質的思維形式，想要瞭解事物本質，必須概念清楚。

威尼斯的商人安東尼奧最近愁眉不展，原來他就要被自己的死對頭夏洛克告上法庭，隨時有生命危險了。

故事要從幾個月前的一次借款說起：

安東尼奧有個好朋友叫巴薩尼奧，他愛上了一個富家女鮑西婭，擔心未來的岳父岳母看不起自己，就向安東尼奧借了三千金幣去求婚。安東尼奧當時身上也沒那麼多錢，就把自己的商船做為抵押品，向自己的對手——猶太商人夏洛克借了三千金幣。夏洛克倒也假裝得格外大方，聲稱自己不要安東尼奧的利息，但是如果逾期不還，安東尼奧就要在靠近心口處割一磅肉做為賠償。

安東尼奧不知道夏洛克對他積怨已久，只當對方是好心幫助，他同時也對自己的商船很有信心，只要商船一回來，自己的資金鏈就接上了。就這樣，他放心地簽署了這份合約。

可是，天有不測風雲。快到還錢的日期，傳來一個消息，說安東尼奧的商船不幸在暴風雨中沉入大海。安東尼奧一下子變得一窮二白，還不起夏洛克的借款了。按照約定，他需要支付夏洛克「一磅肉」。

巴薩尼奧很過意不去，面對法院的傳票，他覺得是自己害死了自

己的好朋友。如果真的在靠近心口處割一磅肉，安東尼奧還活得了嗎？

他聰明的未婚妻——富家女鮑西婭看了合約之後卻一點也不擔心，她安慰巴薩尼奧道：「一切就交給我吧！我保證安東尼奧會平安無事的。」

到了開庭那一天，法官們也很為難。和貪婪、名聲極差的夏洛克不同，安東尼奧為人誠懇，做生意從來不坑蒙拐騙，法官們不忍心處罰他，但也不能不遵守合約。

鮑西婭偽裝成律師走上法庭，對夏洛克說：「做為安東尼奧的律師，雖然遺憾，但我也不得不承認，你們的合約是有法律效力的。你可以割安東尼奧心口上的一磅肉。」

夏洛克賊眉鼠眼地笑著說：「那我們就行刑吧！」

「可以，但我有個條件。」鮑西婭補充說，「你這合約上沒有規定一磅肉的概念，所以我有個補充概念。那就是你在割肉的時候，不能多也不能少，要剛剛好的一磅肉；而且在割肉的過程中，你不能滴下一滴血。否則，你就違背了誓約的規定，按律將被處以財產充公的懲罰。」

夏洛克轉了轉眼珠子，最終宣布撤訴，陰謀未能得逞。

這樣學邏輯其實很有趣

鮑西婭之所以能夠獲取官司的最終勝利，就是因為合約中對於「一磅肉」的概念未明確規定。

想要學習邏輯學，首先就要明白概念是什麼。

眾所周知，世界是由物質組成的，且任何一種事物都是有其最根本屬性存在的。而概念，就是反映事物本質屬性的一種思維形式。按照當代邏輯學的觀點，人的大腦有表象和思考兩個功能，表象是指人們透過視覺、聽覺、觸覺等表現感覺對事物或刺激形成表層印象，思考是指對這些表層印象進行區分、排列、判斷、選擇等，形成概念。每個人思維方式不同，形成的概念也不同，也因此「一千人心中，有一千個哈姆雷特」。

概念具有抽象性，它不像表層印象那樣可以被說明；它同時也具有概括性，它是對所有表層印象的概況所得。

概念有內涵和外延的特徵，概念的內涵是概括事物本質屬性的，外延是內涵包括的一切對象。拿「書」來舉例，其內涵是傳遞文化知識資訊的載體，其外延可以包含一切人們印象中的比如電子書、紙質書、光碟等一切對象。

明確一個事物的內涵和外延，才能正確而準確地認識一個事物。

小知識

湯瑪斯·亨利·赫胥黎（西元一八二五年～西元一八九五年）：英國博物學家、教育家、邏輯學家。他創造了概念「不可知論」來形容他對宗教信仰的態度，同時還因生源論（認為一切細胞皆起源於其他細胞）以及無生源論（認為生命來自於無生命物質）的概念而廣為人知。

莊子的魚之樂

命題

在現代邏輯學中，命題被認為是一個判斷（陳述）的語義（實際表達的概念），這個概念是可以被定義並觀察的現象。

　　莊子和惠施是相交多年的好友，經常相約一起出遊論理，並且經常為對方所迸發出的智慧火花而驚嘆不已。

　　這天，他們一起在郊外遊玩，走到一座石橋上，莊子對惠施說起自己最近的境遇：「楚靈王派人前來找過我。」

　　「所為何事？」惠施問。

　　莊子挑眉微笑著說：「楚靈王遣人送了重禮及文牘，意在招我到

元朝畫家劉貫道所畫的《夢蝶圖》，取材於「莊子夢蝶」的典故。

楚國做宰相。」

「這是好事啊！」惠施說，「以莊兄的才華，做一國宰相綽綽有餘，不僅能給國家、百姓帶來福祉，也能一展自己所學啊！」

「惠施，我問你一個問題。如果你變成了烏龜，你是願意在泥水池裡自由自在地搖頭擺尾，還是願意成為廟堂之上用以卜卦的死龜呢？」

惠施恍然大悟：「當然是自由自在地活著比較好。」

兩人相視一笑，未曾再言。繼續往前走，惠施又開口說：「不過我倒是想去魏國做宰相，他們的國君也向我發出了邀請。按照莊兄的理論，我豈不是要去做那廟堂之上用以卜卦的死龜了？」

莊子並沒有直接回答他的問題，而是指著水裡的魚對惠施說：「惠施兄，你看這河水裡的魚有多快樂！」

惠施探身看了看，清澈的河水中，幾隻活潑的魚兒正戲水嬉戲。

「你又不是魚，怎麼知道魚是快樂的呢？」惠施反駁道。

莊子狡黠地笑笑說：「你又不是我，你怎麼知道我不知道魚是不是快樂的呢？」

惠施繼續辯道：「我不是你，所以我不知道你知道不知道魚的快樂；但是回到同樣的問題，你也不是魚，你怎麼知道魚快不快樂。」

莊子哈哈大笑說：「那就回到上上個問題吧！既然你問我，『你又不是魚，你怎麼知道魚是快樂的？』就說明你已經知道我知道魚快樂而這樣問我。」

看惠施不滿意的眼神，莊子繼續解釋說：「好吧！我是在濠水的橋上知道的，我看到魚兒游得很開心，彼此輕咬對方的尾巴，才覺得牠們是很快樂的。」

惠施恍然大笑，兩人都覺得這個看來無趣的話題有趣極了。

💡這樣學邏輯其實很有趣

邏輯學講究推理，而推理是由一個個命題所組成的。在現代邏輯學中，命題被認為是一個判斷（陳述）的語義（實際表達的概念），這個概念是可以被定義並觀察的現象。在故事中莊子所説的「看這河水裡的魚有多快樂」就可以被視為是一個命題。

命題可以根據描述問題的具體情況，來分為簡單命題和複合命題，故事中莊子所説的「看這河水裡的魚有多快樂」就是一個簡單命題。當兩個或兩個以上的簡單命題運用「如果……那麼……」、「當且僅當」等連接詞進行連接後，就形成了複合命題。命題邏輯在研究命題時主要分析複雜命題及它們之間存在的關係。研究的方法主要是真假值表的方法。

命題有兩個基本特徵。一個是判定，一個是真假。在對事物做命題時，必須有所判定，即對事物表達肯定或否定的觀點，如果既不肯定也不否定，其描述只能叫做語句而不能稱為命題。由於命題的特殊特徵，其通常是由陳述句組成的。

小知識

莊子：名周，生卒年失考，大約與孟子同時。中國戰國時代著名思想家、哲學家、文學家，是道家學派的代表人物，老子思想的繼承和發展者。後世將他與老子並稱為「老莊」。

判斷

想要準確表達一個完整的意義，僅僅有一個概念是不夠的，這個時候就需要有兩個或兩個以上概念的有機組合，這種組合就叫做判斷。

北宋的王安石和蘇東坡都是有名的才子，在他們身上也曾發生過很多有趣的故事，其中最出名的就是「菊花落瓣之爭」。

蘇東坡某日到王安石府上拜訪，王安石當時已是宰相，公務繁忙，無暇顧及他，就讓下人帶蘇東坡到自己的書房中等候。

蘇東坡在王安石的書桌前，看到硯臺下壓著一張字跡未乾的詩作，上面正是王安石的筆跡，詩作名為《詠菊》，只寫了上兩句：「西風昨夜過園林，吹落黃花滿地金」。

蘇東坡看後很不以為然，堂堂宰相作詩也不過如此，完全不懂得遵循自然規律。連三歲兒童都知道，菊花是在秋天盛開的，即便秋天過去，菊花也是枯萎掉，哪裡會落花瓣。於是他揮筆在王安石的詩作下續寫了兩句「秋花不比春花落，說與詩人仔細聽」。

寫完又等了一會兒，王安石還是沒有忙完，蘇東坡就自顧先離開了。

王安石回到書房中，不見蘇東坡的人影，卻看到續寫的兩句詩，王安石笑了笑，提筆寫了一章奏摺，求皇帝將蘇東坡派到黃州當團練

副使，一向支持王安石的皇帝批准了這個請求。

蘇東坡對這次實質上是貶職的調任很不滿意，他覺得王安石特別小氣，就因為他不支持王安石變法，王安石就對自己刻意「尋仇」，利用職權之便把自己壓到深谷。為此，蘇東坡的心思完全不在自己的職務上，整天就忙著呼朋喚友、飲酒作詩、遊山玩水。

這天和往常一樣，有朋友來找蘇東坡喝酒，酒過三巡之後，蘇東坡突然想起自己的後院裡種了幾株菊花，就邀朋友去後院觀賞。

說來也巧，前一天剛剛好颳過西風，當蘇東坡和朋友走到後院時，菊花落了滿地金黃，菊花的枝幹上一片花瓣都沒有。此情此景讓蘇東坡一下子想起王安石所作的詩來，頓時立在原地怔住了。原來，王安石讓自己到黃州當團練副使，不過是讓自己看這菊花，讓自己意識到《詠菊》的真正意境。

蘇東坡何等聰明，後來找機會回到京城，當面向王安石承認了錯誤，並且拜伏於地表達悔過之情。

王安石微笑著說：「你沒見過菊花瓣落地，我不怪你。」

💡 這樣學邏輯其實很有趣

讓我們判斷一下故事中王安石非要和蘇東坡爭論「菊花落瓣」真實的原因，俗話說，宰相肚裡能撐船，王安石難道真的是僅僅因為一句詩就要對蘇東坡下手嗎？如果僅憑故事中的描述看起來是這樣，但我們往歷史的方向來看，就會發現所謂的文學之爭不過是政治之爭的

縮影。當時王安石變法想要得到名流認同，可是蘇東坡卻公然反對，王安石便藉「菊花落瓣」一事向蘇東坡示威，而蘇東坡也是藉承認「菊花落瓣」一事向王安石宣告俯首。

　　這裡涉及到的判斷，是我們經常提到的一個邏輯學名詞。有的時候，想要瞭解清楚一個事物的本質屬性，僅憑一個概念是無法徹底瞭解清楚的，需要動用到兩個或兩個以上的概念組合起來才能得出。這種兩個或兩個以上概念的組合就形成了一種新的思維方式，即判斷。

　　判斷其中之一的特徵就是對某件事物有所斷定，這個斷定有可能是真的，是符合事實的；也有可能是假的，是不符合事實的。

　　判斷總是或真或假的特徵，也成為了判斷的重要特質之一。

《蘇東坡回翰林院圖》明朝張路繪製，紙本，水墨，淡設色，縱三一‧八公分，橫一二一‧六公分。

邏輯學中不關心判斷的具體內容，只關心判斷的各種展現形式及形式內部各因素之間的關係，掌握了判斷的形式表現知識，就可以幫助我們在生活中正確認識事物的內涵和外延。而正確判斷也是人類達到認識程度上的最高峰的象徵之一。

小知識

文恩（西元一八三四年～西元一九二三年）：英國數學家。對邏輯學的貢獻在於首先提出文恩圖，該圖示方法的基本要點是在矩形方框中，用一對交叉的圓圈來表達A、E、I、O中S與P外延間的不同關係。

推理

推理，是由一個或幾個已知的判斷（前提），推導出一個未知的結論的思維過程。

　　獅子摩尼和女馴獸師是合作多年的表演夥伴，對於彼此的習慣都很瞭解，合作表演四、五年間從來沒有出現過意外，直到耶誕節前的這一天——晚上九點，警官喬瑟夫接到報案，說動物園裡發生了命案，死者是不到三十歲的女馴獸師，兇手是她馴養的獅子。

　　獅子殺人？

　　喬瑟夫多多少少有點意外，他跟這家動物園的經營者關係很好，經常聚在一起喝下午茶。因此，他知道動物園對於馴獸表演是有嚴格規定的。首先，發情期的動物不能登臺表演，因為發情期的動物大多數情緒不穩定，怕出意外；其次，飢餓的肉食動物也不能登臺，因為飢餓可能會導致動物不聽話，做出傷害馴獸師的舉動。但動物園報案人員描述，這隻叫做摩尼的獅子沒有在發情期，上臺之前也已經吃飽肚子，最容易出現意外的兩種情況都不存在。

　　喬瑟夫帶著疑問來到動物園，仔細檢查命案現場。在晚上八點，這裡舉行了一場常規的動物表演，摩尼和女馴獸師表演的是吞頭，就是女馴獸師把自己的頭緩緩伸進摩尼的嘴巴裡，摩尼保持一段時間的張口運動後，女馴獸師再把頭縮回來。這個表演每週都要合作一兩次，

從來沒出過錯。今晚，女馴獸師和往常一樣把頭伸進摩尼的嘴巴裡，摩尼卻顯露出一個奇怪的微笑，然後就閉上了嘴巴。現場血流如注，在工作人員的鞭打下摩尼吐出女馴獸師的頭時，她早已經斷了氣。

獅子的微笑？獅子怎麼可能會在表演中無緣無故地表現出微笑的表情？一隻動物知道什麼是微笑？

喬瑟夫抓住了這個資訊，立即打電話給自己的生物學老師，向他請教獅子可能會微笑的原因，並很快得出了結論。

喬瑟夫調出動物園當天及前一天的所有監視紀錄，發現在表演前一天，同為馴獸師的祖爾曾經進過女馴獸師的房間，把一種不知名的東西悄悄加進了女馴獸師的洗髮乳裡。

祖爾被帶到審訊室，他一開始矢口否認，當喬瑟夫將生物老師的話轉述出來，祖爾才像洩了氣的皮球一般說出自己因為求愛不成而萌發殺人念頭的全部過程。

喬瑟夫警官的那位生物學老師告訴他，獅子是不會微笑的，當人們覺得獅子將要微笑時，其實牠是想打噴嚏，而誘發獅子打噴嚏的藥品很常見，生物學老師建議他從女馴獸師的頭髮入手，果然就找到了真兇。

💡 這樣學邏輯其實很有趣

推理是由一個或幾個已知判斷做為前提，推導出一個未知結論的思維過程。

按照推理的過程劃分，可以將推理分為演繹推理、歸納推理和類比推理。

演繹推理是指以一般規律為前提，運用證明、數學演算等邏輯和數學方法，推導出特殊事物具備的規則，是從一般到特殊的推理。歸納推理則剛好相反，是從特殊到一般的推理。它致力於研究很多個別的事物狀態或規則，然後從中概括出一般性的概念和原則或結論。類比推理則是從特殊到特殊的推理，即以一種特殊事物的狀況為前提，推導出另一種同類別的特殊事物也有可能具有同樣的性質。

演繹推理經常採用的邏輯方法有：三段法、假言推理、肯定式、否定式、選言推理、肯定否定式、否定肯定式等；歸納推理主要分類為以下幾種類型：完全歸納法、不完全歸納法、簡單枚舉法、科學歸納法、契合法（求同法）、差異法（求異法）、共變法、剩餘法等。

小知識

威廉姆·史丹利·傑文茲（西元一八三五年～西元一八八二年）：英國著名的經濟學家和邏輯學家，邊際效用學派的創始人之一。致力於研究邏輯機器，給定邏輯前提，可以用機械模擬出來。西元一八六六年，他發現了偉大且普遍的推理法則，並於一八六九年以《同類替代》為題描述了這個學說。

聰明的冒險家

悖論

悖論在邏輯學上是指那些能夠引出矛盾結論，但表面上又能自圓其說的概念。

在廣袤的海洋中央有一個島國，這裡的人們彼此通婚，很少能見到島外的人，即便見到了，他們也不會讓島外的人活到第二天太陽升起。

約翰是一個冒險家，他在先前探險的前輩口中聽說過這個島國，早就想來看看。身邊人都勸他，不要和蠻荒之地的人們討論真理，因為他們是完全不可能聽的。約翰毫不在意，說自己已經想到了破解的方法。

就這樣，約翰駕著船大搖大擺地上了島，一切和他想像中的一樣，他「順利」地被島國的士兵發現，並扭送到法官面前。

法官看都沒看他一眼，大手一揮說：「送去當祭品吧！」

外來的人都要成為祭品，這就是島國的奇怪規定。這個規定是誰定的，即便是島國最老的老者也沒辦法回答，只知道自己小時候就有這個規定了。凡是來島國的外來人，登陸後都要被送到「真理之神」和「謊言之神」的神像前當作祭品殺掉。

約翰被士兵們帶到神像面前，其實這兩個神像就是兩個高聳的大

石柱，每個都有百米之高，石柱上刻有罕見的花紋，是約翰到過的地區所沒有見過的。

說不定這是一種外星文化，愛探險的約翰親眼目睹這神像，一下子來了興趣，但在這之前，他必須先搞定這些看守他的士兵們。

島上還有一個規矩，凡是到這個島上的陌生人，必須在死前說一句話，如果這句話是真話，那麼他將被帶到真理之神的神像面前殺死；如果說的是謊話，那麼他將被帶到謊言之神的神像面前殺死。

約翰胸有成竹地說了一句話後，只見士兵們先是把他帶到「真理之神」的神像前，接下來又帶到「謊言之神」的神像前，卻始終沒有辦法砍下他的腦袋。

束手無策的士兵們只好回覆法官，他們實在沒有辦法在神像面前將這個外來人處理成「祭品」。法官也感興趣了，親自到神像面前一探究竟。

原來，約翰對士兵們說的那句話是：「我必定要死在謊言之神的神像前。」於是士兵們先拉他到了真理之神面前，因為在真理之神面前只能說真話，所以按照約翰的邏輯，士兵們必須要把他拉到謊言之神的面前；但到了謊言之神面前，卻又只能說假話，那麼，約翰所說的，就只能是再被帶回到真理之神面前。如此反覆，就是殺不掉。

法官也為難了，將此事稟告國王，國王哈哈大笑，稱約翰是智慧的旅人，宣布免除約翰的死刑，並引為島國的上賓。

悖論，也被稱為吊詭、詭局或佯謬，來自於希臘語「para+dokein」，意思是「多想一想」。悖論在邏輯學上是指那些能夠引出矛盾結論，但表面上又能自圓其說的概念。比如故事中約翰使用的逃生語句，它就屬於悖論的一種。

悖論是自相矛盾的，如果承認一個命題成立，那麼它的否定命題也成立，比如說「必定要死在謊言之神的神像前」這個命題成立時，否定命題「不會死在真理之神的神像前」也成立；但這兩個命題在神像前的處決面前卻又都變成假的。

西元前六世紀，古希臘哲學家伊壁孟德曾斷言：「所有的克利特島人都是說謊者。」如果他說的話是真的，那麼，做為克利特島人的伊壁孟德就在說謊，這樣他的話就是假的；反之，如果他的話不是真的，那麼，做為克利特島人的伊壁孟德就沒有說謊，這樣他的話就是真的。

無論採用哪一種說法，都不能自圓其說。這個命題經麥加拉——斯多葛學派的改造，就成為了後來著名的「說謊者悖論」。

悖論的形成往往是人們對某一事物認識不夠準確所致，它的形式有三種：一是看起來肯定錯了但實際上是對的（佯謬）；二是看起來肯定對了但實際上是錯的（似是而非的理論）；三是推理看起來是無法打破的，但其實卻導致了內部邏輯思維上的自相矛盾。

研究悖論對於很多學科比如數學、邏輯學等都有重要意義。古今

中外有不少悖論引發了邏輯學和數學的研究，比較著名的學說有羅素悖論、說謊者悖論、康托悖論等。

小知識

伯特蘭・羅素（西元一八七二年～西元一九七〇年）：二十世紀英國哲學家、數學家、邏輯學家、歷史學家。他在皮亞諾的數學邏輯系統中獲得靈感，實現了把數學還原為邏輯的技術目標，西元一九五〇年，多才多藝的他還獲得了諾貝爾文學獎。

「方便」的故事

語境

語境，就是語言環境，可以根據影響因素不同分為「情景語境」和「文化語境」，也被稱為「語言性語境」和「非語言性語境」。

詹姆士是第一次到中國，在到達中國之前，他已經學過了一部分的常用中文，自以為是個中文通，所以他到中國考察投資環境時，自己充當了翻譯人員，沒想到剛到的第一天晚上就鬧出了笑話。

詹姆士在中國有一些生意上的朋友，這些人得知詹姆士抵達的消息後，堅持要在當天晚上為他舉行盛大的歡迎派對。

盛情難卻，詹姆士大大方方地光臨了。

詹姆士和這些朋友們一直都是在國外見面，見面的時候也都是採用英語交流。此番詹姆士前來，堅持說自己可以用中文交流，因為他已經學習了很多中文語詞的用法。大家看他如此堅持，也就客隨主便，全場說起了中文。

因為顧及詹姆士的中文水準，大家的聊天內容都非常淺顯，詹姆士倒也算是應對得當。

席間，有個第一次見面的朋友起身對詹姆士說：「不好意思，你們先聊著，我去方便一下。」

「方便？」在詹姆士學過的中文裡沒有這個語詞，他用疑惑的眼

神看向比較熟悉的朋友，朋友為他解答說：「方便的意思就是上廁所。」

「哦，方便＝上廁所。」詹姆士很高興，又新學會了一個實用語詞。

一群人酒足飯飽之後，準備送詹姆士回旅館了。那位席間「方便」的新朋友熱情地緊握詹姆士的手說：「很高興認識您，希望我去美國的時候，您能為我提供點方便！」

詹姆士一愣，為什麼他去美國的時候，要我提供「上廁所」服務呢？但出於禮貌，他沒表露出什麼，只是微微一笑。

對方還是很熱情：「詹姆士先生，您看您什麼時候方便，我想請您參加聚會。」

詹姆士這下真的愣了，這個人是什麼樣的嗜好啊？喜歡在「上廁所」的時候吃飯，還邀請我一起……

對方看詹姆士愣神，以為對方沒感受到自己的誠意，於是趕緊補充說：「要是您最近不方便的話，改日也是可以的。」

「改日？」詹姆士一直陷入「方便＝上廁所」的理解中，遲遲沒有緩過神來，只是機械地複製了一下對方的尾音。

「是啊！」對方拉著他的手，親切地說：「找個我們都方便的時候再聚會。」

還要找「上廁所」的時候一起吃飯……這下，可憐的詹姆士徹底被震驚倒地了。

　　語境，也就是語言環境，這一概念最早是由波蘭人類學家Ｂ·Malinowski 在西元一九二三年提出來的，他將語境區分為兩種：一是「情景語境」，二是「文化語境」，也可以稱為「語言性語境」和「非語言性語境」。

　　其中情景語境是非語言性語境中的重要內容，是指對言語活動產生影響的一些因素，包括參與者雙方、場合（時間、地點）、說話的正式程度、交際媒介、話題或語域；文化語境是與言語交際相關的社會文化背景。

　　它可以分為兩個方面。

　　一是文化習俗，指人們在社會生活中世代傳承、相沿成習的生活模式，是一個社會群體在語言、行為和心理上的集體習慣，對屬於該集體的成員具有規範性和約束性。二是社會規範，指一個社會對言語交際活動做出的各種規定和限制。

　　因為一切的語言都是發生在一定的語境中的，因此語境主要是對語言發揮制約作用。

　　首先它可以制約語義，比如說同樣的一句話「我明天九點去上課」，由老師和學生說出來就有完全不同的意義；其次語境可以有助於人排除語句中的歧義，「不和我說別的還可，若再說別的，咱們紅刀子進去白刀子出來！」（曹雪芹：《紅樓夢》第七回）平常人都說「白刀子進去紅刀子出來」，而焦大因為喝了酒說話顛三倒四，將這句話

邏輯學的定義和術語

說反了，卻成為了《紅樓夢》中的神來之筆；語境還可以影響言語的風格，講演和公文的言語就是不一樣的語言組織風格。

小知識

查理斯‧桑德斯‧皮爾士（西元一八三九年～西元一九一四年）：美國哲學家、邏輯學家、自然科學家、實用主義的創始人。他在西元一八七八年發表的《如何使我們的觀念清楚》象徵著實用主義的誕生，後來又發表了一系列闡述他的科學邏輯的文章。西元一八九八年詹姆士把他的哲學冠以「實用主義」的名稱大力推廣，人們自此將他尊為實用主義的創始人。

羅拉快跑

歸納

歸納，人類最早運用的思維形式，是由一系列具體的事實概括出一般原理的推理方法。

在美國佛羅里達州的一家鄉下農場裡，住著很多隻羊、很多頭豬、幾隻鸚鵡，還有一隻名叫卡羅爾的小火雞。

卡羅爾晚上睡不著在農場主人屋子旁散步時，無意間聽到主人和他妻子的閒聊：「這次的小豬都差不多長大了，可以在將要到來的萬聖節做烤乳豬了。」

「是啊！」農場主的妻子回答道，「尤其是那隻叫羅拉的，長得又白又嫩，明天十點你就準備一下，把牠給殺了吧！」

農場主答應著，從椅子上起身磨刀去了。

聽著農場主的磨刀聲，卡羅爾嚇得魂飛魄散，牠小心翼翼地踮著腳尖走回到住所，動物們都已經酣然入睡了。尤其是那隻叫做羅拉的小豬，完全不知道自己將會面臨什麼樣的命運，呼呼大睡還磨著牙。

「醒醒，羅拉。」卡羅爾用翅膀用力推著羅拉的身體，這傢伙怎麼把自己吃得這麼胖，根本就是找死啊！

卡羅爾的力氣太小，根本吵不醒肥胖的羅拉，牠只是翻了個身，繼續呼呼大睡。

善良的卡羅爾一直在羅拉身邊守著，想要等牠醒過來，讓牠想辦法逃跑。一直等到天濛濛亮，卡羅爾自己都快要睡著了，羅拉才有點醒來的意思。

「羅拉，你聽我說。」卡羅爾搖晃著羅拉的身體，「主人今天上午十點要來殺死你，你趕快逃跑吧！」

「不可能啦！」羅拉眨著困頓的小眼睛，「我每天都有做歸納總結，主人不會殺死我的。」

歸納總結？什麼意思？卡羅爾不解地看著羅拉。

羅拉坐起來，搖晃著笨重的腦袋，得意洋洋地說：「我聽主人說過，人要學會根據自己手中掌握的資料進行歸納總結，所以我也學習了一下。比如說，前天是晴天、昨天是陰天、今天又是陰天，那麼明天就可能會是晴天。」

他繼續說：「而主人每天九點會來餵我，十點會讓我出去走走曬曬太陽，每一天都是這樣的，今天也不會例外啊！」

「可是我真的聽到了主人和他老婆這麼說的，他們說要把你殺了準備做萬聖節的菜品。」卡羅爾著急地說。

「你放心啦！肯定是聽錯了！」羅拉看看天邊剛露出一絲光亮，「你趕緊睡一會兒吧！馬上就要天亮了。」說完，又躺回草堆上。

卡羅爾還是不敢睡，牠一直守在羅拉身邊，等到九點時，牠開始發慌了，搖著羅拉的手：「主人還沒有來給你餵食，你趕緊走吧！」

「不急。」羅拉掏出自己的記事本，「每到陰天的時候，主人都

會晚幾分鐘，這是我歸納的經驗。」

距離主人說的十點越來越近了，連羅拉也坐不住了，牠來回踱步說：「主人從來沒有延遲這麼久，卡羅爾說的會不會是真的？」

就在這時，農場中的鸚鵡飛過來：「羅拉快跑，主人提著刀過來了！」

羅拉拼命往農場外跑，看著牠遠去的身影，卡羅爾想到，耶誕節也快到了，自己做為一隻火雞，也有生命之虞，於是牠也拔腿就跑，和羅拉一起奔向可能自由的未來。

💡 這樣學邏輯其實很有趣

歸納，又稱歸納邏輯，是由一系列具體的事實概括出一般原理的推理方法。比如故事中羅拉的主人會在每天上午九點左右餵食，羅拉也因此歸納總結出九點是牠的「吃飯時間」；又比如我們在買葡萄時，會嚐一顆或幾顆葡萄，當品嚐的葡萄是甜的，我們也就歸納出其餘的葡萄都是甜的，是可以購買的。

說到歸納，就離不開演繹。

歸納和演繹反映了人們認識事物兩條方向相反的思維途徑，前者是從個別到一般的思維運動，後者是從一般到個別的思維運動。

兩者相互聯繫，互為條件。一方面，沒有歸納就沒有演繹，歸納是演繹的基礎，為演繹提供前提。演繹要從一般推導出個別，做為演繹出發點的一般原則，往往是先由歸納得出來的。比如，在前面我

們所舉過的例子，「人皆有死」做為演繹推理的前提，是從社會實踐中歸納得出的結論。另一方面，沒有演繹也沒有歸納，演繹為歸納提供指導。歸納要從個別概括出一般，做為對實際資料進行歸納的指導思想，往往又是某種演繹的結果。比如，達爾文把大量觀察、實驗資料進行歸納，得出「生物進化」這個結論，但在得出這個結論之前，他早就接受了拉馬克等人的有關生物進化的思想和賴爾的地質演化思想，這些思想實際上構成了他歸納經驗資料的指導原則。

　　歸納和演繹都存在一定的侷限性，歸納只是對現存的有限的經驗資料進行概括，因而不僅不能保證歸納結論的普遍性，而且難以區分事物的本質屬性與非本質屬性，這就使得歸納推理的結論可能為真，也可能為假。演繹從一般原則出發思考問題，但它無法保證自己的前提即由以出發的一般原則本身是否正確無誤。因此，歸納與演繹必須在相互轉化過程中，彌補各自的缺陷。

小知識

查理斯・羅伯特・達爾文（西元一八〇九年～西元一八八二年）：英國生物學家，進化論的奠基人。他曾乘坐「貝格爾號」歷時五年的環球航行，將大量觀察、實驗資料進行歸納，得出「生物進化」這個結論。

真理的鄰居

謬誤

謬誤是傳統邏輯學研究課題之一，研究的主要內容是如何在談論中避免謬誤及指出對方的謬誤。

天還沒亮，年輕人就踏著露珠出發了。

老母親比他還要早一步，顫顫巍巍地站在村口，等著兒子慢慢走近。

「非去不可嗎？」老母親問。

年輕人點點頭：「我此行是去尋找真理的，如果找到了，我們全村人就有救了。」他用手攏了攏老母親的外衣，把背後的包裹又往上提了提，頭也不回地向村口走去。

在這幾年裡，謬誤之神不知道為什麼突然降臨他們的小山村，讓整個村子都處於陰森恐怖的氛圍下，再也沒有人說真話、辦真事，男男女女都陷入狂亂之中。

年輕人之所以能夠在這種混亂中保持冷靜，實在是命運垂青──一個旅行的智者救了他和他的母親。智者同時告訴他，只要能找到真理之神，就會把謬誤之神趕走，山村中就會恢復到之前平靜祥和的境況。

年輕人問智者，真理之神住在哪裡？智者也不知道，只是含含糊

糊地說，好像是聽老人們說過，真理之神住在遙遠的東方，祂的院子前有一灘清澈的湖水，每個靠近這個院落的人都會感覺到平靜、睿智的心境。

就這樣，年輕人在智者的鼓勵下踏上了尋找真理之神的道路。

這條路異常艱辛，因為沒有目的地，年輕人只好一直往東方走，希望能在途中遇到真理之神。年輕人也不知道自己翻越了多少座山，跋涉過多少道水，餓了就吃路邊的果實，渴了就飲樹葉上的露珠。雖然條件如此惡劣，年輕人還是勇敢地往前走，他堅信自己的行為會給村裡人帶來幸福的未來。

時間如白駒過隙，十幾年後，年輕人成長為中年人，滿頭的長髮，滿臉的鬍鬚，但他還是沒能找到真理之神。他越來越思念家中的老母親，最後踏上了回家的路程。他打算確認老母親一切安好後，再踏上尋找真理之神的路程。

回家的路程再遠也不覺得遠。年輕人日夜趕路，等他到達村落的時候，已經是深夜了。村子裡一片寂靜，他遠遠看見還有一戶人家亮著燈。

那戶人家的光亮給了年輕人一絲溫暖。他在黑暗中向那裡走去，等走近的時候，不禁臉色大變——這戶人家的隔壁就是謬誤之神的住所。

年輕人躡手躡腳地想要離開，門卻自己開了。一個慈眉善目的老者微笑著向他招了招手。

一種平和的心境瞬間充盈了整個腹腔，年輕人問老者：「你是誰？」

老者微笑回答他：「我是真理之神，一直都住在謬誤之神的隔壁。」

這樣學邏輯其實很有趣

古希臘邏輯學家亞里斯多德在《辨謬篇》中詳細論述了詭辯的形式及應對方法，成為邏輯學中謬誤理論的基礎。

謬誤可以分為兩類：形式邏輯謬誤及非形式邏輯謬誤。

形式邏輯謬誤是指不按照邏輯學的方式推理、演繹、論證而產生的錯誤。

它分為三類：否定前件謬誤、肯定後件謬誤、假兩難推理。

非形式邏輯謬誤的形成多種多樣，包括訴諸無知、循環論證、滑坡謬誤、以偏概全、區群謬誤、類比失當、訴諸公眾、訴諸恐懼、訴諸憐憫、假訴諸權威、不相干謬誤、後此謬誤、無效證明。在具體分類上它又可以分為兩類：言詞的謬誤及實質的謬誤。

言詞的謬誤是指語義、語氣等可能引發的謬誤。比如多義詞在辯論中導致的謬誤，語法結構的不確定導致意義的謬誤，一句話中重音不同也可以導致謬誤產生等；實質的謬誤是指實質的，也稱關於事實或內容的錯誤。比如混淆一般與特殊的含意（在未發現黑天鵝之前，歐洲人一直以為天鵝都是白色的）、因果顛倒形成的謬誤、循環論證和複雜問語等。

小知識

格奧爾格・威廉・弗里德里希・黑格爾（西元
一七七〇年～西元一八三一年）：德國近代客觀唯
心主義哲學的代表、政治哲學家。在邏輯學方面，
他的最重要的著作是《邏輯學》。

第二章

邏輯學的分類和方法

蘇東坡優雅斷案

聯言命題

聯言命題又稱為合取命題，是闡述多種事物情況並存的命題，由邏輯連接詞「並且」連接支命題而成。

　　宋元豐年間，才子蘇東坡在徐州任太守，疑難懸案判了不少，漸漸地，找他申冤的人就越來越多了。

　　這天，蘇東坡整理卷宗時，有差役回報，說有一個法號叫做懷遠的和尚前來告狀。向蘇東坡申冤的人眾多，但和尚卻是第一個，蘇東坡感興趣起來，速速升堂。

　　懷遠和尚長得是肥頭大耳，又白又胖完全不像是個出家人，反倒更像是個暴發戶。蘇東坡問懷遠和尚：「我看了你的狀紙，你告村民無端毆打出家人，可有證據？」

　　懷遠和尚脫掉僧衣，向蘇東坡展示身上的淤血痕跡：「這些淤血處都是那些刁民拳打腳踢弄出來的，還請大人為我做主！」

　　蘇東坡按照懷遠和尚的敘述，派差役把首先出手打他的村民王某抓捕過來。

　　王某看起來就是個老實的農民，很難想像這樣的人會主動出手打人。蘇東坡問他：「你為什麼要毆打懷遠和尚？」

　　王某原本不知道太守大人叫自己前來有何事，此番看到懷遠和尚，

眼睛裡充滿了「仇人見面分外眼紅」的情緒。

　　他對蘇東坡講述了事情的經過：原來，這個懷遠和尚化緣來到王某的村莊裡，看到王某的妻子年輕貌美，竟一時起了色心，把王某的妻子拖到路邊的高粱田裡想圖謀不軌。幸好此時王某和兄弟們經過，才避免讓妻子受辱。但對於欺負妻子的人他絕不可能手軟，就糾集兄弟們和村民對懷遠和尚一頓暴打。

　　王某垂淚說：「我雖然知道打了這禿驢不對，但妻子受辱，這口氣怎麼也嚥不下去。小民懇求大人從輕發落！」

　　就在這時，王某同村的村民們都趕來為他作證，面對眾口一詞，懷遠和尚只好承認，是自己害怕回寺院後會被處罰，才編造出村民無端毆打自己的說法來。

　　案件審到這裡，案情已經很明顯了。蘇東坡提筆在懷遠和尚的狀紙上寫下了兩句詩：「并州剪子蘇州條，揚州草鞋蕪湖刀」。

　　懷遠和尚回到寺院，自然是受到住持的棒罰，但他始終想不通的是蘇東坡的態度。如果說他是站在王某這邊的話，應

蘇東坡的畫像。

該在衙門就棒打自己一頓才是；如果他支持自己的說法，應該處罰王某。可是蘇東坡居然什麼都沒有做，只是在自己的狀紙上補充了兩句詩，這到底是什麼意思呢？

懷遠和尚百思不得其解，拿著詩作找到一個有名的才子。才子聽了前因後果，拍手連連稱讚蘇東坡的優雅。他告訴懷遠和尚，這兩句詩組成了一個謎語，而謎底就是「打得好」。蘇東坡對於這個案子的看法不言而喻。

💡 這樣學邏輯其實很有趣

故事中蘇東坡的評語「并州剪子蘇州緣，揚州草鞋蕪湖刀」翻譯成白話：「并州的剪刀是最好的，蘇州的絲綢是最好的，揚州的草鞋和蕪湖的刀也是最好的，因此，打得好！」這其中「并州的剪刀是最好的」、「蘇州的絲綢是最好的」及「揚州的草鞋和蕪湖的刀也是最好的」都是並列的命題，也是可以並存的「最好的」事物情況。這種闡述多種事物情況並存的命題就是聯言命題。

聯言命題有自己的邏輯結構，通常可以寫成 p 並且 q，符號為：$p \wedge q$（「p 並且 q」）。$\wedge$ 稱為合取詞，p 和 q 稱為聯言支。比如「并州剪子蘇州緣」$\wedge$「揚州草鞋蕪湖刀」代表著「并州剪子蘇州緣、揚州草鞋蕪湖刀都是最好的」，再比如「小王是律師」$\wedge$「小王很正義」代表著「小王不僅是律師，還很正義」。聯言命題和聯言支之間存在真假關係，具體可以表示為：

p	q	p^q
真	真	真
真	假	假
假	真	假
假	假	假

　　聯言命題的運算服從其自己的運算規律：一是交換律：

p^q<=>q^p；二是結合律：(p^q)^r<=>p^(q^r)；三是冪等律：p^p<=>p。

小知識

墨子（西元前四六八年～西元前三七六年）：中國戰國時期著名的思想家。他創立了以幾何學、物理學、邏輯學、光學為突出成就的一整套科學理論，在當時影響很大，與儒家並稱「顯學」，在當時的「百家爭鳴」，有「非儒即墨」之稱。

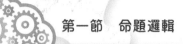

誰來騎驢

選言命題

選言命題是對事物若干可能性做出闡述的命題，根據闡述命題的情況分類為相容選言命題和不相容選言命題。

有一個磨坊主人，他已經老去了，和他一起老去的還有自家的驢子。

一天，磨坊主人把自己十五歲的兒子叫到身邊，撫摸著驢子的腦袋對他說：「這頭驢已經老了，幹不動拉磨的工作了，我們把牠拉到市集市上去賣掉吧！」

兒子答應了，準備了一些水和乾糧就跟著父親上路了。

驢子已經老到通人性的地步了，牠知道此去凶多吉少，沿途一直尋找機會逃跑。父子倆害怕驢子逃掉，就綁住牠的四條腿，抬著上路。

沒走多久，就有路人指指點點：「這兩人真是笨啊！磨自己的鞋底要去抬一頭畜生，看來最笨的不是那隻驢啊！」

磨坊主人聽到路人的指點羞愧不已，解開驢腿上的繩子，讓牠自己走路。這個時候，磨坊主人的兒子累了，就騎到了驢子的背上。

走了沒多久，路上的行人又開始指指點點：「這年輕人真沒有禮貌，竟然只顧自己舒服，讓老人跟在自己身後。」

磨坊主人一想也對，就把兒子趕了下來，自己騎到驢背上，兒子

則溫順地跟在自己和驢身後。

　　走了一段路，有個少女看到了這一幕，指著磨坊主人氣憤地說：「大叔，你也太不像話了，這麼欺負一個年輕人，不會感到良心不安嗎？」

　　被少女一指責，磨坊主人羞紅了臉，有鑑於之前的教訓，他不敢再一個人騎在驢背上，就和兒子一起騎驢，這下指責他們的路人就更多了。

　　他們指著磨坊主人父子身下的驢說：「看那頭可憐的驢，已經老成這個樣子了，還要被兩個主人騎，很明顯，牠為主人家勞累了一輩子，現在只剩驢皮可以被賣時，主人還想要榨乾牠最後一滴汗。」

　　磨坊主人生氣了：「到底怎麼做才不會被路人議論！」這下，他和兒子都走在驢的身後，讓驢在前面引路。

　　走了不到三十米，又有路人議論說：「這難道是新的時尚嗎？磨坊主人和小主人用自己的腳趕路，畜生卻在前面踱步。寧可自己磨破鞋底，也不願讓驢子受苦，簡直是太愚蠢了！」

　　到底該怎麼走？

　　磨坊主人冷靜下來想了想：「我走我的路，該如何走，別人說的或許是對的，我自己的主張或許也是對的，為什麼總是需要別人來指點呢？」

　　想到此，磨坊主人牽著驢子，讓兒子騎在驢背上，繼續趕路了。

選言命題是對事物若干可能性做出闡述的命題，比如故事中磨坊主人說的「別人說的或許也對，但我自己的主張也可以是對的」就是選言命題的一種，「別人說的」和「自己的主張」都有可能是解決事物的方式，這兩種方式是可以並存的，都是「解決事物的方式」的若干可能性之一。

選言命題根據闡述命題的情況分類為：相容選言命題和不相容選言命題。相容選言命題是指事物的若干可能性是可以並存的，比方說故事中磨坊主人的結論。相容選言命題的連接詞通常是「或者」，磨坊主人的話翻譯成相容選言命題的方式可以寫作「或者別人說的是對的，或者我自己的主張也是對的」。相容選言命題的命題形式為「p或者q」，其中「或者」可以寫作「v」，因此「p或者q」也是「pvq」，讀作「p析取q」，「p」和「q」都稱為選言支。相容選言命題和選言支之間存在真假關係：如果選言支中有一個是真的，那麼相容選言命題就是真的。具體真假關係如下表：

P	q	pvq
真	真	真
真	假	真
假	真	真
假	假	假

與相容選言命題相對的是不相容選言命題，是指事物的若干可能性不可以並存的命題。寫作「p∨̃q」，讀作「p 不相容析取 q」，通常以「不是」、「就是」做為連接詞，比如「他學的專業不是英文就是法文」。不相容選言命題和選言支之間的真假關係如下表：

P	q	pvq
真	真	真
真	假	真
假	真	真
假	假	假

小知識

金嶽霖（西元一八九六年～西元一九八四年）：中國二十世紀著名的哲學家和邏輯學家，著有《邏輯》、《論道》和《知識論》。 其中，《知識論》在中國哲學史上首次建構了完整的知識論體系。

阿凡提染布

假言命題

假言命題又稱條件命題，是描述一件事物（情況）是另一件事物（情況）的條件的命題。

阿凡提，又譯阿方提，是維語「先生」的意思，他是西起摩洛哥，東到中國新疆伊斯蘭諸民族中的傳說人物。

他智慧過人，是維語地區不可多得的哲學導師。

某天，阿凡提開了一家小小的染布房，靠給民眾提供訂製顏色的染布為盈利點。因為阿凡提在維語地區的名聲，一時間染布房生意興隆，每天客人多得應接不暇。

一向和阿凡提不對頭的巴依老爺也聽說了這個染布房，便和同樣惡心腸的老婆絞盡腦汁地想出一個整阿凡提的點子。想好之後，他大搖大擺地來到了染布房。

染布房的小夥計遠遠看到巴依老爺，立即迎上前來，怕他找自己家生意的麻煩，就特意帶到後院。

「巴依老爺，請問您有什麼吩咐？」小夥計畢恭畢敬地問，畢竟這位大財主跟自己家老闆不對頭是誰都知道的事實。

巴依老爺斜眼瞟了小夥計一眼：「跟你說也沒用，找你的主子出來！」

小夥計心下不爽，還是耐著性子問巴依老爺：「您不妨先跟我說說，如果我沒辦法達到您的要求，再找我家老闆也不遲啊！」

　　巴依老爺輕蔑地笑笑：「你聽好了，我要一匹布，不是藍的、不是紅的、不是黑的、不是白的、不是綠的、不是黃的，也不是青的⋯⋯」他一口氣將基礎色和染布房裡的所有顏色都說了一遍，然後意料之中地看著小夥計的臉紅了又綠，綠了又紅。

　　這個混蛋果然是來找麻煩的！小夥計心裡一緊，臉上賠笑道：「您稍等，我要去問一下老闆。」

　　巴依老爺傲慢地點點頭。

　　正在書房整理帳目的阿凡提看見小夥計慌慌張張地跑進來，打趣道：「前院著火了？」

　　「哎呀，我的老闆。」小夥計著急地說，「巴依老爺來了，他要染布。」

　　「那就給他染啊！」

　　「可是他要的布很特殊。」

　　小夥計把巴依老爺的要求跟阿凡提說了一遍，阿凡提思索了幾秒，捋著小鬍子說：「這事簡單，你隨我來。」

　　巴依老爺此時正在前院踱步，為自己的妙計暗自竊喜，遠遠看見阿凡提來了，態度就更傲慢了。

　　阿凡提走到他面前：「巴依老爺的要求小夥計已經跟我說了，既然客人有要求，我們是一定會滿足客人的。」

巴依老爺點頭：「那我什麼時候來取布呢？」

阿凡提說：「取布那天不是星期一、不是星期二、不是星期三、不是星期四、不是星期五、不是星期六，也不是星期天。」

巴依老爺沒想到阿凡提會這樣應對，佇在原地良久之後，最後灰頭土臉地離開了。

💡這樣學邏輯其實很有趣

故事中阿凡提一口答應了巴依老爺的要求，並在答應的條件之上提出一個新的要求。換言之，後一個要求是以前一個要求為條件和依據的。這種描述一件事物（情況）是另一件事物（情況）的條件的命題，就叫做假言命題。

假言命題根據「條件」不同可分為充分條件假言命題、必要條件假言命題和充分必要條件假言命題。充分條件假言命題通常以「如果、那麼」做連接詞，用命題符號表示為「$p \rightarrow q$」，讀作「p 蘊涵 q」，p、q 和 pq 之間的真假關係可以表示為：

p	q	$p \rightarrow q$
真	真	真
真	假	假
假	真	真
假	假	真

必要條件假言命題也是以「如果、那麼」做連接詞，它有兩項規則：規則1——肯定P，就要否定q；否定P，不能否定q；規則2——否定P，否定q；肯定P，不能肯定q。

充分必要條件假言命題通常以「只有、才」做連接詞，用命題符號表示為「p←q」，讀作「p逆蘊涵q」，p、q和pq之間的真假關係可以表示為：

p	q	p←q
真	真	真
真	假	假
假	真	真
假	假	真

小知識

阿弗烈‧諾夫‧懷海德（西元一八六一年～西元一九四七年）：英國數學家、邏輯學家，過程哲學的創始人，曾任倫敦大學、哈佛大學教授。他所創立的過程哲學不承認存在著客觀的物質實體，而只承認存在著一定條件下由性質和關係所構成的「身體」，認為身體的根本特徵是活動，活動表現為過程，整個世界就是一種活動的過程。著有《數學原理》、《過程與實在》等。

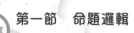

五百兩黃金的雞蛋

模態命題

在邏輯學中，「必然」、「可能」、「不可能」等叫做「模態詞」，包含模態詞的命題就叫做模態命題。

明太祖朱元璋在當皇帝之前，是一個窮困潦倒的和尚。

有一次，他差點餓死在破廟裡時，被兩個乞丐用剩飯菜熬成的湯救活了。朱元璋覺得這是平生所吃過的最可口的飯，就問這兩個乞丐：「這個湯叫什麼名字？」因為剩飯裡有米粒、菠菜葉、豆腐，兩個乞丐就順口說：「這個是珍珠翡翠白玉湯。」

朱元璋後來登基之後，山珍海味吃多了，就嚐不出有什麼好吃的了。在這時候，他想起了當年的珍珠翡翠白玉湯，就派人到全國各地搜尋到當年那兩個乞丐，並把他們帶到宮裡，封為御廚。

兩個乞丐一朝得勢，仗著皇帝的寵愛在後宮橫行霸道，引起很多人的不滿，其中怨氣最大的就是一個叫「趙一刀」的御廚。

兩個乞丐一直想要滅滅「趙一刀」的

明太祖朱元璋袞龍袍像。

威風，終於他們等到了一個好機會。

朱元璋和馬皇后不知道怎麼的突生眼疾，兩眼變得紅紅的。兩個乞丐趁機獻媚說：「陛下和娘娘是脾臟出了問題，如果能吃生雞蛋就會好。」

生雞蛋有何難，朱元璋剛要叫人去取時，其中乞丐又進言說：「這個雞蛋是有講究的，必須兩人分吃一個生雞蛋，這個生雞蛋必須要從中間平分開來，在分開的過程中，蛋液不能灑落才會有效。」

朱元璋一聽，問道：「誰能做到啊？」

一個乞丐說：「趙一刀可以做到。」

朱元璋對趙一刀的廚藝也略有耳聞，聽到舉薦，立即宣趙一刀第二天進宮切生雞蛋。

對趙一刀來說，這件事情真的是棘手之極。若是進宮去，自己根本沒辦法做到一刀切開一個生雞蛋還能保證蛋液不灑，如果蛋液灑了自己就是死罪；如果不進宮去，還是死罪。

趙一刀的妻子是個聰穎的女子，聽了趙一刀的煩惱，噗哧一笑，在丈夫耳邊說了一個辦法，說完之後，趙一刀也笑了。

第二天，趙一刀對朱元璋說：「生雞蛋和熟雞蛋不同，它可以孵出小雞，是有生命的，在切生雞蛋之前一定要設案祭拜一番才能食之有效。」

朱元璋同意了他的說法。於是趙一刀設案，點上了紅蠟燭，擺好黃表紙、薰香爐，趁人不注意的時候，把西瓜刀在香爐中薰熱，將生

雞蛋一分為二。刀切處一圈雪白的蛋白，中間是蛋黃，輕輕晃動明顯地感覺到裡面的蛋清和蛋黃在動。趙一刀將分開的生雞蛋呈現到朱元璋和馬皇后的面前說：「請陛下和娘娘服用生雞蛋。」

朱元璋大喜，立即下旨賞賜趙一刀黃金五百兩，並提筆寫下「天下第一刀」五個大字賞給了趙一刀。

趙一刀因禍得福，那兩個乞丐不相信地喃喃自語道：「這不可能，不可能有人真的能把生雞蛋一刀切開！」

💡這樣學邏輯其實很有趣

故事結尾，兩個乞丐說的「不可能有人真的能把生雞蛋一刀切開」就可以視之為模態命題。模態命題通常有四種命題支形式「必然p」、「不可能p（必然非p）」、「可能p」和「可能非p」，命題支和模態命題之間的真假關係可以用下圖表示：

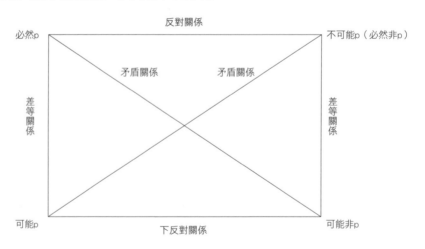

根據以上真假關係可以推斷出一系列命題：

①矛盾關係的推理：必然 p，推出並非可能非 p；並非必然 p，推出可能非 p；可能非 p，推出並非必然 p；並非可能非 p，推出必然 p；必然非 p，推出並非可能 p；並非必然非 p，推出可能 p；可能 p，推出並非必然非 p；並非可能 p，推出必然非 p。

②反對關係的推理：必然 p，推出並非必然非 p；必然非 p，推出並非必然 p。

③下反對關係的推理：並非可能 p，推出可能非 p；並非可能非 p，推出可能 p。

④差等關係的推理：必然 p，推出可能 p；並非可能 p，推出並非必然 p；必然非 p，推出可能非 p；並非可能非 p，推出並非必然非 p。

小知識

索爾·阿倫·克里普克（西元一九四〇年～）：美國邏輯學家、哲學家，模態邏輯語義學的創始人之一，「因果——歷史指稱論」的首倡者之一。他認為名詞的指稱主要取決於與使用該名詞有關的社會歷史的傳遞鏈條。著有《命名和必然性》等書。

67

盛酒的尿壺

直言命題

直言命題又稱性質命題，是反映事物是否具有某種性質的簡單命題，通常用「所有（有的）S是（不是）P」的形式表述。

宋朝年間，有個姓王的土財主得到了一件寶貝，這個寶貝的外形像馬，壁上雕刻有繁複的花紋，背上有個開口。王財主也是經常把玩古董的人，這次卻被這個小東西給弄暈了。為了弄清楚這到底是個什麼東西，他接連幾天都悶在書房裡翻閱各種古籍。

王財主的這一閉關，可著實是悶壞了他的酒肉朋友們。一個黃姓朋友找上門來，問：「你最近忙什麼呢？也不見你做東了，你要悶死兄弟們啊？」

王財主忙不迭地拿出自己的寶貝說：「我最近得了這麼個東西，每天都在研究它是做什麼的。說來也奇怪，我翻閱了那麼多的古籍，都沒有找到答案。」

黃姓朋友瞥了一眼：「這有什麼難的，不過就是個酒壺嘛！」

王財主大喜過望：「你認識這個東西？」

「是啊！在古書中看到過。」黃姓朋友回答道。看王財主還想詢問是哪一本書，他立即補充說：「時間太久了，我早就忘了是哪本書。」

王財主略帶失望，但他還是存在疑問：「我還是覺得不太像酒壺，

誰喝酒需要用這麼大的壺呢？」

「咳，你以為誰都像你一樣，一壺倒啊！古代人酒量大，喝這麼一壺才會倒呢！」黃姓朋友攬住王財主的肩膀說：「既然你得到了寶貝，是不是應該擺酒慶祝一下啊！」

「這有何難，你去約人吧！」王財主豪氣地說。

聚會在第二天如約舉行，王財主將美酒盛放在寶貝中，依次給賓客們斟滿。

在筵席中，王財主發現一個書生打扮的人只是吃菜卻不喝酒。雖然不知道對方的名字，但之前的聚會上王財主是見過書生豪飲過的。於是，他好奇地問書生：「你為什麼不喝酒啊？」

「這酒我喝不下去。」書生笑著說。

「你嫌這酒不好？」王財主說，「我可以拿更好的來。」

「不是酒的問題，酒是好酒，只是這壺……」書生為難了，欲言又止。

「但說無妨。」

「這壺，是古時候女人用的尿壺。從壺的磨損來看，還是使用過的……」

王財主立刻看向他的黃姓朋友，後者心虛地低下了頭，其實他也不知道那個器皿是做什麼用的，只是覺得像大號的酒壺，就隨口說了。

王財主不信，書生立即回家取出一本古書，賓客傳看之後發現果然是女人用的尿壺，名叫「獸子」。

方才喝過酒的人不無感到噁心，而那位黃姓朋友更是羞得無地自容，灰頭土臉地離開了。

這樣學邏輯其實很有趣

故事中黃姓朋友說：「這是個酒壺。」書生說：「這不是酒壺，而是尿壺。」這兩句話也可以拆分為三句，即「這個容器是酒壺」、「這個容器不是酒壺」、「這個容器是尿壺」，後面被拆分的三句都是性質命題也叫做直言命題。直言命題就是反映事物是否具有某種性質的簡單命題，是由主項、謂項、聯項和量項組成，主項是表示命題物件的概念，比如故事中的「酒壺、尿壺」；謂項是命題中指稱代表物件所具有或不具有的性質的詞項；聯項是聯繫主、謂項的概念，也稱之為命題的「質」，比如故事中的「是」和「不是」；量項是表示命題物件數量的概念，也稱之為命題的「量」，比如故事中「這個壺」中的「這個」就是「量」。

直言命題通常用「所有（有的）S是（不是）P」的形式表述。按照不同的標準，直言命題可以劃分為四類：

名稱	表達	縮寫	簡稱
全稱肯定命題	所有的 S 是 P	SAP	A 命題
全稱否定命題	所有的 S 不是 P	SEP	E 命題
特稱肯定命題	有的 S 是 P	SIP	I 命題
特稱否定命題	有的 S 不是 P	SOP	O 命題

主項、謂項相同的 A、E、I、O 四種命題之間存在著一定的真假制約關係。在邏輯學上，這種真假制約關係稱為對當關係。

小知識

顧炎武（西元一六一三年～西元一六八二年）：著名思想家、史學家、語言學家，與黃宗羲、王夫之並稱為「明末清初三大儒」。在邏輯思想方面，他提出的科學考證方法，既重視「援古證今」，更重視考察物件的實際，即從客觀實際和歷史事實中歸納出一般性的認識。著有《日知錄》。

兔子湯的湯
關係命題

關係命題是斷定事物和事物之間的關係的簡單命題，由關係詞、主項、連接詞和量項組成。

有一天，一個農民提了隻剛獵到的兔子來到阿凡提家，熱情地對阿凡提說：「聰明的阿凡提，我來送隻兔子給你，找你妻子做碗湯給你補補身體吧！」

「好啊！」阿凡提很高興，這種打來的野味最有營養，就拿出家裡所有好吃的東西，熱情招待了農民。

過了一週，農民又來了，和上次不同，他這次兩手空空，只是口頭熱情地對阿凡提說：「聰明的阿凡提，你還記得我吧！我是上週來給你送兔子的人啊！」阿凡提還是把他請進家，像上次一樣熱情地招待了他，好酒好菜的數量一點也不少於上一次。

又過了一週，幾個農民打扮的人敲開阿凡提的家門。阿凡提不認識這幾個生面孔，就問他們：「你們是誰啊？」他們異口同聲道：「聰明的阿凡提，我們是送給你兔子的那個人的鄰居。」阿凡提把他們也請進自己家中，讓妻子做了一頓豐盛的飯菜，並以好酒招待。

一週之後，阿凡提的門又被敲開了。這次來的人很多，一個站在最前面的年輕人開口說：「聰明的阿凡提，我和他們是上次送你兔子

的那個人的鄰居的鄰居，我們來看望你了！」

阿凡提還是熱情地把他們請進屋，一屋子人談笑風生，氣氛熱鬧極了。等到中午開飯時，這幫陌生人還是沒有離去的意思。阿凡提在妻子耳邊說了一句話，妻子點點頭，到廚房準備去了。

在屋裡的人各有各的心思，他們都是聽送兔子的農民說的，只要提起他的名號，阿凡提就會好酒好菜招待，於是成群結隊來「打劫」阿凡提了。

眾人看著阿凡提的妻子走進廚房，過了半晌才出來，她手裡捧著一個裝滿熱水的銀盆，放在桌上對眾人說：「各位請用餐吧！」

眾人啞然，那個年輕人代表眾人詢問說：「阿凡提，這是什麼意思？」

阿凡提笑呵呵地說：「這是請各位品嚐的午餐啊！這是送來的那隻兔子湯的湯啊！」

聽到阿凡提這麼說，來佔便宜的人都聽懂了他的意思，紛紛面紅耳赤地告辭離開。

從那以後，再也沒有「送兔子的人的鄰居」前來了。

這樣學邏輯其實很有趣

關係命題是斷定事物和事物之間的關係的簡單命題，它和直言命題不同，直言命題是主謂詞命題，包括一個主詞、一個謂詞即可。關係命題則至少包括兩個主詞和一個謂詞。比如故事中「我和他們是送

你兔子的人的鄰居」，「我」和「他們」是兩個主詞，「送兔子的人的鄰居」是謂詞。

　　一般來說，關係命題需要包括以下成分：

①主詞，關係詞，表示發生關係的人或事物。在關係命題中，主詞可分為個體常項和個體變項，比如故事中如果把「我和他們是送你兔子的人的鄰居的鄰居」中的「我」和「他們」可以看作是個體常項，而個體變項是指關係中非特定的個體。

②關係詞，用來表示事物之間關係的詞。

③量詞，用來表示關係數量的詞。關係命題中的量詞分為全稱量詞和特稱量詞。

④連接詞，用來連結關係命題中各部分之間的關係的詞。連接詞在關係命題中的作用和使用方法，和直言命題中相同。

小知識

巴爾·希列爾（西元一九一五年～西元一九七五年）：以色列哲學家、邏輯學家、語言學家，二十世紀五○年代前期在美國麻省理工學院擔任邏輯和科學哲學教授。他的研究領域包括邏輯學、語言學理論、資訊儲存和檢索、機器翻譯、科學方法論、哲學等。主要著作有《語言、邏輯和方法》、《論邏輯和理論語言學》等。

被斬的寵臣

三段論

三段論是傳統邏輯中的一類主要推理，又稱直言三段論，是由古希臘哲學家亞里斯多德首先提出的，是兩個前提推出結論的推理。

齊景公時期，齊國面臨外患，先是晉國攻陷齊國的阿城和甄城，緊接著燕國又侵佔了齊國黃河南岸一帶。

齊國軍隊戰敗的消息持續從前線傳來，齊景公急得像熱鍋上的螞蟻。大夫晏嬰獻計說：「田穰苴是一個人才，上馬可退敵，下馬可治國，陛下可以讓他出任將軍去退敵。」

齊景公立即召見田穰苴，商討退敵大計。交談之後，齊景公很喜歡這個年輕人，就採納了晏嬰的建議，任田穰苴為大將軍，命令他領兵擊退晉國和燕國的進犯。

田穰苴臨危受命，他對齊景公有一個請求：「我是一介草民，即便現在受到陛下的信任，也會因為出身卑微，而讓百姓和士兵們無法信任。陛下如果能派給我一個蒙受您恩寵的大臣來做為監軍，必定會事半功倍。」

齊景公答應了田穰苴的要求，派了當時最受寵信的莊賈給他做監軍。命令下達後，田穰苴第一時間找到莊賈，和他約定第二天營門口集合準備出發。

莊賈的朋友們聽說要出征，都來到他的府邸徹夜飲酒以示歡送，直到第二天集合時間到了，莊賈還沒能從朋友們中脫身。田穰苴派人來請他監軍時，他已經喝得茫然了，對著朋友們大笑道：「沒見過世面的鄉巴佬，拿著雞毛當令箭，陛下給點權力他就把自己真當回事了。」

田穰苴和士兵們一直等，從中午等到太陽落山了，莊賈的馬車才慢慢地來到了軍營。

莊賈來到田穰苴面前，笑嘻嘻地說：「不好意思啊！幾個朋友來餞行，喝多了點酒，所以來遲了點。」

田穰苴沒有理他，側頭問身邊的副官：「監軍不按照指定時間到軍營，依軍法應該如何處置？」

副官回答：「按軍法當斬！」

莊賈看著田穰苴嚴肅的表情有點害怕了，一邊派手下人去請齊景公來救命，一邊和田穰苴周旋道：「你不能殺我。」

「為什麼不能殺你？僅憑你是陛下寵信的臣子嗎？你做為監軍，在接受命令的時候，就應忘掉自己的身分；國家危在旦夕，百姓生靈塗炭，國君寢食不安，在這種時候，你做為監軍，做為國君寵信的臣子，不為君分憂，還去飲酒餞行，該當何罪！所有將領在指定時間不到軍營，都要被斬首，你做為監軍，也不能例外！」

說完，莊賈就被田穰苴殺了。士兵們一看田穰苴執法如此嚴格，個個鬥志昂揚，在他的帶領下收復了所有的失地。

💡 這樣學邏輯其實很有趣

故事中田穰苴的一句話就可以看作是三段論的例子。他在準備殺莊賈時說：「所有將領在指定時間不到軍營，都要被斬首，你做為監軍，也不能例外！」這句話可以拆分為三小段「所有將領在指定時間不到軍營，都要被斬首」、「莊賈是我們的監軍」、「莊賈要被斬首」。這種由兩個前提項推斷出後一項結論的推斷，就是三段論。

三段論有三種分類方法：演繹法、歸納法和假設法。其中後兩項都有不確定性，不屬於邏輯學範疇。邏輯學主要研究的是三段論的演繹推理。在三段論中，含有大項的前提叫大前提，寫做 P，比如故事中「所有將領在指定時間不到軍營，都要被斬首」；含有小項的前提叫小前提，寫做 S，比如故事中「莊賈是我們的監軍」。這兩項之間有個中間項，也就是「將領」，寫做 M。每個三段論推理都是根據兩個前提所表明的中項 M 與大項 P 和小項 S 之間的關係，透過中項 M 的媒介作用，從而推導出確定小項 S 與大項 P 之間關係的結論。

🧩 小知識

希拉蕊‧懷特哈爾‧普特南（西元一九二六年～）：美國邏輯學家、科學哲學家，曾先後職教於普林斯頓大學和麻省理工學院，後任哈佛大學哲學教授和皮爾遜講座現代數學與數理邏輯教授。主要著作有《邏輯哲學》、《數學、物質和方法》、《心語言和實在》等。

血衣上的血是誰的

二難命題

二難命題也叫做假言選言命題，是以假言命題和選言命題為前提的，並根據假言命題及選言命題的邏輯進行推理得出的命題。

《聊齋志異》中記載了一個故事，主角叫做朱生，陽谷人，平時特別喜歡和人開玩笑。

某天，死了妻子的朱生去見媒婆，想要續弦。在快到媒婆家門口時，他看到了媒婆鄰居的妻子，頓時心生好感。等見到媒婆時，朱生開玩笑說：「妳要是給我介紹老婆的話，她就可以啊！」媒婆知道他的性格，也開玩笑說：「行啊！你去殺了她的丈夫，我就把你們撮合在一起。」

本來只是一句笑話，朱生和媒婆誰都沒放在心上。誰知上天弄人，媒婆的鄰居竟然真的在討債回家的路上被人殺死了。

縣官得知轄區出現命案後大怒，斥責下屬一定要將兇手歸案。捕快們很快將鄰居的妻子抓到衙門，見她長得美貌，就嚴刑拷打想讓她承認自己和其他男人有染，合謀殺害了自己的丈夫。

婦人忍受不住拷打，就按照縣官和捕快們所希望的那樣全招了。可是，婦人雖然招了，卻說不出姦夫是誰。有人將朱生和媒婆當日的對話舉報出來，說婦人的姦夫就是朱生。

朱生被抓到縣衙也遭到了酷刑，他心痛地看著美麗的婦人，對縣官說：「行了，我招了。一個婦人被你們打成這樣，還要惹上不貞潔的名聲，你們想要把人逼成什麼樣子！」最後，他忿恨地說：「人是我殺的，不關她什麼事，要殺要剮請便！」

　　縣官問：「證據呢？」

　　朱生答：「有一件沾滿鮮血的衣服，就在我家裡藏著。」

　　縣官派捕快們去朱生家裡搜索，可是怎麼都找不到他口中的血衣。

　　朱生說：「我家中的老母親怕我死，就把血衣藏起來了。你們帶我回去，我來找。」

　　回到家中，母子淚眼相對，朱生對母親說：「給那件血衣，我會死；不給那件血衣，我還是會死。既然無論如何都會死，長痛不如短痛，把血衣給他們吧！」

　　母親流淚走進裡屋，過了半晌才拿著一件血跡斑斑的衣服走出來。有了證據，縣官很快就斷案了，判定朱生秋後問斬。

　　就在朱生將要行刑的時候，一個衣衫不整的年輕人衝進法場，怒視縣官：「你這個糊塗的官，是怎麼治理百姓的？殺人的明明是宮標，你殺朱生做甚？」

　　縣官問：「你是什麼人！」

　　年輕人說：「我是關帝座前的周將軍！再胡亂判案，我饒不了你！」說完就暈倒在地。

　　年輕人醒過來後，說自己就是宮標，在縣官的拷問下，對自己的

罪行供認不諱。

　　朱生和媒婆鄰居的妻子終於沉冤得雪，後來結為了夫妻。

　　而當初那件用作證據的血衣，是朱生母親劃破自己的手臂，將血擠到朱生的衣服上才拿出的「證據」。

💡 這樣學邏輯其實很有趣

　　故事中朱生在面對縣官的刁難時，對自己的母親說了一句話：「給那件血衣，我會死；不給那件血衣，我還是會死。既然無論如何都會死……」朱生的這句話展現出了一種窘狀，針對對方可能出現的行為做出肯定和否定的兩種可能，結果都是進退維谷、左右為難。這種以假言命題和選言命題為前提的，並根據假言命題及選言命題的邏輯進行推理得出左右為難的命題，就是二難命題，也叫做假言選言命題。

　　二難命題的推理形式有四種類型：

①簡單構成式，是指選言前提肯定兩個假言前提的不同條件，結論肯定相同後件，且結論是簡單命題，用公式 $(p \rightarrow r) \wedge (q \rightarrow r) \wedge (p \vee q) \rightarrow r$ 表示。公式代表的含意是：如果 p 可以得出 r；如果 q 可以得出 r；那麼 p 或 q，都是 r。比如故事中「給不給血衣都會死」的推理過程。

②簡單破壞式，是選言前提否定假言前提不同後件，結論否定相同前件，且結論是簡單命題，用公式 $(p \rightarrow q) \wedge (p \rightarrow r) \wedge (\neg q \vee \neg r) \rightarrow \neg p$ 表示。公式代表的含意是：如果 p 那麼 q，如果 p 那麼 r，所以非 q 或非 r，所以非 p。

③複雜構成式，推理過程和簡單構成式相同，不同的是其推理結論是
　複雜命題。

④複雜破壞式，推理過程和簡單破壞式相同，不同的是其推理結論是
　複雜命題。

小知識

約翰‧洛克（西元一六三二年～西元一七〇四年）：
英國哲學家，曾任牛津大學的希臘語和哲學、邏輯學
教授。在牛津期間，他對笛卡兒的哲學以及自然科
學有所發揚。主要著作有《政府論》、《人類理解
論》、《關於教育的思想》等。

禁止收回的願望
規範命題

規範命題是要求人們以某種方式做出或不做出某種行為的命題，包含「必須」、「允許」、「禁止」等模態詞。

珍妮是一個很可憐的小女孩，每天都生活在哥哥、姐姐的嘲諷下。哥哥、姐姐經常冷笑著跟她說：「妳不要覺得自己委屈，我們家對妳已經夠好了。」

可是每當她哭著去找媽媽，問她自己是不是這家的親生孩子時，媽媽總是撫摸著她的小臉蛋說：「傻孩子，妳當然是媽媽十月懷胎生下來的啊！」

珍妮當然願意相信媽媽的話，但哥哥、姐姐的所作所為她實在氣不過。晚上，她正在暗自落淚時，剛好看到天邊劃過一顆流星，便立即衝到陽臺，對著流星許願說：「我不想再住在這樣的家裡了！」

話音剛落，奇蹟出現了，流星落到陽臺上，化身為一個天使。

天使問她：「小姑娘，妳真的不想要自己的家人了嗎？」

「是啊是啊！」珍妮忙不迭點頭，哭著對天使說：「我再也不想跟這樣的哥哥、姐姐住在一起，他們只會欺負我，我也不想要媽媽了，她除了會安慰我之外，從來不會真正幫我教訓哥哥、姐姐。我不想要他們了，把我的家人都變不見吧！」

「好的。」天使點點頭，揮動手裡的魔棒說：「如果這是妳的願望，睡一覺吧！明天妳一睜開眼睛，世界就會不一樣了。」

珍妮破涕為笑，抱著自己的玩偶乖乖睡覺了。

第二天，珍妮醒來，發現家裡安安靜靜的，她一陣狂喜，難道天使說的話是真的？可是當她走到一樓時，她就又失望了。她看見哥哥、姐姐和媽媽在門口和鄰居們談天呢！

珍妮走上前去，聽大人們說著流浪漢一家在昨天夜裡死去的慘狀。

聽完之後，珍妮好像明白了什麼。

當天晚上，天使又來了，珍妮抱著天使痛哭說：「我終於知道自己的祕密了，原來我不是這個家裡的小孩，那個見到我就會微笑的流浪者一家才是我的親人！」

天使點點頭：「沒錯，我執行的一切都是按照妳希望的那樣，讓妳的家人消失。」

「不是的。」珍妮搖頭說：「我希望的是這個家裡的人消失，我那時候不知道他們不是我的親人，現在我知道了，請祢收回我之前的願望吧！」

天使聳聳肩：「不可以，許過的願望禁止被收回。」

說完，天使就離開了，只留下傷心的珍妮後悔懊惱。

這樣學邏輯其實很有趣

規範命題本身不表達判斷，只有合理或不合理、有效或無效。規

範命題通常由四個部分組成：規範的承受者、需具備的情況和條件、規範模態詞、要求做出的行為。可以用公式（T∧W）→（m）C表達，意思是如果某人具有特徵T，並且出現了情況W，那麼（m）將做出行為C。

規範命題按照條件不同可做以下分類：

一、按照規範的承受者不同，可分為個別規範命題和一般規範命題，當規範的承受者是某個特定個體時，規範命題就是個別規範命題，比如「張某必須在三天內到公司報到」就是個別規範命題；當規範的承受者不特指某個對象時，規範命題就是一般規範命題，比如「參加考試的同學都把書包放在講臺上」就是一般規範命題。

二、按照要求做出的行為不同，可分為具體規範命題和抽象規範命題，當要求做出的行為是一次性的，就可以視為具體規範命題；當要求做出的行為是重複性的，就可以視為抽象規範命題。

三、按照模態詞不同，可分為「允許」型規範命題、「必須」型規範命題和「禁止」型規範命題。故事中「許過的願望禁止被收回」就是一個「禁止」型規範命題。

小知識

威廉・阿克曼（西元一八九六年～西元一九六二年）：德國數學家，最著名的成果是計算理論的重要例子阿克曼函數。西元一九二八年他跟大衛・希爾伯特合著《理論邏輯原理》。

商人的帽子
複合命題

複合命題是指由簡單命題用連接詞連結而成的命題，通常由支命題和連接詞兩個基本構成要素組成。

土耳其商人克力米富可敵國，他剛發出想要招聘助理的消息，就有大量的年輕人投遞履歷。經過一輪輪的面試，最後有兩個年輕人勝出——艾米和薩爾奇，得到和克力米見面的機會。

在見面之前，克力米已經看過了這兩個年輕人過去的工作經驗，單從經驗來看，兩個年輕人沒什麼特別大的差別，但克力米還是想知道這兩個人哪個比較聰明，於是想出了一個辦法。

他把兩個人帶到一個漆黑的屋子裡，打開燈後，艾米和薩爾奇發現房間很大，正中間的是一張木製方桌，上面放著五頂帽子，三頂是黑色的，兩頂是紅色的。

克力米對兩個年輕人說：「你們都看到了，我們面前的這五頂帽子，兩頂是紅色的，三頂是黑色的，現在我把屋裡的燈關掉，然後把桌子上帽子的順序打亂，我們一人找一頂戴上。在我再次開燈後，你們誰先說對自己頭頂上帽子的顏色，誰就贏得這個職位。」

兩個年輕人點頭表示弄懂了遊戲規則，克力米關燈，然後打亂了帽子的順序，正如他關燈前所說的那樣。

邏輯學的分類和方法

當兩個年輕人都戴好帽子後，燈再次打開了。

克力米此時頭上戴著紅色的帽子，兩個年輕人頭上也都戴著帽子，按照事先的規定，這兩個年輕人誰先說出自己頭上帽子的顏色，誰就贏得了助理的職位。

艾米和薩爾奇下意識地對視了一下，薩爾奇搶先回答說：「我頭上的帽子是黑色的。」

答案是對的！

克力米好奇地問他：「你是怎麼想到的？」

薩爾奇說：「首先，我能看到您頭上的帽子是紅色，我也能看到艾米頭上的帽子是黑色的，如果艾米頭上是紅色的，我根本不用猜就知道了，畢竟這裡只有兩頂紅色的；因為艾米頭上戴的是黑色的，我就立即去觀察他的表情，發現他在看了一眼我頭上的帽子後，神色有些猶豫，這說明對他而言，這個問題也不好猜。那我就明白我頭上的帽子是黑色的了。」

克力米點點頭：「你的推理過程讓我很滿意。做為我的助理，經驗和智慧是必備的，但機智的反應能力也是必不可少的，恭喜你通過了最後的面試！」

就這樣，觀察細微、邏輯能力略勝一籌的薩爾奇得到了自己想要的職位。

　　克力米所出的難題需要用到複合命題推理的邏輯方法來解決，所謂複合命題就是指由簡單命題用連接詞連結而成的命題，比如故事中一共有兩頂紅色的帽子，艾米沒有説出自己帽子上的顏色，那麼薩爾奇頭上的帽子就一定不是紅色的。其中「兩頂紅色的帽子」和「艾米沒有説出自己帽子上的顏色」就是兩個簡單的命題，組合在一起就變成了複合命題，由這個複合命題得出結論「薩爾奇頭上的帽子是黑色的」的過程就是複合命題推理。

　　從邏輯結構上分析，複合命題有兩個基本構成要素：支命題和連接詞。其中連接詞的作用巨大，它規定了複合命題的邏輯性質，有什麼樣的連接詞就會有什麼樣的複合命題。比如以「天在下雨」和「地是濕的」為支命題，可以得出很多種複合命題：「如果天在下雨，那麼地是濕的」、「天在下雨並且地是濕的」、「天在下雨或者地是濕的」等。連接詞不同，複合命題表達出的涵義完全不同。我們將在下一個故事中詳細解釋。

　　複合命題和支命題之間存在真假關係，如果我們用 p 和 q 來表示支命題，可以得出如下表的真假值：

p	q	複合命題
真	真	真
真	假	真
假	真	真
假	假	假

 小知識

斯特凡·巴拿赫（西元一八九二年～西元一九四五年）：波蘭數學家，泛函分析的開創者之一， 西元一九二七年擔任利沃夫大學教授。他主要的貢獻是引進線性賦範空間概念，所證明的三個基本定理概括了許多經典的分析結果，在理論上和應用上都有重要的價值。

打破的玻璃
真值連接詞

真值連接詞是反映複合命題和支命題之間真假關係的連接詞。在邏輯學中，有五個基本的真值連接詞。

隨著「咔嚓」一聲脆響，位於一樓的三年一班的數學課被打斷了，一個髒兮兮的足球在地上彈了幾下，滾到同學們的書桌邊停下了。

數學老師走下講臺，走到破掉的窗戶旁邊查看碎片情況，在發現沒有人受傷後，就拿起腳下的足球推開窗戶向外面幾個玩耍的孩子喊：「是誰打破了玻璃？」

四個孩子遲疑地跑過來，半是緊張半是害怕，小臉紅撲撲的。他們相互對視了一下，其中一個看起來大點的孩子首先開口說：「是乙打破的。」

乙聽到自己被提名，急忙開口反駁說：「不是我，是丁打破的。」

丙也漲紅了臉急忙開口說：「不管是誰，肯定不是我。」

丁也被點過名，這時也忍不住給自己辯駁說：「也不是我，乙說的是假的。」

數學老師看了幾個孩子的神色，思索了一下，微微一笑說：「我知道是誰打破的了。」但他沒有立即說出口，而是轉身對教室裡的學生們說：「我們剛剛學過的推理，你們有沒有人能活學活用？他們四

個人之中只有一個人說的是真話，你們能不能推理出來是誰打破的呢？」

班上同學都陷入了激烈的討論，有人說是甲打破的，有人說是乙打破的，也有說丙和丁的。過了好一陣子後，一個同學站出來說：「老師，我們經過討論，得出最終的結論了，知道是誰打破了玻璃。」

數學老師點點頭：「那就由你來說明結論吧！」

這個同學走到四個孩子面前，對他們說：「甲說乙打破，乙說丁打破，丁說乙撒謊證明不是自己打破的，但也不代表是乙打破的，說明甲也在撒謊。由此知甲、乙都在撒謊。因為老師你說只有一個人說了真話，要嘛是丙，要嘛是丁，如果丙是真話，他沒打破，那麼甲、乙、丁三人中誰打破的話，就有可能乙和丁都是真話了，這和『只有一個人說真話』就不符合了。所以，只有可能丁說了真話，那麼其他三人都是假話的話，不是丁打破的，也不是乙打破的，剩下甲和丙，若是甲打破的，就又違背了『只有一個真話』的設定，所以只有可能是丙打破的。」

數學老師欣慰地點點頭，對著四個孩子中的丙說：「你承不承認是你打破了玻璃？」

丙點點頭，承認了自己打破玻璃的事實。

　　真值連接詞是反映複合命題和支命題之間真假關係的連接詞。在日常語言中，有各式各樣的連接詞，比如「天是黑的而且雪是白的」中的「而且」就是連接詞。邏輯學將日常語言中的連接詞抽象起來，就變成了真值連接詞。

　　在邏輯學中，有五個基本的真值連接詞，分別是否定詞、合取詞、析取詞、蘊涵詞和等值詞。其中否定詞是主要表達「否定」的連接詞，用符號「￢」表示，在日常語言中相當於「並非」、「……是假的」等詞，比如故事中「乙說的是假的」就是以否定詞為真值連接詞的命題；合取詞是日常語言中類似「並且」、「雖然……但是……」等連接詞的抽象表達，用符號「∧」表示；析取詞是日常語言中類似「或者」、「可能……可能……」等連接詞的抽象表達，用符號「∨」表示；蘊涵詞是日常語言中類似「只要……就……」、「如果……那麼……」等連接詞的抽象表達，用符號「→」表示；等值詞是日常語言中類似「當且僅當」、「如果並且只有……才……」等連接詞的抽象表達，用符號「←→」表示。等值詞的邏輯意義可以表示為：

P	q	p ←→ q
真	真	真
真	假	假
假	真	假
假	假	真

小知識

約翰‧范‧本瑟姆（西元一九四六年～）：荷蘭阿姆斯特丹大學的邏輯學教授。
二十世紀九〇年代，他創建了阿姆斯特丹大學的邏輯、語言與計算研究所，旨在研
究資訊的結構和資訊流，同時擔任歐洲邏輯、語言和資訊基金會的第一任主席。由
於他的卓越成就，在西元一九九六年荷蘭政府授予他斯賓諾莎獎。

風水的故事

範式

範式的概念是美國著名的哲學家湯瑪斯‧庫恩提出的，指的是一個共同體成員所共用的信仰、價值、技術等等的集合。

蘇洵、蘇軾、蘇轍並稱「唐宋八大家」中的「三蘇」，在其家族的歷史上有一段有趣的風水故事。

蘇洵的父親在中年時看破紅塵，半路出家，號白蓮道人，出家之後，結交了一位摯友，名叫蔣山。

蔣山雲遊回來，就住在白蓮道人的道觀中靜養修行。在一次下棋後，他對白蓮道人說：「我一直沒跟你說過我從事的工作，其實我是個風水師。」

白蓮道人說：「我略有耳聞，你現在跟我提起這件事，是不是有什麼話想說？」

蔣山說：「我最近弄到了兩塊風水寶地，如果將先人埋下去，一塊可以出大富之人，富可敵國；一塊可以出大貴之人，成為一國宰相。我把其中一塊地讓給你吧！」

白蓮道人皺眉思索了一下：「照說出家人不應該動凡心，可是我畢竟是半路出家的，還有個兒子，希望他能過得好。」

「我理解你的心意。」蔣山說，「你想要哪塊地？我明天就帶你去。」

白蓮道人搖搖頭：「這兩塊地我都不是特別喜歡，人生在世，功名富貴都如浮雲。如果我家將來能出個才子，我就此生無憾了。」

蔣山說：「這個容易，我明天帶你去個地方，保證你家會出個蓋世文豪。」

第二天，蔣山一大早就找到白蓮道人，趕了十幾天的路，兩人到了彭山縣象耳山風景秀美之處。這個地方四面環山，他們正面對著的是一座直插雲端的文筆秀峰，峰上的綠樹秀麗動人，一泓小溪從林間曲曲折折地蜿蜒而下，蔣山所說的「穴場」就在山峰頂端。

白蓮道人見狀臉色一沉，在風水學中，這種穴場叫做「頂天穴」，不是吉利的風水走向。他喝問蔣山道：「你我是這麼多年的朋友，你即便不願意我家富貴，也不能害我家吧！」

蔣山笑著說：「你別生氣，我們到山頂去看。」

兩人到了山頂，蔣山蹲下身來，在穴口處點燃一盞油燈，雖然山頂四面來風，油燈的火焰左搖右擺卻一直都沒有熄滅。蔣山對白蓮道人說：「這裡就是會出蓋世文豪的風水地，你母親百年之後可以葬在這裡。但你要記住這個地方，遠一寸、近一寸都不行。」

白蓮道人半信半疑地拿著油燈在「穴場」附近走來走去，果然，除了蔣山指明的地方外，別的地方油燈都是一點就滅。白蓮道人對蔣山的本事佩服得五體投地。

幾年後，白蓮道人的母親去世了，白蓮道人將她埋葬在這裡，可是一年過去了還是沒有動靜。白蓮道人找來蔣山，蔣山說：「你這個穴點還是沒找準，我來幫你調整一下吧！」

於是，蔣山在墳場做起法事，在白蓮道人母親的墳頭填了很多土。

不久，白蓮道人的兒子蘇洵就以文章出仕了，之後白蓮道人的孫子蘇軾、蘇轍也揚名文壇。

這樣學邏輯其實很有趣

範式即指常規科學所賴以運作的理論基礎和實踐規範，是從事某一科學的研究者群體所共同遵從的世界觀和行為方式。故事中對於風水的認同就是範式的一種。

範式的特點有三個：範式在一定程度內具有公認性；範式是一個由基本定律、理論、應用以及相關的儀器設備等構成的一個整體，它的存在給科學家提供了一個研究綱領；範式還為科學研究提供了可模仿的成功的先例。

小知識

湯瑪斯·庫恩（西元一九二二年～西一九九六年）：美國科學史家、科學哲學家，代表作為《哥白尼革命》和《科學革命的結構》。在庫恩的科學哲學思想中，「範式」（paradigms）是一個核心概念。他在《必要的張力：科學研究的傳統和變革》一文中首次引進這個概念，後在《科學革命的結構》一書中對它做了許多發揮，引起人們的注意。

堅固的三角形

語詞

語詞是邏輯學名詞，它表示可用來代表事物的最小的詞，是一種語言形式，是符號的一種。

在西元前四世紀，古希臘有個著名學者叫做歐底姆斯，他知識淵博，在數學和邏輯學上的建樹尤為突出。雖然是大學者，但他日常閒暇時最喜歡做的事情，卻是和孩子們嘰嘰喳喳地探討關於大自然、關於幾何學的各種問題。

這天，他在山坡上和幾個孩子閒聊，孩子問他：「為什麼太陽是圓的、月亮有時候是鐮刀形的、樹木有的是筆直的而有的是彎曲的呢？」

歐底姆斯撫摸著發問孩子的小腦袋，對著所有的孩子解釋說：「它們天生就是這個樣子，我們所描述的這些形狀都是人類為了記住它們的樣子而刻意命名的，這些被命名的形狀組合起來形成學問就叫做幾何學。」

孩子們似懂非懂地點點頭，看來這個話題對他們來說，還是過於複雜了。歐底姆斯決定換種方式來讓孩子們感受到幾何學的樂趣。

他問孩子們：「你們知道世界上最牢固的形狀是什麼嗎？」

孩子們七嘴八舌，有的說是三角形，有的說是四邊形，有的說是

梯形，還有的說是圓形或橢圓形。

歐底姆斯看著可愛的孩子們，微笑著說：「我們來做一個簡單的實驗吧！」

一聽有實驗可以做，孩子都興奮極了，很快就將歐底姆斯要求的實驗用具——小木棍準備好，聚集在歐底姆斯身邊興奮地看著他。

歐底姆斯對孩子們說：「你們自己用小木棍做個模型，這個模型需要是你心目中最堅固的形狀。」

孩子們迅速開工，有的做成圓形，有的做成四邊形，有的做成梯形，還有的做成奇形怪狀的樣子。

等到所有人都完成了自己的模型後，歐底姆斯對孩子們說：「請把你手裡的模型和你左手邊的小朋友對換，然後用盡力氣去破壞對方的模型，看看到了最後誰的模型是最堅固的。」

孩子們展開「角鬥」，到了最後，幾乎所有孩子的模型都被破壞了，只剩下一個三角形還完好無損。

歐底姆斯拿起三角形的模型對孩子們說：「現在你們知道什麼是最牢固的形狀了吧！」

孩子們奶聲奶氣地回答：「三角形。」

「對，」歐底姆斯為孩子們解答說，「三角形是最穩定的形狀，因為它的穩定性，所以我們經常會看到它們出現在各種建築上和工具上，學會了幾何學，對於實際生活也有很多指導意義。」

💡 這樣學邏輯其實很有趣

在邏輯學中，語詞是一種語言形式，是符號的一種。和其他符號一樣，它本身是沒有意義的，只是用來指派、象徵某個物件後，才變得有了意義。

比如「三角形」這個語詞是我們硬性規定下來指代三角形狀的，如果一開始命名的時候，「三角形」這個語詞是被指代給四方形的形狀，那麼現在當我們看到四方形時，我們也會叫出「三角形」這個語詞。

從指代、象徵某事物這個意義上來說，語詞和其他的符號甚至顏色、姿勢等一樣沒有任何意義，我們可以用「三角形」來指代某種幾何形狀，同樣的，我們也可以用哪怕一個小黑點、一種顏色來指代這種幾何形狀。

在邏輯學中，要注意語詞和概念之間的區別。在日常生活的言語中，我們經常將「語詞」和「概念」混為一談，比如「母親」和「媽媽」在日常生活中沒有較大的區別，但從語詞意義上看卻有很大區別。語詞和概念之間的區別主要表現在兩個方面：第一個方面是，語詞並不都是表達概念的。一般來說，中文中的實詞類的語詞可以用來表示概念，比如名詞、動詞、形容詞、副詞等。而虛詞就無法表達概念；第二個方面是，概念和表達概念的語詞並不是一一對應關係，比如「白頭翁」即可以指代一種鳥類，也可以指代白髮蒼蒼的老人。

第二章

克呂西波（約西元前二八〇年～西元前二〇七年）：古希臘邏輯學家。大約在西元前二六〇年，他來到雅典，在那裡首次參加了阿卡德摩學園領袖阿塞西勞斯的講座，得到了邏輯學、語言學方面的訓練。大約在西元前二三二年，他開始接受斯多亞哲學思想，此後全心投入著書立說之中，使斯多亞哲學成為一個完整的體系，並為它的傳播有著巨大的貢獻，因而被譽為該學派的第二創始人。

中文房間

人工智慧

人工智慧是對人的思維資訊過程的類比，是研究透過應用電腦的軟體和硬體來類比人類某些智慧行為的基本理論、方法和技術。

亮如白晝的房間裡，光滑的牆壁也是純白色的，唯有東面的大門中央開了一扇小小的窗戶，此刻窗戶是從外鎖住的。

偌大的房間裡，金髮碧眼的斯蒂芬正坐在書桌前，對著一張寫滿中文的小紙條，翻看著房間裡僅有的一本書——《中英文對照翻譯》，他身旁的櫥櫃裡堆滿了空白的稿紙和鉛筆，還有散落了一地揉得亂七八糟的紙團。

另一個房間，透過單側透明牆壁注視著斯蒂芬的男子沉默半晌，看了看手錶，記錄下「七分四十八秒，完成五句回覆。」然後示意一旁的助手打開窗戶，又遞進去一張寫滿中文的紙條……

這是二十世紀八〇年代著名哲學家塞爾所設計的試驗，沉默記錄的男子正是塞爾，而在封閉房間內金髮碧眼的斯蒂芬是個對中文完全沒有概念的外國人，他被告知完成一項有趣的試驗可以拿到一百八十美元，就興沖沖地前來嘗試。他剛看到中文的字條有些傻住，但想到塞爾說過可以翻查那本中英文的翻譯，只是對照想像的字樣，片刻後就適應的斯蒂芬覺得沒有太多難度。雖然他看不懂字條上的任何一個

字，但卻可以順利的完成塞爾交代的任務。

這項對後世影響深遠的試驗叫做「中文房間」，是塞爾為了反擊當時備受矚目的「圖靈測試」而設計產生的。當時的圖靈是名噪一時的「人工智慧之父」，他提出機器也可以有思想，並將一臺等待測試的電腦和一個思維正常的人分別關在兩間屋子裡，然後讓另一個人對他們提出各種問題，電腦和人分別回答。最後讓提問人透過分析機器和人對問題的回答來設法區分哪個是電腦、哪個是人，若是提問人無法區分，說明這臺電腦是和人一樣具有思維水準，是會思考的機器。

當時的圖靈測試在世界引起轟動，「會思考的電腦」也讓世人激動興奮。可是年輕的塞爾並不服氣，機器可以思考對他來說是無法理解的事情，若是能夠和思維正常的人一樣回答出各種問題就叫做會思考的話，那麼完全不懂中文的外國人僅用一本中英文翻譯也同樣可以進行中文的問題回覆，可是這並不等於他會中文，更不能承認他可以用中文「思考」。

「中文房間」的試驗徹底擊敗了圖靈，卻也因此讓世人真正開始進入人工智慧的理性研究階段。

💡 這樣學邏輯其實很有趣

「人工智慧」這個詞是在西元一九五六年的 Dartmouth 學會上首次被提出的，從字面上來看，「人工」很容易理解也沒有太多爭議，可是「智慧」卻有很多問題待討論，正如塞爾的困惑，當時多數派認

為人唯一瞭解的智慧是人本身的智慧，但實際上「智慧」涉及到諸如意識、自我、思維（包括無意識思維）等很多方面。

著名的美國史丹佛大學人工智慧研究中心尼爾遜教授說：「人工智慧是關於知識的學科——怎樣表示知識以及怎樣獲得知識並使用知識的科學。」而美國麻省理工學院的溫斯頓教授則認為：「人工智慧就是研究如何使電腦去做過去只有人才能做的智慧工作。」

人工智慧是一門極具挑戰性的科學，因為從事這項工作的人不僅要懂得電腦知識，還要同時懂得心理學、哲學、數學和邏輯學。做為電腦學科的一個分支，人工智慧從二十世紀七〇年代以來，就已經和空間技術、能源技術一同被並稱為世界三大尖端技術。也被認為是二十一世紀與基因工程、奈米科學並列的三大尖端技術之一。

人工智慧涉及的範圍非常廣泛，包括機器視、聽、觸、感覺以及思維方式的智慧類比，目前應用較多的為指紋識別、人臉識別、視網膜識別、虹膜識別、掌紋識別、仿真系統、智慧搜索、定理證明、邏輯推理、博弈、資訊感應及機器人控制。

小知識

史蒂芬‧科爾‧克萊尼（西元一九〇九年～西元一九九四年）：美國數學家、邏輯學家，所提出的遞迴論研究有助於奠定理論電腦科學的基礎。

旺季的旅店
無窮邏輯

無窮邏輯是將一階邏輯中的公式和推理的長度，推廣至無窮長得到的。在它的公式中，可以出現無窮多個公式的合取式或析取式，也可以出現無窮多個量詞。

在旅遊勝地╳╳海岸邊，佇立著一棟豪華酒店，它的房間很多，每一間都是由兩層組成，下面一層是游泳池和會客室，上面一層是主人的臥室和浴室，房裡的設備都是極盡奢華。

在這個奢華酒店背後的不遠處，有個矮小的旅館，一點都不起眼，總共就兩層小樓。踏著吱吱呀呀叫的樓梯拾級而上，就能看到胖胖的老闆和他漂亮的女兒站在簡陋的櫃檯後朝客人們微笑。

故事發生在旅遊旺季，有個人到了豪華酒店，美麗的服務生小姐恭恭敬敬地對他說：「雖然您是 VIP 用戶，但是我們的房間已經滿了，沒有辦法提供您入住了。」小姐同時也告訴他破舊旅館的地址。

雖然很沮喪，但也沒有其他的辦法，VIP 用戶只好快快地來到破舊旅館。儘管簡陋，好在老闆熱情：「尊貴的客人，您是打算住店嗎？」

VIP 用戶說是。

老闆也說自己的旅館已經被住滿了，沒有辦法騰出住所給他。這時老闆的女兒開口了：「父親，您難道忘了嗎？我們的房間是無窮的啊！」

「可是，無窮也住滿了啊！」老闆擺著手說。

老闆女兒說：「住滿了還不容易，讓客人們都挪一下房間吧！一號客人住到二號房間去，二號客人住到三號房間去，三號客人住到四號房間去……這樣我們就能騰出一號房間給客人住了啊！」

就這樣，VIP用戶的住房問題解決了，住進了被騰出來的一號房間。

過了幾日，有一大批客戶來住店，他們都是聽VIP用戶介紹而來的。面對這麼多人的，老闆又發愁了，這可怎麼辦呢？

老闆女兒微微一笑，再次做出決策：「這次也可以用同樣的辦法解決啊！父親。我們可以讓所有一號客人住到二號房間去，二號客人住到四號房間去，三號客人住到六號房間去……這樣一來，一、三、五、七等單號房間就空出來了。新來的這些客人可以無窮住進去了。」

就這樣，VIP用戶朋友們的住房問題解決了，住進了騰出來的單號房間。這家小旅館也因為無窮的房間而名揚海岸內外。

💡 這樣學邏輯其實很有趣

故事中旅館女兒的處理方法驗證了一個數學無窮邏輯的觀點，即「無窮集大小的概念」。說到無窮邏輯，就得先說下什麼是一階邏輯。

一階邏輯是區別於高階邏輯的數理邏輯，它不允許量化性質。無窮邏輯是將一階邏輯中的公式和推理的長度，推廣至無窮長得到的。在它的公式中，可以出現無窮多個公式的合取式或析取式，也可以出

現無窮多個量詞。由於一階邏輯的模型論應用到數學的其他分支時受到了一定的限制，因而產生了無窮邏輯的模型理論。在描述集合論中也使用這種邏輯。西元一九六三年前後，因Ｃ‧卡普及Ｄ‧Ｓ‧斯科特等的工作而發展起來。在西元一九六九年前後，Ｊ‧巴威斯及Ｍ‧馬凱依等又在這個方向上做出了重要的貢獻。無窮邏輯Ｌ應用最廣泛，且對它的研究也最深入，因此以Ｌ為例，敘述無窮邏輯的一些主要結果。

Ｌ就是一般的一階邏輯，另一簡單表述是Ｌ，為了保持Ｌ邏輯的完備性，就必須要引進無窮長的推理規則，並且將形式證明的長度也要推廣至無窮。無窮邏輯Ｌ失去了一階邏輯的兩個基本性質，即緊致性定理和勒文海姆－斯科倫－塔爾斯基定理，為了建立緊致性，在Ｌ公式集的基礎上引進了可允許集的概念。

對於無窮邏輯的研究也是永無止境的，本節提出的也只是無窮中的極小部分。

小知識

格奧爾格‧康托爾（西元一八四五年～）：德國數理邏輯學家，集合論的創始者。集合論是現代數學的基礎，康托爾在研究函數論時產生了探索無窮集和超窮數的興趣。康托爾肯定了無窮數的存在，並對無窮問題進行了哲學的討論，最終建立了較完善的集合理論，為現代數學的發展打下了堅實的基礎。

麥克斯韋妖
熱力學邏輯

熱力學邏輯是由三大定律構成的，分別是能量守恆定律、能量轉移定律和絕對零度不可能達到定律。

麥克斯韋是一個不折不扣的物理學家，但他對於超自然現象也有著非凡的愛好，這一切都來自於他那位熱愛一切民間傳說的妻子。

麥克斯韋在研究熱力學三大定律中的第二定律時，經常用最簡單的言語和妻子討論關於熱量轉移的問題。聽過他的論述，妻子無意間的一句話提醒了麥克斯韋。妻子說的這句話是：「物理學家也很神奇啊！就像有個精妙的小妖精在掌控。」

麥克斯韋覺得這個比喻很有趣，在之後的研討中，他在向別人講述熱力學邏輯第二大定律時，常常先講述一個故事。

故事發生在一個普通的夏

麥克斯韋和他的妻子。

夜——

那天，麥克斯韋和妻子剛剛吃過飯，有一個不速之客敲響了家中的房門，妻子去開門，看到門口站著一個穿著有點寒酸的人。

「您是哪位？」麥克斯韋的妻子問。

「一個妖精，夫人。」門外人回答說。

麥克斯韋的妻子一向都對超自然的現象感興趣，此番有個妖精來做客，自然是喜不勝收，趕緊邀請妖精進屋。

妖精進屋後，對麥克斯韋恭敬地行了個禮，自我介紹說：「麥克斯韋大人，我曾跟隨阿基米德、法拉第先生，和他們一起探討過物理的熱力學定律，現在我來到這裡是想跟隨您繼續研究。」

麥克斯韋對於妖精的到來表示歡迎，他問妖精：「你叫什麼名字？」

妖精回答說：「既然我已經決定跟隨您，我就叫麥克斯韋妖吧！」

麥克斯韋很感謝妖精對自己的信任，在之後的研究中，他將妖精關在一個緊閉的玻璃瓶中，中間放置了一個沒有摩擦力的隔板，將玻璃瓶空間分割為 A、B 兩個部分，由妖精來控制中間的隔板。最開始的時候，A、B 兩邊的溫度是一樣的，但當高速分子由 A 向 B 運動或慢速分子由 B 向 A 運動時，妖精就打開閥門讓它們通過；相應地，當高速分子由 B 向 A 運動或慢速分子由 A 向 B 運動時，妖精就關閉閥門。長此以往，高速分子都跑到了 B 區，慢速分子都跑到了 A 區，這個封閉玻璃瓶的有序性就大大增加了，而熵（指體系的混亂程度）也就大

大減少了。

雖然麥克斯韋妖是麥克斯韋想像中的，但這隻想像中的妖精卻打破了「封閉系統的熵只能增加」的熱力學第二定律，科學界將這類違背熱力學第二定律的熱機稱為「第二類永動機」。

這樣學邏輯其實很有趣

熱力學邏輯是由三大定律構成的，三大定律之外有個熱力學第零定律，是三大定律的基礎，是指「如果兩個熱力系統都分別與第三個熱力系統處於熱平衡中，那麼它們也必定處於熱平衡中。」

熱力學第一定律是應用最為廣泛的，又稱為能量守恆定律。是指「一個熱力學系統的內能增量等於外界向它傳遞的熱量與外界對它做功的總和。」運算式為：$\triangle E=-W+Q$。在此數學運算式的使用中有幾個需要注意的方面：

①當外界對系統做功時，$W>0$，即 W 在此時是正值；

②當系統對外界做功時，$W<0$，即 W 在此時是負值；

③當系統從外界吸收熱量時，$Q>0$，即 Q 在此時為正值；

④當系統對外界放出熱量時，$Q<0$，即 Q 在此時是負值；

⑤當系統內能增加時，$\triangle U>0$，即 $\triangle U$ 在此時是正值；

⑥當系統內能減少時，$\triangle U<0$，即 $\triangle U$ 在此時是負值。

能量是不能憑空產生的，自然也不會憑空消失，只能從一種形式轉化為另一種形式，或者從一個物體轉移到另一個物體上。

熱力學第二定律則有幾種不同的表述方式，其中一種表述為「熱量可以自發地從較熱的物體傳遞到較冷的物體，但不可能從較冷的物體傳遞到較熱的物體」；還有一種表述是「熱量不可能只從單一的熱源吸取並轉變為功而不產生其他影響」。雖然有不同的表述方式，但每一種表述都闡述了：在自然界中所進行的涉及熱能現象的宏觀過程都是具有方向性的。故事中的「麥克斯韋妖」正是對能量守恆定律和轉化定律的研究和探索。

　　熱力學第三定律是指「在絕對零度時，所有純物質的完美晶體的熵值都是零」。也可以說「絕對零度（T=0K）是不可能達到的」。

小知識

詹姆斯・麥克斯韋（西元一八三一年～西元一八七九年）：英國理論物理學家和數學家，經典電動力學的創始人，統計物理學的奠基人之一。他最偉大的成就是：用數學公理化的方法把經典電磁學理論形式化、系統化，把前人互補相關的觀測、實驗，和電學、磁學、光學的方程，融合成一個自洽的理論，即麥克斯韋方程組。

既活著也死去的貓
量子學邏輯

量子邏輯是數學和理論物理的一部分，是建立在物理實驗、物理測量、物理運算、物理檢驗或物理過程的概念上，也是研究人們在從事微觀領域研究中的思維活動規律、形式結構和有效推理的科學。

在物理學的邏輯中，有一隻霍金大師非常想開槍打死的貓，這隻貓既活著也死去，牠就是薛定諤的實驗貓。

薛定諤生於西元一八八七年，死於西元一九六一年，是奧地利著名物理學家、量子力學的創始人之一，曾獲一九三三年諾貝爾物理學獎，他在一九三五年曾經提出一個關於量子的佯謬。在他之後，很多物理學家都想解開這個物理界的邏輯佯謬，但都沒有成功，霍金大師甚至開口說：「我真想拿槍打死這隻貓。」

這隻可憐的貓的產生是基於一個量子力學的理論。這個理論是說處於所謂「迭加態」的微觀粒子之狀態是不確定的，比如說，電子可以同時處於好幾個地方，只有被檢測的時候才會出現。如果用現實生活中的現象解釋就是，B 存在於自然界的任何地方，當 A 看了 B 一眼，B 就出現在某一地方，客廳、廚房、臥室都有可能。針對這個理論，薛定諤做了一個實驗。

他首先將一隻貓關到箱子中，箱內還置有一小塊鈾、一個盛有毒

氣的玻璃瓶，以及一套受檢測器控制的、由錘子構成的系統。學過化學的人都知道，鈾是不穩定的元素，衰變時放出射線，在薛定諤的實驗中，鈾衰變時放射出來的射線可以驅動錘子，錘子又擊破玻璃瓶，釋放出毒氣將貓毒死。

在這個實驗中，鈾原子在何時衰變是不確定的，所以它處於迭加態。而鈾未衰變前，毒氣未放出，貓是活的；毒氣放出後，貓是死的。按照「迭加態」理論，箱子裡的貓是處於「死－活迭加態」——既活著又死去的狀態！貓到底處於什麼樣的狀態，要靠人打開箱子看一眼才能決定。

這個佯謬無疑是荒謬的，薛定諤說，誰都知道箱子裡的貓是死是活是由鈾的衰變來決定的，衰變前是活的，衰變後是死的，跟箱子外觀測的人其實是沒有關係的。這其實在某種程度上反駁了「迭加態」理論，B存在於自然界的任何地方，不可能因為觀測者A的「看一眼」就會貿然出現。

💡這樣學邏輯其實很有趣

量子邏輯建立在量子力學的基礎上，而量子力學是描述原子、電子等微觀粒子的理論，故事中薛定諤的貓就是建立在量子力學基礎上所設計的實驗。

量子邏輯從最早的研究到今天已經有將近七十年的歷史了，對於這些研究成果的分析來看，目前還有幾大問題仍在深入研究探索之

中。首先，量子邏輯與經驗的關係，邏輯和經驗一向是密不可分的，有人認為邏輯就是經驗，對於二者的區分和理解仍在探討之中；其次，目前現有的量子邏輯研究大都是在經典邏輯基礎上對於量子命題的研究，並沒有從根本上解決量子悖論的問題；最後，量子邏輯在實踐領域當中如何應用要進一步研究、修正和完善。

小知識

威拉德·范·奧曼·奎因（西元一九〇八年～西元二〇〇〇年）：美國哲學家、邏輯學家，邏輯實用主義的代表。他強調系統的、結構式的哲學分析，主張把一般哲學問題置於一個系統的語言框架內進行研究。著有《語詞和對象》、《本體論的相對性》等。

小鎮上的陌生人

思維方式

思維方式是人們大腦活動的內在程式，是看待事物的不同角度，表面上具有非物質性和物質性兩種性質。

亞歷桑德拉是一個樂觀開朗的年輕人，因為樂觀，身邊的人都非常喜歡他，覺得他是世界上最幸福的年輕人，他自己也這麼認為。

一天，亞歷桑德拉在街上閒逛，有個陌生人攔住了他的去路：「亞歷桑德拉，你知道自己是在哪裡嗎？」

亞歷桑德拉詫異地說：「我當然知道，我從小就生活在這個鎮上啊！」

陌生人是亞歷桑德拉在小鎮上從未見過的，一般來說，鎮上出現陌生人一定是件大事，但這個人的出現卻沒引起鎮上人的任何反應，亞歷桑德拉感到很意外，問陌生人說：「你是從哪裡來的？」

陌生人說：「我是從電腦裡來的。」

「電腦裡？」亞歷桑德拉十分詫異，伸手去觸摸陌生人的身體，完全是溫熱的人體的溫度。「你說你從電腦裡來，那麼你就是 3D 投影了？為什麼你會有溫度呢？」

陌生人搖搖頭：「我不是真實存在的。不僅僅是我，你也不是真實存在的，連這個小鎮都不是真實存在的。」

亞歷桑德拉哈哈大笑起來，指著身邊經過的路人說：「你說這些人都是假的？他們可是我從小就生活在一起的，你這個外鄉人在胡說什麼啊？」

陌生人堅持說：「不對，真實的情況是，你早已經被一個邪惡的科學家動了手術，他把你的腦子從你的身體裡取出來，放到一個適合大腦生長的盛滿營養液的缸裡，並且用各種資料線把你的腦神經末端和電腦相連，和你大腦相連的電腦每天都按照科學家寫好的程式向你的大腦傳送資訊，讓你保持一切的正常幻覺，覺得自己還生活在自己的小鎮上。」

「笑話！」亞歷桑德拉對陌生人的話不屑一顧，「如果我的生活是由電腦控制的，那電腦怎麼會容忍你出現在這裡，告訴我這一切是假的？」

「因為我是病毒，是控制你的電腦最不想看到的東西。」陌生人一板一眼地回答，然後拉著亞歷桑德拉的手，「控制你的電腦是有很多 BUG 存在的，我來帶你看點東西。」

亞歷桑德拉心下狐疑，跟著陌生人到了一個陰暗的角落，這裡是亞歷桑德拉從來沒有到過的地方，在這個幽暗的角落裡卻有一個光環在地上。陌生人說：「你看著。」他眼明手快地拉過一個路人，將路人推到光環裡，路人還來不及發出聲音就騰空而起，在光環的上方完全擺脫了重力，在空中失去聲音，上下翻騰。

「這……」亞歷桑德拉怔住。

「你現在明白了嗎？」陌生人說，「你見過的世界有這樣的奇觀嗎？」

是現實還是虛擬的？亞歷桑德拉一陣頭痛，擺在他面前最大的問題漸漸顯露出來，他到底該怎麼確定自己是不是真的呢？

💡 這樣學邏輯其實很有趣

思維方式是人們大腦活動的內在程式，對人們的言行發揮著決定性的作用。

它與文化密切相關，是文化心理諸特徵的集中表現，又對文化心理諸要素產生制約作用，所以思維方式的差異是造成文化差異的一個重要原因。同時，思維方式與語言也是密切相關的，是語言生成和發展的深層機制，語言又促使思維方式得以形成和進一步發展，所以，語言是思維的主要工具。

思維方式按照類型區分，有形象思維、歸納思維、發散思維、聯想思維、局和思維、演繹思維、移植思維、逆向思維和目標思維等。

思維方式是具有差異性的，人們常說的東、西方思維差異就是個典型的例子，東、西方思維差異主要展現在辨證思維和邏輯思維上，通常會用辨證思維來描述東方人，尤其是中國人的思維方式；用邏輯思維來描述西方人，尤其是歐美人的思維方式。其實東、西方的思維差異還有更多的考量方面，應結合歷史、政治、經濟、文化等方面來綜合分析。

查理斯・莫里斯（西元一九〇一年～西元一九七九年）：美國哲學家，現代「符號學」創始人之一。他把實用主義和邏輯實證主義結合起來，提出「科學的經驗主義」，並創立符號學。他對符號做了廣泛的理解，把「符號」說成是一切「有所指」的東西，它不僅包括語言中的符號，而且包括非語言的符號。主要著作有《符號理論的基礎》、《符號、語言和行為》、《意謂和意義》等。

頂碗少年的成長

斷言

斷言是指在個人的語言中，輕易地在短時間內對某一件事情或事物下的一種主觀性極強的言論。

在一家露天劇場裡，一場別開生面的雜技表演正在熱情上演。

負責表演的雜技團非常出名，露天劇場裡幾乎座無虛席，甚至前幾排還坐了很多慕名而來的外國遊客。他們被東方神祕的雜技表演所吸引，不時爆發出震耳欲聾的掌聲。

在一小段音樂後，一個俊朗的少年走上舞臺，他頭頂十二個金邊白瓷碗，在全場觀眾的注視下做著各種各式柔美的動作，一會兒彎腰，一會兒鑽洞，那疊瓷碗在他頭上搖搖晃晃，卻始終都沒有掉下來，觀眾不禁為他熱烈鼓掌。

在單人表演結束後，又上來一位少年，和之前的少年表演疊加和翻轉，在那個複雜的翻轉之後，觀眾還來不及鼓掌，少年頭上的瓷碗就「乓」地一聲全掉落在地了。

全場一片寂靜。

頭頂瓷碗的少年毫不驚慌，向全場觀眾深深鞠了一躬，又開始重新表演之前的動作。先是單人表演，仍舊是各式各樣柔美的動作，一會兒彎腰，一會兒鑽洞，碗也一直沒掉。觀眾不禁覺得感動，紛紛為

邏輯學的分類和方法

他喝采。等到雙人表演的時候，也不禁都為他捏了把汗，甚至在表演之前提前鼓掌為他加油。

但讓觀眾失望的是，這一次，少年頭上的白瓷碗還是掉了下來。他呆呆地站在原地，一個漂亮的少女從後臺走上來，把一疊白瓷碗放到他頭頂，還是剛才一樣的十二個。

少年又開始了重複表演，還是單人的柔美，還是雙人的默契。但不幸的是，那疊瓷碗就像要和少年作對一般，第三次掉了下來。

這次，已經看了三遍相同表演的觀眾不滿了，有些人站起來喊道：「下去吧！別表演了，換下個節目吧！」「這孩子不行吧！回去練好了再來吧！」

少年面對這樣的境況，眼淚流了下來，不知所措地站在舞臺中央。

在一片嘈雜聲中，一位老者走上臺來，在少年耳邊說了一句話，少年輕輕地點頭，又重新做了一次之前的表演，像他第一次在臺上表演一樣，無視那些喧鬧聲。很成功，這次碗沒有掉下來。當少年做出結束動作時，全場響起了雷鳴般的掌聲。

後來，這個少年成了國際性的雜技表演大師，他每次表演前，都要重複一遍當年師父（那位老者）在他耳邊說的話：「讓那些說你不行的斷言見鬼去吧！你可以做到的，靜下心，再來一次！」

💡這樣學邏輯其實很有趣

邏輯斷言是指「斷定一個特定前提為真的陳述，並且對在證明中

的陳述有用。」等於有空前件的相繼式,例如 p =「x 是偶數」,則蘊涵因此為真。邏輯斷言在電腦代碼編寫中使用最為廣泛,尤其在 .NET Framework 安全性中,可以確保方法有權訪問特定的資源(即使方法的調用方沒有所需的許可權)。

在編寫代碼的過程中,我們總會做出一些假設,斷言就是用於在代碼中捕捉這些假設的,程式設計師相信在程式中的某個特定點的運算式值為真,就可以在任何時候都啟用或禁用斷言驗證,因此可以在測試時啟用斷言而在部署時禁用,在程式投入運行後,用戶遇到問題時還可以重新啟用斷言。

但是斷言同樣也會造成安全漏洞,例如當斷言修改了程式中的變數值但沒有拋出錯誤時,這樣的錯誤不經過細心檢查是很難被發現的,所以在編寫代碼時,應小心使用斷言。

斷言具有三個特性:第一是前置條件斷言,即代碼執行前必須具備的特性;第二是後置條件斷言,即代碼執行後比如具備的特性;第三是前後不變斷言,即代碼執行前後都不能變化的特性。

小知識

雅各・辛提卡(西元一九二九年~):芬蘭哲學家與邏輯學家,公式化認識邏輯的發明人。主要貢獻為數學哲學與邏輯,在西元二〇〇五年,贏得了羅爾夫・紹克獎。

邏輯學的分類和方法

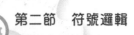

成長為巨鱷

會話

會話是指兩人以上的對話或電腦領域中一種面向連接的可靠通信方式，是用戶桌面上所給出的應用程式、設置和資源的整合。

帶著一個好的想法，喬安和四個朋友決定一起創業了。

幾個月後，這個只有五個成員的團隊發明出一個即時通訊的工具，有了這個工具，人們可以在電腦上即時聊天，再也不用擔心昂貴的電話費用了。不僅僅是用戶可以透過這個方便的工具受益，這個五人團隊也感受到了前所未有的成就感。

他們在短短幾個月內獲得了五百萬用戶，是當時用戶量增長最快的網路公司。

但成就感爆滿的同時，這個五人團隊也被空前的壓力所困擾著。他們創業初期是由彼此融資而成的，現在錢已經花得差不多了，眼看著電腦伺服器就要被收回。如果伺服器收回，業務暫停，用戶肯定大量流失，之前所有的心血就要泡湯了。

「絕不能讓大家的努力白費！」喬安咬咬牙，放下知識份子的清高尊嚴，一家一家地去跑投資公司。但是投資公司對於這個新興的產品並不瞭解，他們不知道該拿這個東西做什麼，也就不太敢收購喬安公司的股份。最後，終於有一家公司願意和喬安好好聊聊收購的問題。

喬安和投資銀行的老闆約在一家咖啡廳裡見面，午後的陽光懶懶照在他們身上，但喬安一點都沒有欣賞的心情。他拿出厚厚一疊資料對投資銀行老闆介紹產品說：「我們的即時通訊工具是為用戶提供會話功能的……」

　　投資銀行老闆聽了許久，問喬安說：「也許你的產品對用戶很好，可是我如果投資了，怎麼賺到錢呢？」

　　喬安對於這個問題早已經思索過很多次，他對老闆說：「用戶就是我們最大的財富。當用戶習慣了在網路上的即時溝通，他們就會離不開這樣的會話方式，當用戶的習慣培養好了，我們就會有很多機會可以賺到錢。」

　　喬安熱情洋溢地闡述自己的觀點，老闆雖然沒被他的論述打動，但倒被他對於工作的熱情打動了，決定投資喬安和他的團隊。

　　靠著投資銀行老闆的這筆投資，喬安的團隊度過了最艱難的過程。很快從困境中走出來的他們，靠著給用戶已經培養成的習慣，在幾年後迅速壟斷網路會話方面的全部資源，成長為網路的巨鱷。

💡 這樣學邏輯其實很有趣

　　會話最廣泛的應用是在電腦領域，尤其是網路領域中。做為一種持久的網路協定，在用戶或用戶代理端和伺服器端之間創建起連接，從而發揮交換資料包的作用。故事中喬安的團隊就是致力於發展這一領域，而現實生活中 MSN、LINE、QQ、SKYPE 等也都是基於這一項技

術。

用戶或用戶代理端的會話使用的技術是 Cookie 和加密技術，以完成資料存儲需求。伺服器端的會話是高效快捷的，但是在承載均衡系統和高速應用系統中的使用相對比較麻煩，在沒有存儲能力的系統上更是無法使用，需要透過共用儲存或獨立存儲伺服器來解決。例如，使用緩存存儲會話資料就是一種不需要存儲介質的有效解決方案，適用於處理少量資料的用戶端操作，但同時也會消耗大量的記憶體空間。

在動態的頁面完成解析的過程中，存儲在會話中的變數會被壓縮後再傳輸給用戶端的緩存 Cookie，在每個成功的請求中，Cookie 中都保存著伺服器端用戶的身分證明或更多完整的資料，雖然這樣的解決方案可以保存資料的前後聯繫，但是也必須要在維持資料完整性和安全性的情況下操作進行。

小知識

喬治・布林（西元一八一五年～西元一八六四年）：十九世紀最重要的數理邏輯學家之一。西元一八四九年他被任命位於愛爾蘭科克的皇后學院的數學教授。一八五四年他出版了《The Laws of Thought》，介紹了現在以他的名字命名的布林代數。布林撰寫的微分方程和差分方程的課本，在英國一直使用到十九世紀末。

會打字的猴子
無限猴子定理

無限猴子定理的表述如下：讓一隻猴子在打字機上隨機地按鍵，當按鍵時間達到無窮時，幾乎必然能夠打出任何給定的文字。

凌晨時分，整個城市都是安靜的。

大廈的保全忍不住菸癮，獨步走出保全室，在樓下一邊吸菸一邊遠遠地看著大廈。

突然，他猛地發現黑漆漆的大廈有一道光束掃了一下。光束雖然不是很亮，但在伸手不見五指的大廈中出現，還是頗為顯眼的。

保全立即拿起警棍，快步朝光線掃過的十七樓走去。

來到十七樓，保全躡手躡腳地繞了一圈，確定那道光線應該不是來自公司員工，這個時候全樓層沒有一個電腦是亮著的。

那一定是外侵者！想到這裡，保全立即打電話給其他的保全人員，請他們前來支援，自己則小心地往大廈最裡面的實驗室方向走去。

快走到實驗室門口，門內傳來的窸窸窣窣的細小聲音更讓保全確定了自己的判斷是正確的。但這個外侵者看來不是一個普通的盜賊，是一個專門偷竊實驗成果的狠角色。辦公區裡那麼多的東西他不偷，反倒躲進實驗室裡悶頭搜尋。

保全猛地踢開實驗室的門，當他看清屋裡的情形後，卻愣在了原

地。

屋裡根本沒有什麼人，只有一隻面對打字機的猴子，保全衝進去的時候，牠正在鍵盤上敲敲打打，被保全打斷，牠還滿臉不高興的樣子。

一隻猴子？在深夜的實驗室裡打字？

保全簡直要暈過去了。

見門已經被保全打開，猴子著急地想要衝出去看看外面的世界，等牠站起身時保全才發現牠是被鎖著的。這隻猴子雖然可以站起來做小範圍的移動，但牠的腳踝是被一條鐵鍊固定住的，牠的活動範圍被侷限在方圓一平方公尺左右。

與此同時，實驗室的警鈴也響成了一片，辦公室電話直接接通了實驗室主人傑克博士的電話，他急急忙忙趕來，看到猴子安穩無事，才鬆了一口氣。

但他的麻煩還沒結束，第二天上司召集他到自己的辦公室，嚴肅地問：「為什麼你沒有經過任何人的允許就將一隻猴子放在你的實驗室裡？」

傑克博士說：「我在旅遊期間偶然間救了這隻猴子，既然已經得到牠了，索性就來驗證一下波賴爾曾經說過的話是不是對的。」

上司若有所思地說：「你是想驗證這隻猴子是不是能打出一本完整的書？」

「是的。」傑克博士回答說，「我想知道，波賴爾說過的，『一

隻猴子隨機在打字機鍵盤上按鍵，最後必然可以打出法國國家圖書館的每本圖書』是不是有可能的。」

這樣學邏輯其實很有趣

　　無限猴子定理來自波賴爾於西元一九〇九年出版的關於機率的著作當中，當時是機率論中柯爾莫哥洛夫的零一律裡的一個例子。零一律是指「有些事件發生的機率不是幾乎一（肯定發生），就是幾乎零（肯定不會發生），這樣的事件被稱為『尾事件』，而尾事件是由無限多的隨機變數的序列來定義的。」

　　假設我們扔硬幣，無限多次地扔，連續一百次數字面都朝上的事件就是個尾事件，而無限猴子定理也同樣是一個尾事件，讓無限隻猴

無限猴子定理實驗。

子用無限多的時間來打字，就會產生特定的文章，其實完全不需要兩件無限的事物，一隻猴子打字無限次已經足夠打出特定文章，而無限隻猴子打字則也能打出特定的文章。

　　無限猴子定理直接證明了兩個獨立的事件同時發生的機率等於其中每個事件單獨發生的機率的乘積。

　　可是在現實當中，即使把宇宙中所有的猴子都聚在一起不停地打字，能打出一篇像樣的文章的機率也幾乎為零。科學家們聚集過很多隻猴子做過無數次的試驗，他們發現，猴子在敲擊鍵盤的時候通常會習慣連續按某一個鍵或者直接用手掌拍擊整個鍵盤，所以最終打出來的文字甚至不可能成為一個完整的句子。

小知識

E·波賴爾（西元一八七一年～西元一九五六年）：法國數學家。西元一八九五年，他證明了有限覆蓋定理，這就是著名的波賴爾覆蓋定理。他獲得的成果，如波賴爾覆蓋定理、波賴爾測度和波賴爾求和法等，對現代數學的許多分支都產生了深刻的影響。著有《關於解析函數的概念和歷史》一書。

禿頭掉髮

謂詞

謂詞公式是由原子公式、連接詞和量詞構成的命題的符號化結果，分為經典的謂詞邏輯和非經典的謂詞邏輯。

在羅馬的一個小村莊裡，有個神父是出了名的詭辯者，他對於詭辯的研究可謂如癡如狂，一有機會就跟人詭辯一番。

這天，他又揪著一位教職人員，要跟人家進行一次辯論，辯論的主題就是「禿頭」。

「禿頭有什麼好解釋的？」教職人員很不屑，「沒有頭髮就是禿頭唄。」

「那可不一定。」神父搖著頭，把經過身邊的妙齡女郎一把攔住，禮貌地問她：「小姐，妳覺得妳是禿頭嗎？」

被攔住的妙齡女郎認識神父，倒也沒怎麼生氣，反而笑嘻嘻地揚起自己的長髮：「你看這頭秀髮，我哪裡算是禿頭呢？」

「那麼你呢？」神父問身邊跟他詭辯的教職人員，「你覺得她是禿頭嗎？」

教職人員莫名其妙地說：「她頭髮長得這麼好，你神經病啊！」

神父沒理會他的怒氣，笑眯眯地托起妙齡女郎的髮梢：「她雖然不是禿頭，但是我一根根拔光她的頭髮，那她是禿頭嗎？」

「這個……」教職人員思索了一下，「沒有頭髮自然就是禿頭了啊！」

「不對啊。」神父說，「你剛才已經說過她不是禿頭了啊！」

教職人員反駁說：「情況不一樣啊！你已經說過要把她的頭髮一根根拔掉了，那麼沒有頭髮就是禿頭。」

說到這裡，妙齡女郎笑著告辭：「你們都要把我的頭髮拔光了，看來我得趕緊離開了。」

送走了妙齡女郎，神父又拉過一個真正的禿頭，問教職人員：「他是禿頭吧！」

「當然。」有了妙齡女郎的教訓，教職人員回答問題也變得謹慎起來，但沒有頭髮就是禿頭，這也沒什麼好辯解的吧！

「為什麼他是禿頭呢？」神父問。

「因為他沒有頭髮。」教職人員一副「理所當然」的表情。

「沒有頭髮就是禿頭？那麼，一根頭髮算禿頭嗎？」神父很高興看到教職人員踏進自己的「思維循環」。

「也算吧！」教職人員小心翼翼地回答，但已經感覺不妙了。

「那兩根、三根呢？還算禿頭嗎？」

「應該也算……」教職人員滿頭大汗。

「一根頭髮也沒有，當然是禿頭。多一根呢？還是禿頭。這樣一根一根增加，增加到哪一根就不是禿頭了呢？」神父狡黠地問。

教職人員啞口無言，不得不承認神父詭辯成功，並且以最快速度

離開了他。

💡 這樣學邏輯其實很有趣

謂詞是形式邏輯最根本的部分，也是最基本的邏輯系統或理論。謂詞邏輯是把命題邏輯做為一個獨立的子系統研究，集中探索研究由那些非命題成分組成的命題形式和量詞的邏輯性質與規律。

故事中禿頭掉髮的悖論其產生根源就在於「禿頭」是個意義模糊的謂詞。謂詞邏輯分為經典的謂詞邏輯和非經典的謂詞邏輯，G・弗雷格在西元一八七九年建立了第一個完整的謂詞邏輯系統。

謂詞公式是由原子公式、連接詞和量詞構成的命題的符號化結果，本身只是一個符號串，沒有什麼具體意義，但若是給這個符號串一個解釋，即賦予它一個意義，使它具有真值，就變成了一個命題，而這個解釋需要使公式中的每一個變項都與個體域中的元素相對應。

謂詞公式分為三類：當在任何解釋下謂詞公式的 A 都取真值 1 的時候，公式 A 稱為邏輯有效式，又稱為永真式；當在任何解釋下謂詞公式的 A 都取真值 0 的時候，公式 A 稱為永假式；當至少有一個解釋使謂詞公式的 A 取真值 1 的時候，公式 A 稱為可滿足式。

K・哥德爾等人在西元一九三〇年透過謂詞公式系統地研究了謂詞邏輯的邏輯問題，證明出了著名的哥德爾完備性定理。

小知識

弗里德里希・路德維希・戈特洛布・弗雷格（西元一八四八年～西元一九二五年）：德國數學家、邏輯學家和哲學家，數理邏輯和分析哲學的奠基人。他於西元一八七九年出版的《概念文字》象徵著邏輯學史的轉折，開闢了新的邏輯學研究領域。主要著作有《算術基礎》、《涵義與指稱》等。

體面地自殺

真值表

真值表是在邏輯中使用的一類數學用表，是用來計算邏輯表示式在每一種論證上的值，也是用來表示邏輯事件輸入和輸出間所有可能狀態的表格。

「放下你的槍！一切都好商量。」羅素緊張地喊，做為一代宗師，他從來沒有這樣失態過，儘管這緊張並不是為了他自己。

維特根斯坦搖搖頭，固執地把手裡的槍對準自己的頭顱：「我要體面地自殺。」

無論羅素怎麼勸，維特根斯坦就是不放下手槍，他的家人遠遠躲在門口觀望，誰都不敢上前來刺激維特根斯坦的情緒。維特根斯坦有個在戰場上被俘虜前自殺的哥哥，還有個哥哥在戰爭裡倖存但致殘，從那之後他就一直都有自殺的傾向。

在第一次世界大戰開始後，維特根斯坦本來可以免除兵役，卻還是積極成為志願兵入伍，並且在激烈的戰場上完成了日後被看作是「哲學的語言學轉向」的《邏輯哲學論》。這本書給維特根斯坦極大信心，他覺得在這本書中哲學問題已被解決，於是懷著貴族式的熱忱前往奧地利南部山區，並在那裡成為一名國小教師，過著苦行僧般的生活。他雖然對學生充滿熱情，卻沒有得到家長們的認同，他們稱他為「瘋狂的傢伙」，並拒絕了這個古怪傢伙提出的收養其中一個或兩個學生

的要求。西元一九二六年，維特根斯坦離開了這些被他稱為「粗俗愚蠢的南部農民」。

維特根斯坦做國小教師「失敗」之後，先是當了一段時間的園丁助手，後來他的姐姐擔心他精神問題，讓他為自己設計宅邸，這個宅邸後來被當成保加利亞的使館，這使得維特根斯坦獲得了建築師的身分。西元一九二七年，維特根斯坦結識了熟讀《邏輯哲學論》的「維也納小組」成員，進入到邏輯學領域。西元一九二九年，維特根斯坦重返劍橋，以《邏輯哲學論》做為論文通過了由羅素和 G・E・摩爾主持評審的博士答辯後，留在三一學院教授哲學，並於西元一九三九年接替摩爾成為哲學教授。西元一九四七年，堅信「哲學教授」是「一份荒唐的工作」的維特根斯坦從劍橋辭職，以專心思考、寫作。

雖然一直都知道他有自殺的可能，但誰也沒想到他會真的試圖自殺，但讓哲學界慶幸的是，這位偉大的大師一直也沒自殺成功，最後在西元一九五一年因病與世長辭。

這樣學邏輯其實很有趣

真值表是在邏輯中使用的一類數學用表，特別是連接邏輯代數、布耳函數和命題邏輯中使用尤為常見，是用來計算邏輯表示式在每一種論證上的值，也是用來表示邏輯事件輸入和輸出間所有可能狀態的表格。邏輯上普遍認為一個命題不是真的就是假的，後來出於符號化習慣，就自然地把真命題標記為＋，也可以用 1 來表示；假命題標記為－，也可以用 0 來表示。

真值表是維特根斯坦和 Post 在弗雷格和羅素等人開發的命題演算基礎上發明的，最初做為一項邏輯矩陣而被發現，而維特根斯坦的邏輯哲學論將真值函數放在序列當中，更導致了真值表的廣泛傳播。

真值表通常有兩欄，左邊部分放字母，右邊部分放函數。每個字母都可以取值為真（＋）或假（－），當每個字母都有取值的時候，右邊的函數就會有一個真或假的取值。一般的真值表表格如下：

p1 p2 …（字母）| f(p1, p2, ..)（函數）

＋＋…（字母取值真假）| ＋（函數取值真假）

＋＋…（字母取值真假）| ＋（函數取值真假）

… … … | …

真值表看起來只是一個普通的工具，但從哲學邏輯的角度來說，卻是造就了一種思維方式的可能。

邏輯學的分類和方法

小知識

路德維希‧約瑟夫‧約翰‧維特根斯坦（西元一八八九年～西元一九五一年）：出生於奧地利，後入英國籍。哲學家、數理邏輯學家，語言哲學的奠基人。他的獨立思考焦點在於如何成為一個「形而上學的自我」，一個可與世界進行不斷資訊交流的自我。著有《哲學語法》、《藍皮書和褐皮書》、《關於數學基礎的議論》、《關於心理哲學的議論》、《片斷》等書。

電工和砌磚工的面試

語境交際

語境是指語言所使用的環境，也就是說交際的主體進行言語交際活動的環境，特徵包括客觀現實性和動態性。

人際關係學家甘柏茲在西元二〇〇三年的面試實錄中記錄了一個精彩絕倫的面試場景。這次面試的職位是一個公共機構的帶薪培訓專案，面試的人有電工和砌磚工，面試的題目是一模一樣的，但由於兩個人的回答不同，原本有極大機會的電工卻沒有得到這個職位。

當時的面試官有三位，在面試之前，面試官們對於電工是抱有很大的期待的，他不僅工作經驗豐富，對職位要求理解到位，而且對於職位的需求也很強烈。較之砌磚工，電工在面試之前就得到了面試官的青睞。面試官們甚至私想，如果電工表現正常，只要和簡歷中相符，就差不多可以給他這個職位了。

面試當天，電工和砌磚工同時走進面試場，他們兩個看起來區別很大，電工表現得有點頹廢，而砌磚工可能壓力沒有電工那麼大，反倒表現得落落大方。

面試官先問的電工：「你去過技術中心嗎？」

電工回答說：「是的。」

面試官繼續問：「那麼你應該已經看到了我們的工作場所？」

電工回答：「是的。」

面試官尷尬地繼續按既定問題提問：「你知道什麼是培訓津貼對吧？」

電工：「是的。」

對於電工的面試就到此為止了，除了「是的」之外，電工沒有再回答面試官其他話語。

無話可問的面試官轉而詢問砌磚工同樣的問題：「你去過技術中心嗎？」

搬磚工回答得熱情洋溢：「當然，我去過那裡。」

面試官點點頭，滿意地繼續問：「所以你已經有機會參觀過了對嗎？那你應該也看到工作的場所了對吧？」

砌磚工答道：「是的，我參觀了工作的場所，並且看了很多細微的地方，我是說……」他詳細介紹了自己去工作地點的心得，並且提出自己的看法。

三位面試官滿意地相視而笑，最後由主面試官對砌磚工說：「好的，我們知道了，有好消息的話我們會立即通知你。」

砌磚工禮貌地鞠躬：「非常感謝各位的面試時間，祝你們工作順利。」

同樣的問題，砌磚工根據面試官的反應給出不同的回答，自然就輕易戰勝了機械回答問題的電工。

可想而知，最後砌磚工得到了這次的機會。

語境是指語言所使用的環境，也就是說交際的主體進行言語交際活動的環境。在面試這個「語境」中，熱情積極的態度無疑會為自己爭取到更多的機會。

語境的特徵包括：客觀現實性，即任何言語交際都在相應的語境中進行，二者共存；確定性，即一旦言語交際行為發生，相應的語境基本確定，構成語境的一些要素在相對的語境中表現為穩定不變的狀態；動態性，即隨著交際過程中話語的不斷生成和被理解，一些語境要素也會不斷發生變化；差異性，即在交際過程中，雙方對語境的理解差異會使言語交際產生障礙；共用性，即理想的言語交際中應由交際雙方共用語境。

語境在言語交際中有兩大功能：一個是解釋功能，解釋模糊歧義的現象以及解釋情景意義，在言語交際過程中，規定的語境能使語言形式與特定的意義相連接。離開一定的語境，把語言片段孤立起來分析是很難確定這個語言片段真正的結構和意義的，而要準確理解說話人傳遞的資訊，僅僅理解字面意思也是不夠的，必須依據當事人當時說話的語境才能推導出對方的言外之意；另一個是制約功能，分為語體制約和上下制約，既可以指文章的上下文，也可以指言語交談中的前言後語，上下文的語境更可以幫助人們更好的理解和確定正確的詞義。

費爾迪南‧德‧索緒爾（西元一八五七年～西元
一九一三年）：瑞士語言學家，現代語言學理論的
奠基者，現代語言學之父，結構主義的鼻祖。他認
為語言是基於符號及意義的一門科學，並把語言學
塑造成為一門影響巨大的獨立學科。《普通語言學
教程》是其代表性著作，對二十世紀的現代語言學
研究產生了深遠的影響。

邏輯學的分類和方法

圍棋實驗

認知語境

認知語境是在語言交際中，聽話的一方對於世界的假設以概念表徵的形式存儲在人的大腦中，並用來構成處理新資訊的情景過程。

在一個著名的認知學實驗中，有一項關於認知語境的實驗是關於「新手——高手轉換」的。同時，這個實驗的結論也為人們提供了一個思維方式，那就是如何利用認知語境來記錄想要記憶的資訊。

在實驗的最初階段，實驗員波利首先將圍棋的棋子佈置成棋局的模樣，然後放到桌上等著第一位實驗者進來。

第一位實驗者是個完全不懂圍棋的人，波利簡單介紹了一下實驗規則：實驗者需要在短時間觀看棋局後，再次擺出棋局的模樣來。

實驗者看了一會兒，棋局就被打亂了，實驗者根據記憶重新拼擺出來的棋局和原先棋局的重合率相當低。

同樣的規則經過好幾個新人實驗者之後，波利又找來幾個圍棋高手，他們在短暫記憶棋局後，擺出來的棋局和波利原先給出的棋局一模一樣。

首次實驗很快得出結論，高手在記憶棋局方面表現出了遠遠超越新手的能力。但是這種能力是否與認知——也就是棋局本身是有邏輯性的有關，還有待考證。

波利很快就進行了第二次的實驗，這一次的實驗規則和上次相同，不同的是，這次的棋子是被隨意擺放的，棋子和棋子之間沒有任何邏輯性相關。

首先進入實驗室的還是不懂圍棋知識的新人，在面對滿盤凌亂的棋子，他們表現出的記憶能力和第一次的實驗相近，這點結論也是在波利等科學家的意料之中。

在新人之後進入的還是圍棋的高手們，這一次他們的表現就沒有上一次那麼從容了，在面對凌亂的棋局，高手們也是一籌莫展，只能憑藉常人的方法來記憶，而最終實驗的結果也顯示了，當棋子們隨機出現時，高手們的記憶表現不比新手們優秀。

當實驗結束後，波利採訪了高手們，這些人紛紛告訴他，當他們第一次看到圍棋時，看到的不是棋子，而是棋子之間的「故事」，這個記憶習慣在他們真正對弈時也是被廣為應用的，因此，重擺棋局對他們而言，不過就是「重講故事」而已。

這樣學邏輯其實很有趣

認知語境是在語言交際中，聽話的一方對於世界的假設以概念表徵的形式存儲在人的大腦中，並用來構成處理新資訊的情景過程，包括語言使用當中所涉及的情景知識、語言當中的上下文知識和背景知識三個語用範疇。故事中高手們「重講故事」的能力，就可以被歸為背景知識語用範疇。

認知語境的構成因素有四個：

第一個是命題，做為陳述知識的最小單位，一個命題大致與人大腦中的一個概念相當，在關聯理論的框架中，語境由一系列的命題構成，但這些命題並不完整，需要推理才能得到完整的語境。

第二個是知識草案，又稱草案或腳本，是為經常出現的事件的序列所設計的知識結構，在言語交際過程中對推理有協助作用，可以形成對言語理解的語境。

第三個是心理圖式，簡稱圖式，是言語交際者已有的知識結構，對交際者認識新資訊的發揮有重要作用，只有在認知過程中把新資訊與已有的知識聯繫起來才能理解話語。

第四個是社會心理表徵，是按照一定社會文化規範進行排列的心理圖式，並不一定需要人的直接經驗，語言使用本身就可以形成，語言與社會心理表徵的關係是相輔相成的。

認知語境是動態發展的，首先言語交際本身就是動態的推理過程；其次因為不同的人具有不同的認知結構，所以認知語境也是動態變化的。

小知識

馬庫斯·圖利烏斯·西塞羅（西元前一〇六年～西元前四三年）：羅馬共和國晚期的哲學家、政治家、律師、作家、雄辯家。他研究了命題邏輯，並在自己的著作中列出斯多阿學派邏輯的五種推理形式，並認為從中可以推出許多派生式。

兩毛錢小費的尷尬

語境歧義

語境歧義是指在交際過程中，利用語言環境使語句產生歧義，造成更為生動的
表達方式和藝術效果。

在繁華市區的街道上，有一家人氣很高的麵館，這家麵館雖然店
面很小，但卻憑藉自己的獨特味道吸引了附近大量的上班族。

因為人氣高的原因，麵館經常需要等位，於是經過的路人就經常
能聽到這樣的對話：「再等會兒吧！這兩個人快完了。」「那邊三個
也快完了。」就是這樣一般的對話也能引起歧義。等位人的意思是這
幾個人快吃完了，就快有位置坐了。但傳到外國人的耳中就變成了另
一個意思，他們會誤會為這個麵館有問題，吃過的都快死了。

這個無意間的誤會無傷大雅，僅僅是讓這個麵館少了些外國友人
的光顧而已，但志明在這家麵館鬧出的笑話就讓人分外尷尬了。

志明也是在麵館附近上班的上班族，一天中午和一個外國朋友來
到這家麵館吃中午飯。來來回回就聽到廚房大聲喊：「三個『大牛』，
兩個『小羊』！」

吆喝也是這家麵館的特色之一，聽了好幾遍這樣的吆喝後，剛學
會說中國話的外國朋友不禁疑惑地問：「我們是要吃麵嗎？為什麼像
是在牲畜市場？」

志明哈哈大笑：「哪裡是牲畜市場啊？他們是圖省事，就簡略稱

邏輯學的分類和方法

呼麵的名字了。『大牛』就是牛肉麵，『小羊』就是羊肉湯。」

「哦，原來是這樣啊！」外國朋友恍然大悟道。

吃完飯之後，志明對服務生喊道：「買單。」

「好。」服務生穿過人群來到志明的桌前，看了一眼他們桌上的碗碟，輕車熟路地算出金額，「總共是八十五元八毛，謝謝。」

志明拿出八十六元錢，對服務生說：「總共八十六元，不用找了。」

服務生收過錢，又大聲吆喝說：「二號桌客人賞二毛小費！」

這一喊，全麵館裡的人都往志明他們這桌看，看給了二毛錢小費的「大方」客人長什麼樣子。

志明大窘，急於想擺脫這種困境，不禁開口說：「還是把二毛錢找給我吧！」

服務生撇撇嘴，還沒容志明反駁，又大聲吆喝說：「二號桌客人又把二毛小費收回去了！」

這下整個麵館的人都笑了，志明和外國朋友在大家的哄笑聲中放下錢趕緊離開了。

這樣學邏輯其實很有趣

語境歧義是指在交際過程中，利用語言環境使一個原本無論是辭彙還是句法上都沒有歧義的語句產生歧義，使聽話的一方在理解時受語境因素的影響產生誤解，從而造成更為生動的表達方式和藝術效果。故事中服務生就是利用特殊語境中的歧義引起了滿堂哄笑。

語境包括主觀語境和客觀語境，語境歧義分為狹義的語境歧義和廣義的語境歧義，其中狹義的語境歧義是指說話的一方有明白、確定的內容表達，但聽話的一方可能誤解，可能不完全理解，或者不懂的聽話者有不同理解造成的歧義；廣義的語境歧義是指說話的一方本來表達的語句就有某種不確定的因素存在，因此影響了聽話者的理解而造成的歧義。

　　從對導致歧義的因素分析，語境歧義分為兩大類：第一類是由於語言符號因素所導致的歧義，又分為上下文語境缺失導致的歧義和上下文語境相互作用產生的歧義，以及上下文語境在相互轉換過程中所產生的歧義；第二類是由於非語言符號因素所導致的歧義，是在特定的語言環境中由於時間、地點、交際對象和交際主題所產生的歧義。

　　對於語境歧義的學習和瞭解能讓我們更有效準確地使用言語來交際，也可以使文學作品和言語交流變得更加生動、幽默，拓寬交際的管道，達到更好的交際效果。

小知識

尼古拉‧布林巴基：二十世紀一群法國數學家的筆名。布林巴基的目的是在集合論的基礎上，用最具嚴格性、最一般的方式來重寫整個現代高等數學。他們的工作始於西元一九三五年，在大量的寫作過程中，創造了一些新的術語和概念，他們認為數理邏輯是研究抽象結構的理論。著作有《數學原本》。

放下與放不下

雙關語

雙關是一種把語詞的意思模糊化的修辭手法，利用語意相關或者語音相似的特點，使語句具有雙重意義，造成言此意彼的效果。

　　小和尚跟著老和尚出門化緣，這是小和尚自從出家以來第一次離開廟宇，看到外面的世界豐富多彩，不禁對什麼都感覺稀奇，唯恐自己的眼睛不夠用。老和尚頗能理解他的心情，也沒多加管束，任他對道路兩旁的新鮮事物不停發問，也只是微笑解答而已。

　　這一老一小和尚走了一天，到黃昏的時候，被一條波濤洶湧的河水擋住了去路。兩人又沿著河走了很遠，才看到一座只能容納一人通過的小橋，橋上沒有任何扶手。小橋的一端還站立著一個年輕的女人，女人明顯看起來是不敢走上那座小橋，正在看著河水發愁。

　　老和尚走上前去，問年輕女人：「女施主可是要過河？」

　　年輕女人回禮說：「是的，我要到河的另一邊去看我的姐姐，今天是她的生產日，我需要過橋去幫助她。可是河水太急，橋又太窄了，我不敢過橋。」

　　老和尚回頭看了一眼河水，又看看橋說：「女施主，不如貧僧背妳過河吧！」

　　年輕女人千恩萬謝，伏在老和尚的背上過了河。

過了橋和年輕女人道別之後，老和尚帶著小和尚繼續往前走，小和尚一改之前的嘰嘰喳喳，沉默地跟在老和尚背後。老和尚大概也能猜到他在想什麼，但沒有點破，只是等著小和尚自己醒悟或者發問。

繞了一大圈快回到寺廟的時候，沉默的小和尚忍不住了，他攔住老和尚的去路：「師父，我想問您一個問題。」

「你說。」老和尚慈愛地說。

小和尚臉都紅了：「您不是說男女授受不親嗎？」

「沒錯啊！」老和尚回答。

「那……」小和尚小聲開口說：「為什麼剛才在橋上你要背那個女人呢？」

老和尚哈哈大笑：「徒兒啊！剛才是特殊情況，那位女施主需要我們的幫助。更何況，」他摸著小和尚的腦袋說：「橋上的那位女施主，在過橋之後，我就已經把她放下了，你怎麼還沒放下呢？」

小和尚想了想，在「放下」和「放不下」之間仔細思索，才明白了其中的禪意，一解心結。

💡這樣學邏輯其實很有趣

雙關語的使用可以更含蓄詼諧地表達語言，傳遞思想感情。故事中老和尚就是把「放下」這個詞做為雙關語來開導小和尚的。

雙關語包括音義雙關和語義雙關兩類：音義雙關是指「利用音同或音近的條件使語詞或句子一語雙關」，也就是所謂的「一石三鳥」，

在中國的很多歇後語的使用當中最為常見，比如「山頂滾石頭──石打石（實打實）」、「窗戶眼吹喇叭──鳴（名）聲在外」等，又比如中國人在吃梨的時候通常都會整個吃掉，很少與人分著吃，因為「梨」和「離」的諧音，使得分梨有「分離」的意思；語義雙關是指「利用語句的多義性造成一明一暗兩種意思，明明是指甲事物，卻暗指的是乙事物，在特定環境下形成雙關」，也就是所謂的「指桑罵槐」，在古今中外的文學作品和很多俗語及言論中均可見到。

　　在雙關語的使用中，不僅需要注意雙關內容的思想性，更要做到語意含而不露，讓人可以體會明白而不要造成誤會或者歧義。

小知識

恩斯特・策梅洛（西元一八七一年～西元一九五三年）：德國數理學家，公理集合論的主要開創者之一。他在西元一九○八年建立了第一個集合論公理系統，給出了外延、空集合、並集合、冪集合、分離、無窮與選擇等公理，後經策梅洛的總結構成了著名的集合論公理系統 Ｚ Ｆ，形成了公理集合論的主要基礎。

王二智鬥鐵公雞
言語行為理論

言語行為理論是句法學、真實條件語義等無能為力的很多語言現象，它將日常對話分為命令、要求、祝願／致歉、詢問／祈使、邀請和感嘆六種類型。

從前有個財主，大家都叫他鐵公雞，因為他為人特別吝嗇，經常在招聘長工的時候對人家說：「在我這裡幹活很好哦！不僅可以白吃白住，到了年底，還能給你三十斤白麵。不過，這白麵也是不好拿的，在幹活的這一年裡，你們必須完成我的三個條件，完成一個就得到十斤白麵。如果無法完成，就扣掉十斤。如果三個條件都沒完成，你們什麼都得不到哦！」他的條件都很苛刻，所以很多人幹了一年，到頭來什麼都沒有得到。

村裡有個很聰明的小伙子叫王二，他相信能夠憑藉自己的聰明才智贏得年終的獎勵，就自告奮勇到鐵公雞家當了長工。

梅雨季節剛過，鐵公雞就對王二說：「王二，屋裡的地都潮濕了，你來給我曬曬屋裡的地。」

王二知道鐵公雞是故意為難他，就一口答應說：「好。」然後爬上屋頂扒起屋頂的瓦來。

鐵公雞看著他扒瓦，一下急了：「我讓你幫我曬屋裡的地，你扒我的瓦做什麼？我要扣你的工錢！」

邏輯學的分類和方法

147

王二哈哈大笑：「老爺，不把屋頂的瓦扒了，怎麼能曬到屋裡的地呢？我正是在幫你曬地啊！」鐵公雞雖然生氣，但也拿他無能為力。

快到年關的時候，鐵公雞又要開始為難王二了，他拿來一大一小兩個罈子，對王二說：「你來幫我把大罈子裝到小罈子裡，做不到我就扣你工錢！」

王二答應著將大罈子打破，然後將碎片一片片撿到小罈子裡。

鐵公雞大怒：「讓你把大罈子放到小罈子裡，你竟然敢把我的罈子打破了！」

王二還是笑嘻嘻地裝傻充愣：「沒辦法啊！不把大罈子打破，怎麼能裝進小罈子裡呢？」

鐵公雞雖然一句話都沒說，但還是被狠狠地將了一軍。

轉眼到了發工錢的時候，鐵公雞指著自己的腦袋問王二：「你說我的腦袋有多重？」

王二說：「二斤七兩。」

「不對。」鐵公雞搖搖他肥胖的腦袋，「二斤八兩。」

「是嗎？」王二的眼神突然變得兇狠，他衝到廚房裡拿來菜刀又衝到鐵公雞面前：「那就把你的腦袋砍下來看看到底有多重！不對的話，我就不要工錢了。」

鐵公雞嚇得臉色蒼白癱倒在地上：「你說得對，我這就給你付工錢。」

就這樣，王二憑藉自己的智慧得到了自己的一年俸祿，鐵公雞自

此之後再也不敢隨便折磨長工了。

💡 這樣學邏輯其實很有趣

言語行為理論是西元一九六二年由約翰·奧斯丁提出的，是指言語行為與前提、含意一樣，是句法學、真實條件語義等無能為力的很多語言現象，它把我們日常對話分為了命令、要求、祝願／致歉、詢問／祈使、邀請和感嘆六種話語區類型。

故事中王二的話就是利用了命令和要求的語句類型。

言語行為類型分為三類，即言內行為（說出詞、短語和分句的行為）、言外行為（表達說話者意圖的行為）、言後行為（透過某些話實施或導致完成的行為）。

言語行為理論的提出在語言學界產生了巨大的影響，它的貢獻是不可否認的，但同時，任何理論也都存在其不完備性，言語行為理論忽略了一些重要的情景和社會文化的因素會對使用語言產生的制約作用，言語行為應當與人們所處的社會環境相結合。

從社會角度來看，言語行為應當涉及一定的社會制約條件，比如說話人所接受過的教育、年齡、性別、職業、偏好等；從語言角度來看，應考慮用怎樣的語言以及怎樣的語言形式去實施言語行為。從語境條件角度來看，理解言語行為應建立在對語境的理解和對交際目的理解的基礎上，尤其是包含社會習俗、文化、社會結構以及一些其他語境條件的順應。

邏輯學的分類和方法

小知識

納爾遜・古德曼（西元一九〇六年～西元一九九八年）：美國著名的分析哲學家、邏輯學家、科學哲學家和美學家，現代唯名論、新實用主義的主要代表之一。他以博宏的學識、睿智的思維和天才的洞見，成為二十世紀哲學諸多領域的大師級人物。主要著作有《表象的結構》、《事實、虛構和預測》、《藝術語言》、《構造世界的多種方式》、《心靈及其他問題》等。

可憐的主人
間接言語行為

間接言語行為理論是指一個言外之意的實施是間接地透過另一個間接言語行為的實施來實現的。

有一家主人在春節前宴請甲、乙、丙、丁四位朋友來家裡吃飯，甲、乙、丙三個人先到了主人家，四個人一起聊天，特別開心。

時間很快過去，一個小時後，客人丁還是沒能前來，主人著急地看了看牆上的時鐘，對著先前坐下的三個朋友說：「這人怎麼到現在還沒來？」

甲、乙、丙三位朋友也附和道：「可能有什麼事耽誤了吧！來了一定要罰他三杯才行。」

這本來是一個很安全的話題，壞就壞在主人的那張嘴，他順著朋友們的話說了句：「是啊！該來的怎麼還不來！」

這話一說，主人自己還沒發覺出不對，甲、乙、丙三位朋友就變了臉色，再怎麼聊天都覺得氣氛不對，最後脾氣比較急的甲站起身來對主人說：「等的時間太長了，我還有事，先走了。」

主人不高興了：「不是說好了今天就是來我家做客的嗎？你怎麼還安排了別的事啊？」

甲撇撇嘴：「我們都已經是不該來的人了，你還是等該來的人吧！」說完，頭也不回地往門口走。

主人急忙上前攔住朋友甲：「別這麼小氣，不過就是一句話說錯了，我向你道歉行不行？我還準備了好多你愛吃的點心呢！」

「不用了。」無論主人怎麼說，朋友甲就是不肯留下用餐，好好的聚會因為一句話而變得不愉快了，但這還只是開始。

主人回到朋友乙和朋友丙身邊，嘆了一口氣說：「不該走的也走了。」

這下朋友乙和朋友丙也坐不住了，兩人都是臉色一變，主人這次很快就意識到自己犯的錯，連忙安撫兩位朋友，但他沒想到自己的安撫更像是火上加油，他說完之後，兩個朋友都走了。他說的話是：「我不是說你們兩個。」

朋友們走後，主人萬分委屈，對妻子抱怨說：「我第一句話只是想表達我的焦急心情而已；第二句也不過是表達下我的無奈心情啊！我知道自己第一句話說錯了，第二句只是彌補一下錯誤。」

妻子笑笑安慰他說：「起碼還有一位客人你可以等著他來，到時候你可千萬別亂說話了。」

這樣學邏輯其實很有趣

要理解間接言語行為理論首先要理解語言的間接性，通俗來說就是「拐彎抹角」。根據言語行為的習慣，間接言語行為分為兩類，即規約性間接言語行為（出於對說話人的禮貌對其字面用意做出一般性推測）和非規約性間接言語行為（在雙方共知的語境和背景資訊中以

固定的方式表達，使得字面用意與實際用意差別很大）。

間接言語行為的「拐彎抹角」造成語言出現「語氣隱喻」，語氣隱喻與間接言語行為的關係非常密切。首先，間接言語行為具有語境依賴性，不同的語境中，同樣的句子可能表達不同的語義，「上下文」是每一個小的句子所處的語言環境，結合上下文的語境理解就顯得尤為重要；其次，間接言語行為具有禮貌性，交際過程中，雙方都會為了顧及對方的顏面而間接委婉地表達一些自己的想法，禮貌的程度和語言的間接程度是一致的。

間接言語行為理論告訴我們，僅僅理解字面含意是不夠的，言外之意才是說話人的真正意圖。故事中的朋友們如果能理解主人的真正意圖，也不會造成最後聚會無法進行了。

小知識

讓－皮埃爾・塞爾（西元一九二六年～），法國數學家。主要貢獻的領域是拓撲學、代數幾何與數論。他曾獲頒許多數學獎項，包括一九五四年的費爾茲獎與二〇〇三年的阿貝爾獎。他發展了纖維叢的概念，得出一般纖維空間概念；解決了纖維、底空間、全空間的同調關係問題，並由此證明了同倫論中最重要的一般結果：除了以前知道的兩種情形之外，球面的同倫群都是有限群；引進了局部化方法把求同倫群的問題加以分解，得出一系列重要結果。

愛情的選擇

預設

預設是指說話者在說出某個語詞或句子時所做的假設，為了維持其句子或話語的合理性而必須滿足的前提。

麗莎是一個美麗驕傲的姑娘，追求她的人幾乎可以排滿一條街，但她從來沒有答應過任何人的求愛。

「為什麼不接受那些追求者，難道他們之中就沒有一個優秀的人嗎？」麗莎的好朋友問她。

「不，」這個美貌的姑娘驕傲地說，「他們之間有很優秀的，甚至有些是身價上億的富豪，但他們都不是我想要的。」

「那妳究竟想要什麼樣的男人啊？」

「我喜歡的男人必須是強大而沉默的。他對世間一切事物都了然於心，卻不張揚。他即便是身無分文，我也願意跟著他一輩子。」麗莎小臉微紅，沉浸在自己想像的愛情世界中無法自拔。

她的朋友勸她說：「麗莎，妳太不現實了，妳期待的男子根本是不存在的。」

麗莎不聽，堅持要按照自己預設的條件來尋找自己的戀人。

這次談話沒過多久，麗莎就激動地來到朋友家，興奮地跟她說自己找到了想要相守一輩子的戀人，他強大且沉默，恰恰和她想像中的

一樣。她主動追求了他,兩人現在已經相戀成為男女朋友了。

朋友也覺得意外,世界上怎麼會有這麼幸運的事。她和麗莎約好在下次見面時,把她的男友也帶來,麗莎滿口答應。

朋友在一個午後見到了麗莎的新男友,這個男人和麗莎描述的一樣,很沉默。他很少讚美女性,他偶爾的一句讚美,哪怕是一句「妳真聰明」的敷衍都會讓麗莎興奮至極。

見面之後,麗莎拉著朋友問對男友的感覺,朋友只是淡淡地說:「也許他並不是妳所想的那個樣子。」

麗莎不高興了:「妳是嫉妒我找到自己的夢中情人嗎?我要和他結婚!」

朋友還想再說點什麼,麗莎卻已經不願意再聽了。在她眼中,這世界上沒有一個男人像自己男友這樣優秀而完美。

麗莎和男友結婚了,但婚後的日子卻被朋友一語成讖。她漸漸發現原來自己丈夫的沉默不是她所認為的神祕,而是空白。這個沉默的男人不說話,不是因為他對世事了然於心,而是真的無話可說,他對於世界沒有她想像的富有哲理的看法,他對自己的生活也沒有規劃,他對自己也沒有強大的支配權,常常放任自己隨波逐流。

結婚三週年的紀念日,麗莎找到朋友。朋友很意外:「為什麼在這個日子會想起來找我?不跟他一起過嗎?」

麗莎垂頭喪氣地說:「原來真的不是我想像的那樣,我預設的愛情世界徹底破碎,我和他離婚了。」

　　預設，又可稱為前提、前設或先設，由德國哲學家、邏輯學家弗雷格在西元一八九二年提出，是指說話者在說出某個語詞或句子時所做的假設，為了維持其句子或話語的合理性而必須滿足的前提。

　　由於預設是為了生成言語而做出的假設，所以探討預設與生成的關係非常必要。

　　在語言學中，課堂的教學對預設和生成表現的最為明顯。預設是教師對課堂教學的設計、規劃和安排，是備課的重要部分，可以表現在教案中也可以不展現在其中，但更多表現在課堂上，可以展現教學的計畫性和封閉性，而生成則可以表現教學的動態開放性，二者是相互補充的，具體表現為以下兩種關係：

　　首先是一元與多元的關係，一元是共性的認識和普遍的價值展現，多元是獨特的認識和多元的文化展現。

　　對預設而言，要重視文本的價值取向追求更好的答案，在這個過程中不斷汲取他人有益的看法和新的有價值的觀點，做到不斷反思並超越自我，才能更好地實現言語的生成。

　　其次是結論與過程的關係，結論是要達到的目的或需要獲得的結果，過程則是為了達到目的或者獲得需要的結果所必須經歷的活動程序。結論的重要性毋庸置疑，但同時也要培養創新精神，在過程中不斷發現並獲得新的知識和資訊，才能更好地輔助預設最終的生成。

彼得呂斯·拉米斯（西元一五一五年～西元一五七二年）：法國人文主義學家、邏輯學家、哲學家、教育改革者。他在西元一五七二年發生的聖巴托洛繆大屠殺中被殺。

邏輯學的分類和方法

愛因斯坦的智慧

衍推

衍推是指命題間的一種邏輯關係，可以分為包容式衍推、釋義式衍推和類推式衍推。

大科學家愛因斯坦曾經在柏林洪堡大學當教授。

有一次在課堂上，為了讓學生們清楚什麼是邏輯學，他曾講過一個關於衍推的小故事：

「有兩個工人奉命去為一家人修理煙囪，煙囪年久失修，裡面積了很多的灰塵，兩個工人足足清理和修理了一整天。當工人甲從煙囪中走出來，拍拍自己身上的灰塵，等著工人乙出來。不久，工人乙也做完工作從煙囪中出來了，看到工人甲不禁也抹了一把自己的臉，因為工人甲的臉已經髒成了黑炭。但工人甲看到的工人乙的臉卻是乾淨沒有一點灰塵的。」

說到這裡，愛因斯坦問學生們：「你們想想看，工人甲和工人乙誰會先去洗臉？」

學生們七嘴八舌地說：「當然是工人甲了，誰臉髒誰就去洗。」

愛因斯坦笑著說：「是嗎？你們想想，他們兩個人是在同樣的環境下工作的。乾淨的工人乙看到工人甲的臉是髒的，他自己也知道煙囪裡很髒，就理所當然覺得從煙囪裡出來的人都是髒的。而工人甲看

到工人乙的臉是乾淨的，他會怎麼想。現在你們再思索一下，到底誰會先去洗臉？」

有個學生像發現新大陸一般，興奮地叫道：「我知道了，工人甲不會去洗臉，雖然他的臉事實上是髒的，但是他看到工人乙的臉是乾淨的，自然就會覺得自己是乾淨的；而工人乙的臉雖然是乾淨的，但是他看到工人甲的臉是髒的，所以就會覺得自己的臉也是髒的，就會在第一時間去洗臉。」

愛因斯坦看看別的學生們，他們似乎也認同這個學生的看法而頻頻點頭。

愛因斯坦搖搖頭：「這個答案是錯誤的，不同的兩個人在同樣的環境下工作了一整天，怎麼可能一個是髒的，一個是乾淨的呢？想明白了這個問題，就明白了什麼叫做邏輯學。」

💡 這樣學邏輯其實很有趣

透過這個小故事，愛因斯坦向學生們展示了一個簡單的邏輯關係。他最開始對學生們的提問，其實也是邏輯的一種，顯示了邏輯學的無限發散性。工人甲和工人乙從煙囪裡爬出來，其參照物都是對方，根據「對方是髒的」和「對方是乾淨的」命題，推導出自己是髒的或者乾淨的結論。如果故事到此為止也算是邏輯學的一個典型故事，但愛因斯坦又透過另一個假設引導學生進行了思考，同一個煙囪裡出來的兩個人怎麼可能是一黑一白。

學生們最初的答案都是受到了「誰先去洗臉」問題的限制，而愛因斯坦卻用這一個問題突破了學生們在邏輯學上的限制。

故事中的兩個工人得出自己髒還是乾淨的結論，都是衍推的結果。衍推是西元一九六二年由安德森和貝爾納普在嚴格蘊涵和相干蘊涵的基礎上提出的，是指命題間的一種邏輯關係，如果可以由一個命題內在地推導出另一個命題，則前一個命題衍推後一個命題。

由此必須先要瞭解蘊涵的概念，蘊涵是判斷前後兩個命題互為條件關係的邏輯名詞，表現形式是「如果……則……」，如果用 P 表示前件（即條件），q 表示後件（即後果），「→」這個符號在邏輯中就稱為「蘊涵」。

在蘊涵中，只考慮前件 P 和後件 q 的真值關係而不考慮支命題的內容和聯繫的蘊涵叫做實質蘊涵，有兩個特點：其一是真命題，可以被任何命題所蘊涵；其二是假命題可以蘊涵任何命題。

實質蘊涵是有侷限性的，為瞭解決它的侷限性，邏輯學發展出嚴格蘊涵和相干蘊涵的概念，從而產生了衍推。

衍推具有四個特點，一是若 P 為真則 q 必然為真；二是若 q 為假則 p 必然也為假；三是若 p 為假則 q 可真可假；四是若 q 為真，則 p 可為真可為假。

按照衍推中兩個命題的內在聯繫不同，可以分為包容式衍推、釋義式衍推和類推式衍推。

哈斯凱爾‧加里（西元一九〇〇年～西元一九八二年）：美國數理邏輯學家，專長於組合子邏輯理論，編程語言 Haskell 與 Curry 都是以他的名字來命名。西元一九二〇年從哈佛大學數學系畢業後，他在麻省理工學院工作兩年，之後又回到哈佛大學繼續求學，西元一九二四年獲得物理學碩士學位，之後取得數學博士學位。

邏輯學的分類和方法

任何人都是教皇

羅素悖論

羅素悖論是數學家羅素對於悖論的全面推翻，在數學界和邏輯學界引發了巨大的震撼，直接促成了數理邏輯的發展與現代數學的產生。

　　一個寒冷的早晨，羅素剛走出家門就和一個看來面熟的人撞了個滿懷，而接下來的兩秒鐘，無論他怎麼走，都被這個人攔住去路，羅素很快明白了，這個人是來找麻煩的。

　　但羅素還是保持彬彬有禮的儀態：「先生，我們並不相識，您此舉何意？」

　　「我無惡意。」羅素此時才看清來人是個年輕的小伙子，不知道是因為天冷還是因為緊張，他的臉通紅，聲音也是有點顫抖的，「我只是想來問您一個問題。」

　　「請說。」羅素輕聲緩語地說。

　　「您說過『假命題蘊涵任何命題』，我想問，如果這樣也成立的話，那麼您的意思是不是，如果我讓您從『2+2=5』中推論出『羅素等於教皇』的結論，您也能做到？」

　　「年輕人，我當然可以證明。」羅素笑了，隨手撿起一塊小石頭在泥土地上給年輕人寫寫畫畫。

　　他對年輕人解釋說：「首先，你讓我證明的問題中，有個假命題

前提，那就是『2+2=5』。現在，我們先假定這個命題是真的，也就是說 2+2 真的等於 5。」

年輕人點點頭：「那當然。」

羅素在地上寫出「假設 2+2=5」，接著看了年輕人一眼：「我們這個等式的兩側分別減去 2，你來告訴我結論。」

「2=3。」年輕人輕而易舉地回答。

「沒錯。那麼將它們調位呢？」羅素說，「將等號左右的資料對換位置。」

年輕人還是不太清楚羅素的用意，小心翼翼地回答說：「那就是 3=2。」

「對，你說得沒錯。」羅素繼續用小石頭在地上畫著，「現在將等式兩邊各減去 1……」

「那就是 2=1。」年輕人這次學會了搶答。

「是的，年輕人。」羅素站起身來，把小石子扔回到地上，「既然 2 都等於 1 了。那麼我和教皇兩個人是不是也就等於一個人？既然我和教皇是一個人，那麼，我也就是教皇，換言之，任何人都有可能會是教皇。」

羅素說完，禮貌地點點頭：「我先走一步。」

說完，微笑著離開了。

這樣學邏輯其實很有趣

悖論是指在邏輯上可以推理出相互矛盾的結論但表面上又能自圓其說的命題和理論。

在西元一九〇〇年前後,數學集合論的歷史上出現了三個非常著名的悖論,其中由英國數學家羅素提出的羅素悖論更是在數學界和邏輯學界引發了巨大的震撼。

羅素悖論犀利地指出當時被數學界廣泛認可的集合論是有漏洞的,他提出把所有的集合分成兩類,第一類的集合以其自身為元素稱為 P,第二類中的集合不以自身為元素稱為 Q,於是有:$P=\{A \mid A \hat{} A\}$ $\triangle Q=\{A \mid A \in A\}$($\in$ 是指屬於;$\notin$ 是指不屬於)問,$Q \in P$ 還是 $Q \in Q$?這一條悖論讓當時以集合論出名的邏輯學家弗雷格困惑不堪,只能在自己即將出版的著作末尾寫道:「一個科學家所碰到最倒楣的事,莫過於是在他的工作即將完成時,卻發現所做工作的基礎崩潰了。」

悖論的出現迫使數學家和邏輯學家們都開始投入最大的熱情去解決,在這個過程中,各種新的理論應運而生,促進了數學邏輯的更新發展:第一次數學危機,促成了公理幾何與邏輯的誕生;第二次數學危機,促成了分析基礎理論的完善與集合論的創立;由羅素悖論引起的第三次數學危機,則促成了數理邏輯的發展與現代數學的產生。

阿爾弗雷德·塔斯基（西元一九○一年～西元
一九八三年）：美國籍波蘭裔猶太邏輯學家和
數學家，加利福尼亞大學教授。他對真值概念
和模型論的研究，使得邏輯學家們將他與亞里
斯多德、弗雷格、伯特蘭·羅素和哥德爾相提
並論。

理髮店的廣告

理髮師悖論

理髮師悖論是羅素用來比喻羅素悖論的一個通俗的說法，是指一個理髮師犯下的邏輯性錯誤。

某年某月某日，在某個不知名的小城鎮裡，一家理髮店悄然開業了。

理髮店開業，在大城市裡誰也不會多看一眼，但在這個小城鎮上，有一點風吹草動都會引起爭議，更何況這家理髮店的廣告是如此獨特。

理髮店的老闆在門口樹立了一個看板，上面是老闆親筆書寫的：「本人技藝超群，在大城市裡也頗有美譽。我將為本城所有不替自己刮臉的人刮臉，我也只為這些人刮臉。我對各位表示熱誠歡迎！」

獨特的廣告一出，來找他刮臉的人絡繹不絕，自然都是那些不替自己刮臉的人。

有一天，一個哲學家來到理髮店，他在享受了老闆提供的服務後，看到老闆的鬍子也長了，他就好奇地問老闆：「你平時替自己刮鬍子嗎？」

店主伸頭看看鏡子裡的自己，呵呵一笑：「確實是有點長了，我來此之前是自己刮鬍子的。」

「現在你恐怕想給自己刮也刮不了啦！」客人哈哈大笑。

「為什麼？」店主奇怪地說。

「因為那個啊！」客人朝看板努努嘴，「你為本城鎮所有不替自己刮臉的人刮臉。」

「可是我並不是這個鎮上的人啊？」店主辯解說。

「你自己訂下的規矩是說為這個鎮上的所有人服務時，需要注意的事項。你身在鎮上，就要遵從規矩，怎麼能隨意更改呢？」

客人走後，店老闆對著鏡子看自己，鬍子都已經長到不能不刮了。他拿起刮鬍刀往自己臉上送，還沒碰到鬍子，就想起了那位客人的話，為難地看看自己訂下的店規。

讀者看店主能不能給他自己刮臉呢？如果他不為自己刮臉，他就屬於「不替自己刮臉的人」，他就要自己刮臉；而如果他自己刮臉呢？他又屬於「為自己刮臉的人」，他就不該刮臉。

就在他左右為難的時候，另一個客人進店了，他聽老闆的疑惑，出了個主意：「既然不想破壞自己的規矩，那你為什麼不到鄰近的城鎮上找個師傅為你刮鬍子呢？」

💡這樣學邏輯其實很有趣

理髮師悖論是羅素用來比喻羅素悖論的一個通俗的說法，它同樣是由羅素提出的，但其實際上並不能稱之為一個悖論，而應該說是理髮師犯的一個邏輯性錯誤。

羅素悖論是在集合的概念上產生的，集合分為兩種，一種是屬於

自己的元素，即自己是自己的元素；另一種是不屬於自己的元素。理髮師悖論與羅素悖論在邏輯層面是平行的，如果把每個人看作一個集合，理髮師悖論就是將這個集合的元素定義為理髮師刮臉的對象，理髮師宣稱，他的元素（刮臉的對象）都是鎮裡不屬於自身的那些集合（每個來刮臉的人），並且鎮裡所有不屬於自身的集合都屬於他。由此來看，無論理髮師是否屬於他自己，都會導致矛盾的產生。

　　故事中理髮師把自己陷入了兩難的境地，如果理髮師不替自己刮臉，那麼遵守規則他就必須要為自己刮臉；如果理髮師給自己刮臉，同樣遵守規則的話他就不能為自己刮臉。對理髮師悖論而言，很多人期望找到一個最合理的答案，但實際上，悖論本身就是一個有待解決的理性思考的問題，也是個不斷被人爭議的哲學話題，沒有唯一的答案。

小知識

奧卡姆的威廉（西元一二八五年～西元一三四九年）：英格蘭邏輯學家、聖方濟各會修士。曾和教會作對，他在著作《箴言書注》二卷十五題說「切勿浪費較多東西去做用較少的東西同樣可以做好的事情。」因為他是英國奧卡姆人，人們就把這句話稱為「奧卡姆剃刀」。著有《邏輯大全》、《辯論集七篇》等。

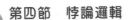

造出一塊自己都搬不動的石頭

上帝悖論

上帝悖論是個對上帝而言不成立的命題，它否定了「上帝萬能」的預設。

關於上帝的傳說和故事有很多，伴隨祂「萬能」的傳說，也有很多關於祂不萬能的故事。

我們假設一個對上帝十分忠誠的牧師和一個無宗教信仰且反上帝的布魯斯相遇了。

首先，牧師想感染布魯斯，他對布魯斯說了很多關於上帝救世人的傳說故事。布魯斯聽了之後問牧師：「上帝是無所不能的化身，祂創造宇宙、萬物、人類，並且祂是永恆的？」

牧師回答：「這是當然的。」

「那麼，我有一個疑問。」布魯斯說，「眾所周知，人類的發展史不過只有幾千年，加上原始人類時期也不過只有七十萬年，即便從上帝那句著名的『要有光』開始，宇宙的年齡也不過是一百四十多億年。」

「這和上帝有什麼關係呢？」牧師不解地問。

布魯斯哈哈大笑道：「當然有關係，按照你的說法，上帝是永在的，那祂存在的年限應該是無窮的。不管是人類發展時期的七十萬年，還

邏輯學的分類和方法

是宇宙存在的一百四十多億年，和上帝存在的時間比起來都是小兒科。那麼問題就來了，在宇宙成形前的那些漫長的歲月裡，上帝在做什麼呢？」

牧師啞口無言，布魯斯又追問道：「既然上帝是永在的，那麼祂知道自己是從哪裡來的嗎？」

「祂從來處來。」牧師答。

布魯斯也不糾正他的說法，而是從另一個角度問：「既然是有來處的，那個創生祂的地方一定比祂更古老，那麼祂就不算是昔在的。」

「你這是強詞奪理！」牧師激辯。

布魯斯聳聳肩：「那就說別的，上帝知道祂自己什麼時候終結嗎？既然祂是永在的，祂就不可能會終結；但是到目前為止，他也沒終結過，或者說從未預言過終結，所以祂根本不能回答自己是不是會終結，祂也就更無法回答什麼時候終結的問題。」

牧師氣得鬍子都吹起來了，他大叫說：「你這些問題都是詭辯。」

「好吧！」布魯斯也不想再繼續激怒他，只是淡淡地留給他一個問題，就轉身離開了。

布魯斯問的這個問題讓牧師半晌說不出話來，這個問題是：「上帝能創造出一塊自己都無法搬起來的石頭嗎？」

💡 這樣學邏輯其實很有趣

萬能的上帝是否能造出一塊自己都搬不動的石頭？在提出這個問題的同時，首先是承認上帝是存在的，不然無法生成後面的造石頭和

搬石頭之說，在這個前提下分析上帝能不能造出自己都搬不動的石頭，從常規思維角度來看，無論怎樣回答都已經否定了「上帝萬能」的預設，其實這是個對上帝而言不成立的命題，是為上帝悖論。

悖論的重點在於「搬」的理解，從概念上來說，搬是指「在逆著萬有引力的方向上移動一個物體」，從上帝萬能的前提上來看，上帝可以創造一切，所以上帝創造了萬有引力，既然上帝能夠創造萬有引力自然也可以使萬有引力消失，由此來看，上帝是能夠「搬」動任何石頭的。

再來分析如果上帝是萬能的，上帝創造了時間空間，所以在上帝之外是應該什麼都沒有的，那麼應該「上帝就是一切，一切都是上帝」，上帝之外是沒有萬有引力的，而上帝也並不存在於引力中，所以對萬能的上帝來說，根本就不存在「搬」這個概念。

邏輯中一個命題的設立，有時真可以導致假，假也可以導致真，真假兩難的悖論會引發更多的思考。

小知識

盧菲特‧澤德（西元一九二一年～）：美國邏輯學家，一直致力於發展和推廣模糊邏輯。後來，他又引入電腦概念，研究重點轉變為軟計算在自然語言處理的應用和語言的語義計算，早年間對傳統的控制論有很大的貢獻，包括線性系統理論和 z- 變換。

第四節　悖論邏輯

殺死過去的自己
外祖母悖論

外祖母悖論其實揭示了平行宇宙的邏輯思想，是具有邏輯錯誤的一種悖論。

第二章

　　Q博士的實驗室裡來了一位特殊的實驗者，說他特殊，是因為他的年紀。和其他年輕的實驗者不同，他已經年過四十歲了，很少有人在這個年紀還能冒險來當實驗者，更何況Q博士進行的實驗是時光機實驗，藉助Q博士新開發出的時光機，人們可以回到過去或者未來。

　　Q博士在中年男人面前坐下，詢問過他的身體狀況後問：「您是想回到過去還是未來呢？」

　　「我想回到過去。」中年男人的眉頭緊皺，看起來頗為生活所困。

　　「能告訴我原因嗎？」

　　「生活對我來說實在是太艱難了，我的妻子十幾年前出了車禍，成了植物人。肇事者當場逃逸，到現在警方也沒能將他抓捕歸案。其實誰都知道肇事者是誰，但他的社會地位很高，警方也不敢動他分毫。我妻子這十幾年間的住院費一直是我向朋友和高利貸者借來的。就在昨天，高利貸者到我面前，逼我還債，不然就要把我的女兒送到夜店陪客人。她才十幾歲，我怎麼忍心。」中年男子在描述自己的理由時沒有表現出激動或者絕望，他自始至終都是一種可怕的平靜。

172

「所以，你想回到過去解救自己的妻子？」

「不。」男子的眼神終於有了一絲變化，「我想回到過去，殺死我自己。人生本來就是一場奔赴死亡的旅程，我自己不想開始這段旅程了。」

「為什麼？如果您回到過去，就可以解救妻子，沒必要了結自己的生命啊？」Q博士不解。

中年男子苦笑了一下，眼神開始變得猙獰：「我的母親未婚生子，背負了很大的罵名。她生下我之後，不敢也沒有能力獨自撫養我，就把我送到孤兒院，在孤兒院裡我遭受了冷眼和辱罵。我長大之後找到了母親，她過得很好，這是多麼不公平的事情！她拋棄了我，重新開始生活，而我卻只能在痛苦中煎熬。」

「可是……」Q博士還想勸他，中年男子卻激動地站起身來，朝時光機器奔去，迅速按下回到過去的按鈕，一秒鐘不到的時間他就消失了。

Q博士的助手大呼：「天哪！他還沒有學會使用時光機器，而且他也不知道怎麼回來。」

Q博士搖搖頭：「他不會回來了。」

在時光機器被使用後的半年，Q博士根據中年男子提供的資訊，找到他的家人和孩子，他們都像從未存在一樣，全都消失了。

　　人們常常幻想如果能有時光穿梭機，我們可以回到過去並到未來，將會發生非常多奇幻的故事，有人認為時光穿梭機不會存在，所以提出外祖母悖論。外祖母悖論是說有個A在三十歲時有個兒子叫B，又過了三十年，兒子B有一臺時光機，回到六十五年前殺死了A的母親（即B的外祖母），所以A不會出生，B也不會出生，那誰殺死了外祖母？

　　這個看起來繞來繞去的悖論，其實揭示了平行宇宙的邏輯思想，著名的物理學家和宇宙學家霍金說：「時間旅行者回到過去改變歷史時，時間線出現了分岔，分岔的時間線展開的是另一段歷史，但如果我們能夠回到過去，就有可能破壞因果規律。」外祖母悖論在霍金的理論基礎上可以解釋為：外祖母被害，世界因此歷史改變一分為二產生時空的分岔，在現在空間裡的B不存在了，但另一個空間裡的外祖母仍然存在，也就意味著B也同樣存在。

　　其實，用外祖母悖論來攻擊時光穿梭機的存在，就像之前提到的上帝悖論一樣是有邏輯錯誤的，因為它把時間看成是獨立存在的，愛因斯坦的相對論提出「時間是相對的」。無論事物的運動速度多快，物體運動的持續性都存在，時間是不會獨立存在的，更何況時間機器也只是人們想像中一個概念性的物體。

以撒·瓦茨（西元一六七四年～西元一七四八年）：
英國十七世紀一位多產的聖詩作者，一生創作了大約
七百五十首聖詩，被稱為「英文聖詩之父」。他也是一
位神學家和邏輯學家，寫了許多這些方面的著作。著有
《本體論簡明課程》、《神學中的正確答案》、《思維
的善用──第一部分》等。

邏輯學的分類和方法

無法實現的和解
鱷魚悖論

鱷魚悖論是西元前六世紀古希臘哲學家們提出的，是關於概念界定不明確的悖論。

有一對母子在河邊散步，春色正好，孩子看到不遠處有一朵漂亮的小野花，就咿咿呀呀地向母親要。

母親拗不過自己的孩子，就大步向小野花跑去，她跑得那麼快，就是希望能早點摘回來給孩子。

雖然稍遠了點，但也不過兩三分鐘的路程，母親很快就回來了。可是眼前的一幕卻讓她驚呆了，手裡鮮豔的小野花也從手心滑落到地上。

她那粉嫩嫩的孩子沒有在草地上安穩坐著，反倒笑嘻嘻地坐在一隻鱷魚的身邊，那鱷魚懶洋洋地瞇著眼睛看著她。

「求求你，不要吃我的孩子！」母親的聲音都發抖了，如果知道會有這麼驚險的一幕，她無論如何也要抱著孩子一起的，這讓她心裡充滿了自責。

幸運的是，這隻鱷魚已經吃飽了，對小孩子也沒多有興趣，既然無聊，有獵物送上門來給解悶，牠也不介意先玩一下。

牠對這位母親說：「讓妳猜我現在心裡的想法，如果妳答對了，

我就不傷害妳的孩子，並把孩子還給妳；如果妳答錯了，我就要吃掉妳的孩子。」

這位聰明的母親仔細思考了片刻，說：「鱷魚先生，我想你是要吃掉我的孩子的。」

鱷魚冷笑著說：「被妳猜對了，我當然會吃掉妳的孩子，哈，哈……」說著，就要吃小孩。

這時母親急忙說：「慢著！你剛才不是說，我答對了，你就不傷害小孩，並把小孩還給我嗎？現在既然我答對了，你就不能傷害小孩，也不能吃掉小孩，你應該把小孩還給我。」

鱷魚驚呆了，心想：「對呀！如果我吃了小孩，她就答對了。不行，看來這個小孩不能吃。」

「那麼，我應該怎麼辦呢？」鱷魚碰到了難題：牠既要吃掉小孩，同時又得把小孩還給她的母親。不過，鱷魚又想：「如果我把孩子還給她，那麼，她就答錯了。所以，我就應該吃掉小孩。」這樣一想，鱷魚堅持不把小孩交給她的母親。

然而，這位母親仍然堅持說：「你必須把小孩還給我。因為，如果你吃了我的小孩，我就說對了，你就得把孩子還給我。」

這時鱷魚便陷入一個悖論當中，無論牠怎樣做，都無法兌現自己的許諾。

從邏輯上看，故事中的鱷魚顯然沒有想到孩子的母親會如此回答牠的問題，更沒想到這樣的回答讓自己陷入了一個非常尷尬的兩難境地。如果鱷魚把小孩還給母親，證明母親回答錯誤，牠就可以吃掉小孩；可是，如果鱷魚吃掉孩子，說明母親說對了，而這樣情形下鱷魚必須把孩子毫髮無損地還給她。可憐的鱷魚既不願違背自己的誓言又無法解決這個困境，這就是著名的鱷魚悖論。

鱷魚悖論有兩個重點需要釐清：首先是要明確「會不會吃掉」的定義，正常的理解應該是將要採取的兩種行為，但鱷魚把這個問題設定為自己將要採取的這兩種行為的條件時，就變成了「想不想吃掉」的意思，做為實施行為的前提條件，驗證母親的回答是否符合時，才能決定採取哪種行為。

其次是要明確「答對了」和「答錯了」的標準，母親的回答混淆了鱷魚對於這個回答的判斷，而鱷魚把這個判斷正確與否後採取的行為當作判斷的根據，並將這個根據做為確定自己是否應當採取行為的條件，把自己繞進了無解的悖論。

悖論的產生通常都是因為人們期望尋求正確答案，但是若沒有清楚的概念界定，明確的判斷標準，反而會造成推理混亂，從而讓自己的思維也陷入了混亂。

阿蘭・麥席森・圖靈（西元一九一二年～西元一九五四年）：英國著名數學家、邏輯學家、密碼學家，被稱為「電腦科學之父」、「人工智慧之父」。他曾協助軍方破解德國的著名密碼系統Enigma，讓盟軍獲得了第二次世界大戰的勝利。

邏輯學的分類和方法

無從選擇

電車悖論

電車悖論是倫理學領域最為知名的思維實驗之一，是對功利主義的批判思考。

在伸手不見五指的夜色裡，喬治一直在奔跑。已經不記得跑了多久，但是他知道自己只能一直跑下去，直到能找到施救者為止。

他是大四的學生，今天是他們畢業倒數計時旅行的第一天，全班二十多個人坐在一輛大巴士上有說有笑，但誰能料到悲劇就那麼突然降臨了。一輛載著砂石的大貨車迎面開來，在接近大巴士車時突然失去控制，同學們來不及做任何反應，車就已經翻覆了。

一切都是一瞬間的事。歡聲笑語變成驚恐哀叫，活潑健康的年輕身體變得血跡斑斑。

由於喬治一直繫著安全帶，只是額頭上碰了一個小傷口，算是受傷最輕的。看著同學們的慘狀，他自告奮勇地去找救兵，哪怕找到一輛能開的車，把受傷最重的同學先載到醫院裡也是好的。

跑了將近一個小時，喬治終於看到了路邊樹立著一間小房子，他敲了敲門，一個身形佝僂的老婦人開了門，混濁的眼睛裡全是防備。

「老奶奶，我們的車出車禍了，我看您家院子裡有輛汽車，能不能借我用一下，我想把重傷的同學送到醫院裡去，我用完之後會立刻

還回來的。」喬治說。

可是老婦人根本就不信任他：「你這樣的騙子我看多了，別以為你能從我這裡拿到什麼！」

喬治站在門口看看附近，視線所及之內沒有任何燈光在亮著了。這老婦人也許就是他們一群人最大的希望了。

喬治顧不得禮貌，在老婦人將要關門的時候，伸手攔住門：「您不能關門，必須把車鑰匙給我，我一定要用您的車。」

老婦人驚叫著棄門跑開，往二樓去了，喬治跟著她走進屋裡，看到一樓的地板上坐著一個三、四歲大的小男孩，應該是老婦人的孫子。

喬治想，他可以抱起這個小孩去威脅老婦人，可是人家祖孫二人何其無辜，平白遭受這種暴力；但是如果不威脅老婦人，自己車裡的同學可能就會有生命危險。

此時此景，恰如邏輯學老師給他們講過的一個故事，那個故事裡，有一個瘋子把五個無辜的人綁在電車軌道上，電車朝他們駛來，片刻後就要輾壓到他們。幸運的是，故事的主角可以拉一個拉桿，讓電車開到另一條軌道上。但問題是，在另一個軌道上，瘋子也綁了一個人。如果你是故事主角，你會拉動拉桿嗎？

喬治依舊無從選擇。

這樣學邏輯其實很有趣

電車難題是英國哲學家菲利帕‧福特在西元一九六七發表的《墮胎問題和教條雙重影響》中提到的。

百分之九十的人會選擇捨一救五，即目的為減少損失的實用主義選擇，但這個選擇卻是一種謀殺行為。

先來看「選擇」，這個讓哲學家們頭痛的難題在於必須要做出選擇，在邏輯學當中，選擇是指「判斷多個選項更值得選取的決定」。拋開其他層面，單純在面對五個人還是一個人死亡的前提下，救多數的人顯然是更值得選取的決定。

但電車悖論其實探討的是面對選擇時，怎麼決定更道德？生活中，人們每天都在做這樣的選擇，核心在於每個人對於「道德」的定義是如何理解的。在社會規範當中，道德是指「以善惡為標準，透過社會輿論、內心信念和傳統習慣來評價人的行為，調整人與人之間以及個人與社會之間相互關係的行動規範的總和」。

所以，從道德的角度來看，無論做出哪個選擇顯然都是違背了這一準則。

電車悖論的實際例子真實發生時，選擇救哪一邊的人，甚至無作為誰也不救，都是同等程度的不道德行為。在這個悖論中，不存在完全的道德行為，更多是對於倫理的思考。

伯納德·亞瑟·歐文·威廉姆斯（西元
一九二九年～西元二〇〇三年）：英國
道德哲學家，被《泰晤士報》稱為「他
那個時代中最傑出、最重要的英國道德
哲學家」。著有《個人問題》、《道德
運氣》、《倫理學和哲學的邊界》等。

邏輯學的分類和方法

空地上的乳牛

乳牛悖論

乳牛悖論是認知領域最重要的思維實驗，為了批判當時廣泛被人們認定的 JTB 理論而提出的。

擠奶工一大清早看見農場主人著急地四處張望，就走上前去問他：「老闆，您在找什麼嗎？」

農場主人回答說：「我早晨就沒看見一百二十號牛，你看到牠了嗎？」

這隻編號一百二十號的乳牛是農場主人的心頭寶，曾經在乳牛大賽上得過獎，牠的存在對農場主人來說，不僅僅是隻產量高的乳牛，更是整個農場的品牌象徵。

擠奶工知道一百二十號乳牛對農場主人的重要性，安慰道：「老闆，您別擔心，我剛才還看到牠在樹林裡的空地上，牠不是每天都會在哪裡嗎？」

「哦，是嗎？」農場主人點點頭，他對擠奶工還是頗為信賴的，這個老實的年輕人一直對工作盡職盡責，從來沒有說過謊，既然他說在空地上，應該就沒什麼問題了。

農場主人放心地回屋做別的工作了。

一個上午過去了，農場主人工作結束後，又想起了一百二十號乳

牛的事，他走到牛棚裡，看一百二十號乳牛還是不在，牠一早晨都是在空地上嗎？是不是擠奶工看錯了，或者他在撒謊呢？

農場主人第一次對擠奶工產生懷疑，他越想越不對勁，最後還是決定自己去看一眼。

走到樹林邊，農場主人遠遠地就看到了乳牛黑白相間的圖案，不由得對擠奶工產生了歉意。

另一方面，擠奶工在回答了農場主人之後，也是去做別的活了。但做著做著，他也有點不放心。雖然兩人並未遇見，但就在農場主人離開小樹林邊不久，擠奶工也去了。

擠奶工首先看到的也是乳牛黑白相間的圖案，但他比農場主人更細心點，他走進了樹林中，但讓他大吃一驚的是，空地上並沒有牛，他遠遠看到的那黑白相間的圖案，是一張和乳牛身體圖案相似的紙，被風颳到了和乳牛身高差不多的高度，掛在兩棵小樹之間。

「這下可完蛋了！」擠奶工慌了，「我跟老闆說過，一百二十號乳牛在空地上，可是空地上並沒有牠的身影，如果牠不見了，老闆一定會懷疑我的，就算不懷疑我偷牛，也會懷疑我說謊，對工作不認真。」

擠奶工慌慌張張地在樹林中尋找，終於在樹林的另一個盡頭找到了一百二十號乳牛，牠已經在這個地方待了一整天了，看起來像是迷路了。擠奶工把牠帶回空地上，拴好牛繩，才小心翼翼地回到了農場。

💡這樣學邏輯其實很有趣

乳牛悖論是認知領域最重要的思維實驗，最初是為了批判當時廣泛被人們認定為「知識」的定義的 JTB（Justified true belief）理論而提出的。我們都知道，按照今天的釋義，知識是指「識別萬物實體與性質的是與不是，是概念之間的連結」。而 JTB 理論提出，當人們相信一件事時，這件事就成為了知識，因為這件事是事實並且可以透過驗證讓人有理由相信它，即認為知識是「確證的真信念」，比如若要滿足「S 知道 P」這個命題，就必須滿足三個條件：P 是真的，S 相信 P 是真的，S 能提出證據來相信 P 是真的。

正如故事中的擠奶工和農場主人看到的乳牛，若是按照 JTB 理論，農場主人相信乳牛在空地，也是透過擠奶工證實，那麼乳牛應該是在空地上的，可是事實是，乳牛躲在樹林裡，這樣認知偏差的出現時，由於農場主人認為乳牛在空地的錯誤前提上推導出來的。

乳牛悖論讓人們重新思考自己看到的，甚至可以得到某方面證實的事物，是否就是事實存在的如自己所想的那個事物。這在當時引起了長期廣泛的爭論，擴展了無數的方向，隨著討論的逐漸深入，曾經佔據主流思想的 JTB 理論甚至都被人們懷疑是否真的存在。

🐟小知識

波菲利（西元二三三年～約西元三〇五年）：古羅馬唯心主義哲學家，新柏拉圖主義者。他補充了亞里斯多德的四謂詞理論，提出了「五謂詞」理論，即增加了「種」，並用種差代替定義。他還定義了屬和種，說明了屬、種之間的關係，並且制訂了一個由最高的屬——實體範疇開始，一直往下劃分到個體的圖形。後來人們將它稱為「波菲利樹狀圖」。

恐怖列車

說謊者悖論

說謊者悖論是西元前六世紀由著名哲學家艾皮米尼德斯提出的，來自於他的一句話：「所有克里特人都說謊，他們之中的一個詩人這麼說。」

夜幕降臨，一個男子腳步輕快地登上一列特快列車。他心情很好，就在剛剛他有了一個奇妙的經歷，他遇到了一位神仙，那個神仙給了他一個特殊的能力，可以透過看頭頂來預知人的壽命。這個發現讓他很興奮，雖然他還沒想到這個特殊能力有什麼用，但也足夠讓他高興一段時間的了。

特快列車再次出發的時間是十一點五十分，男子想要試試自己的能力，就四處環視周圍乘客的臉，但是他很快發現一個問題，這一車的人，他們的壽命和他們看起來的年紀都差不多，就轉念一想，準備運用自己的邏輯來解開這個問題。

他走到一個年輕人身邊：「我冒昧問一句，您今年是二十八歲嗎？」

年輕人點點頭：「是啊！你怎麼知道的？」

男子沒說話，只是心底暗嘆道：「真可憐，他頭頂顯示他的壽命就是二十八歲，看來這個年輕人等不到自己二十九歲生日的蠟燭了。」

他又走到一直盯著他們對話的第二個座位的乘客面前，這是個白

髮蒼蒼的老者，他問老者：「您今年六十二歲了，對嗎？」

「是的，我剛過了六十二歲的生日。」老者回答。

男子又走到第三個乘客面前，這是個少婦：「那麼，您是三十五歲？」

少婦安撫懷中的孩子，回答男子說：「是的。」

男子一時看不出孩子的壽命，他的臉被襁褓擋住了。男子暗想：原來這個特殊能力需要看到對方的臉才能發揮作用。但他下一秒也在想：「好可憐的孩子，一年內就要失去自己的母親了，他還這麼小。」

男子繼續往後走，每次問的答案都是對的，他幾乎要懷疑神仙給他的能力是看到對方的現在年齡而不是壽命了。

「您是五十歲吧？」

「是啊！您怎麼知道？」

「您是十九歲吧？」

「是啊！您怎麼知道？」

這樣的對話一直在重複，滿車的乘客都沸騰了，他們的目光一直追隨著男子，他簡直就像是一個魔法師，每次都能說對。

當他走到車廂的最後，時間過去五分鐘，已經是十一點五十五分了，他問一位優雅的老太太：「那麼，您是七十歲？」

老太太狡點地笑笑：「不對哦，年輕人，我已經七十一歲了。」

「怎麼可能？」

「我真的是七十一歲了，不過是五分鐘後。」老太太微笑著說。

男子的臉剎那間變得鐵青，驚嚇到無以復加。如果老太太沒有說謊，也就是說，在五分鐘內她就會死去，而這輛列車距離下一站還有十五分鐘，也就是說，那些他看過年齡的，都會在今晚死去！

說謊者悖論又稱為謊言者悖論，是西元前六世紀由著名哲學家艾皮米尼德斯提出的。身為克里特人的艾皮米尼德斯說：「所有克里特人都說謊，他們之中的一個詩人這麼說。」故說謊者悖論被表達為「這語句是假」。

邏輯學中有一個最基本的規則稱為「蘭姆賽規則」，指的是：「說一個語句為真，即肯定該語句，也就是維持該語句之真值形式不變；說一個語句為假，即否定該語句，也就是顛倒其真值形式。」

說謊者悖論中的「這語句」是核心的概念，我們預設指的是「這語句是假」的本身，根據蘭姆賽規則，若判定「這語句是假」為真，可推導出「這語句」是假的，從而得出「這語句是假」為假。這番推理的過程實際是個邏輯錯誤，導致說謊者悖論的根源是前提預設的自相矛盾，所以當人們根據蘭姆賽規則判定說謊者語句的真值時，就按照邏輯推理推導出與其相矛盾的語句。

邏輯學界普遍認可算作悖論解決方案的基本標準，是必須獨立於導致悖論的結論，而證明對推理原則的反駁。因為預設「這語句＝這語句是假」的獨立矛盾性，導致說謊者語句從一開始就犯了邏輯錯誤，

邏輯學的分類和方法

189

而其後推導出的悖論結論是把這個矛盾應用到合乎邏輯的結果，但因為其語法的完美掩蓋，讓人們完全忽略了其實說謊者悖論是根本不會出現的。

小知識

艾皮米尼德斯：克里特預言家。據柏拉圖說，他曾於西元前五〇〇年左右在雅典主持滌罪儀式。現存所有的片段，包括聖保羅引用過的一行詩均可見他。他很長壽，據說他活了一百五十七歲或者兩百九十九歲。在這漫長的歲月裡，他睡了五十七年的神奇睡眠，不過在醒來之後獲得預言的能力。

比弟弟年輕的哥哥
愛因斯坦雙子悖論

愛因斯坦雙子悖論是存在於相對論中的，是人們在理解相對論的深奧含意中產生的困惑之一。

「哎，別緊張，把領帶繫好了再出門！」她的聲音在這個家中尤其響亮，從一早她就開始叮囑，簡直比丈夫還要緊張。

「甜心，看起來妳比我還要緊張！」丈夫看著自己已經到了五十歲還依舊可愛的妻子，打趣道。

妻子笑笑說：「因為我知道你緊張，但是你不好意思表現出來，我就表現給你看了。」

丈夫握握她的手，轉身跟著宇航局的幾位工作人員往門外走去。

是啊！怎麼可能不緊張。已經過了五十年了，從五十年前他出世到現在，從來沒有見過這個人一面，但卻能感覺到這個人的存在。

這個人是他的親生哥哥，他們從出生起就被迫分開了。只不過他們的分開比較特殊。

這兩個雙生子的父親是一個科學家，他致力於研究愛因斯坦的相對論。當兩個孩子呱呱落地時，他就做了一個決定，並且不顧妻子反對，堅決執行了這個決定。

這個決定對家庭和實驗來說都是比較前衛的，他把雙生子中的弟

邏輯學的分類和方法

弟放在地球上撫養，哥哥卻送到了太空梭讓他在宇宙中不斷航行。科學家爸爸想知道，如果以弟弟為參照物，哥哥在不斷運動中是否會變得比弟弟年輕。因為相對論中提到過，接近光速運動的鐘會走得很慢，而靜止的鐘則正常。對這對雙生子來說，被送到宇宙中生活的哥哥就是那個接近光速運動的「鐘」，而留在地球上的弟弟則是靜止的、正常的「鐘」。

這個決定執行了五十年，哥哥終於可以返回地球和弟弟相聚了。

走進宇航局的大門，弟弟的心跳得更快了。工作人員引他進入一個會議室，隔著霧濛濛的玻璃，他看到裡面坐著一個人，但玻璃是防偷窺的，他只能勉強看出那是個男人而已。

這個人難道就是哥哥嗎？

推開會議室的門，裡面坐著的人是背對他們的，從背影看來，這個人很年輕。

聽到聲響，年輕人轉過頭來，弟弟愣住了，原來父親當年的設想竟然成真了！別人或許不知道，但弟弟看一眼就知道，這個年輕人的容貌分明和自己在二十歲時差不多一模一樣。

「弟弟。」年輕人雖疑惑，但很快就明白了目前的情況，這個人應該就是自己三十年後的樣子吧！雖然年齡看起來怪異，但雙生子的血濃於水終於戰勝了外表的不和諧，兩人擁抱在一起，為這五十年的分離。

愛因斯坦的相對論提出開始，人們既興奮於其理論的偉大發現，又困惑於許多深奧難解的問題，雙子悖論正是在這樣的困惑中產生的。相對論裡有兩個鐘：一個鐘靜止，另一個鐘在運動，根據相對論，靜止的鐘是正常的，而接近光速運動的鐘則會走得慢。將這兩個鐘的情形放在一對雙生子身上，就出現了雙子悖論。經過科學家的實驗證明，運動物體上的時間是會變慢的，所以當兩名雙生子在相對運動，對故事中太空梭上的人來說，地球上的人也是以接近光速的速度在運動。

物理學中有個理想實驗：假設在一個靜系中只有物體Ａ和Ｂ，以勻速Ｕ相互遠離，在沒有其他的參考物時無法判斷它們的運動狀態，所以必須要確定一個參考物，這個整體被稱之為「參考系」。若以Ａ為參考物觀察Ｂ，Ｂ將以速度Ｕ遠離Ａ；若以Ｂ為參考物觀察Ａ，Ａ將以速度Ｕ遠離Ｂ。但我們把相對論的時間公式應用其中會發現另一個結果：若以Ａ為參考物觀察Ｂ，Ｂ將以速度Ｕ遠離Ａ；若以Ｂ為參考物觀察Ａ，Ａ將以速度Ｕ遠離Ｂ。

第一個推論中得出Ｂ比Ａ年輕，故事中描述的就是這一種情況；但第二個推論中卻得出Ａ比Ｂ年輕。這相反的結論顯然是不符合邏輯的。

所以在解決雙子悖論的過程中，兩名雙生子是不能相互做為參考系的，必須選擇另一個參考物做為兩人共同的參考標準，這一研究成果使得人們更加理解相對論的真實內涵。

小知識

阿爾伯特・愛因斯坦（西元一八七九年～西元一九五五年）：德裔猶太人，因為對「理論物理」的貢獻，特別是解釋了「光電效應」而獲得一九二一年諾貝爾物理學獎，被公認為是自伽利略、牛頓以來最偉大的科學家、物理學家。西元一九九九年，他被美國《時代週刊》評選為「世紀偉人」。

阿基里斯與烏龜賽跑

芝諾悖論

芝諾悖論是芝諾用歸謬的方法構想出一些關於運動的論點，對於研究運動的概念有重要影響。

芝諾曾經設計過一個有趣的邏輯實驗，是關於阿基里斯和烏龜賽跑的。

阿基里斯是古希臘傳說中的神行太保，日行千里，跑步就是他的特長，但芝諾卻設計了一個實驗，讓這個跑步健將和行動慢吞吞的烏龜賽跑。

阿基里斯不屑：「你純粹是胡鬧，我就是跟你跑步也輕易可以贏了你，你竟然讓我跟烏龜賽跑，殺雞焉用牛刀！」

希臘第一勇士阿基里斯。

邏輯學的分類和方法

芝諾笑道：「你先別不耐煩，先贏了烏龜再說。」

阿基里斯悶哼一聲：「就憑那種慢吞吞的生物也想贏我！」

芝諾神祕地笑笑：「就是因為那種生物行動遲緩，所以要對牠有必要的顧及，這個跑步比賽是有規矩的。如果你能跑贏牠，我就考慮和你比一次。」

阿基里斯一口答應：「照顧弱者是應該的，比賽規矩隨你訂，我都答應。」

見阿基里斯上當了，芝諾宣布了這場特殊比賽的規則。其實規則說起來也簡單，那就是為了顧及烏龜的速度，阿基里斯必須在每次追上烏龜時，都要到烏龜原來的起跑點。

阿基里斯開始和一隻烏龜賽跑了，他向前飛奔，兩腳幾乎不沾地。

「這樣是不行的。」芝諾攔住他，「你不能腳不沾地行走，要知道，你只是傳說中的神行太保，實際上你是不能離開大地行走的。」

阿基里斯嘲笑道：「即使這樣，我也能跑贏烏龜。」

「你看，烏龜現在離你有多遠。」芝諾指著先出發的烏龜說。

「大概也就二十米吧！」阿基里斯說。

芝諾說：「那就去超越他吧！」

阿基里斯出發了，但他很快就發現了自己一直無法超越烏龜。第一次，他很容易就追上了烏龜，然後按照比賽規則，他回到了烏龜原來的起跑點；而他回到烏龜原來的地方需要一定的時間，當他再次追

上烏龜的時候，烏龜又往前跑了一段路，阿基里斯又要按照比賽規則回到烏龜原來的起跑點。如此往返，他跑了一整天也沒能追上烏龜。

最後，阿基里斯只好向芝諾認輸了。

如果是你，你能追上烏龜嗎？

這樣學邏輯其實很有趣

芝諾悖論是古希臘數學家、邏輯學家芝諾提出的一系列關於運動不可分性的哲學悖論，這些悖論都被記錄在亞里斯多德的《物理學》著作中，芝諾也被後世稱為「一個聰明的騙子」。

因為他的悖論是完全違反常理的，但人們卻又不知道如何才能反駁他。

亞里斯多德認為，阿基里斯和龜賽跑其實可以說是二分說，阿基里斯在到達烏龜的起跑點之前，必須先走過這段距離的二分之一，為此，又必須先走過四分之一，八分之一……即必須在有限的時間內通過無限多個點，所以按照芝諾的理由，阿基里斯其實根本永遠也沒辦法出發。用這種重複性過程測得的時間稱為「芝諾時」。其實芝諾並不想否認運動本身，他只是想證明在空間做為點的總和的概念下運動是不可能發生的。

因此，芝諾悖論的產生原因，是在於「芝諾時」不可能度量阿基里斯追上烏龜後的現象。在芝諾時達到無限後，正常計時仍然可以繼續進行，只不過芝諾的「鐘」已經無法度量它們。這個悖論實際上是

反映時空並不是無限可分的，運動也不是連續的。用後世我們所使用的微積分（無限）理論更容易理解。

小知識

芝諾（西元前四九〇年～西元前四二五年）：生活在古代希臘的埃利亞城邦。他是埃利亞學派的著名哲學家巴門尼德的學生和朋友。芝諾為巴門尼德的「存在論」辯護，常常用歸謬法從反面去證明：「如果事物是多數的，將要比是『一』的假設得出更可笑的結果。」他用同樣的方法，巧妙地構想出一些關於運動的論點。他的這些議論，就是所謂「芝諾悖論」。著有《論自然》。

第四節　悖論邏輯

外星人在哪裡
費米悖論

費米悖論是諾貝爾獎得主、物理學家費米和別人聊天時提出的，旨在表明對地外文明不停歇地探索。

喬治就職於一家研究所，研究的都是高科技產品，所有研究結果都直接向國家最高領導人彙報工作。也正因為如此，這個研究所成為了一個高度保密的機構。

這天，輪到喬治值夜班，像往常一樣，他經過了一系列詳細的監測才能進入研究所，這些監測雖然是由機器代勞的，但也毫無漏洞。舉個最簡單的例子，曾經有個員工因為有根魚刺卡在喉嚨裡，當天就被機器攔在了外面，與此同時，警察局裡專屬研究所的報警電話也響起了。雖然是個烏龍事件，但也足以說明這家研究所的機密性，尋常人絕對不可能進來。

喬治走進實驗室，熟捻地打開監測設備，發現設備螢幕緊急閃爍，顯示這個實驗室裡除了他，還有其他電腦未記錄的未知生命體。

如果是研究小組裡的成員，設備不會有這麼大的反應，他們的生命體特徵早就被記錄在電腦中了。但如果是別的人，也是不可能的，喬治放眼望去，這個實驗室並不大，只有二十平方公尺左右，幾臺儀器看得清清楚楚，儀器之間也沒什麼空間可以容納別的人。

邏輯學的分類和方法

199

「他是在找我們嗎？」有個聲音傳進他耳朵裡。

「誰？」喬治四處張望，看不到一個人影。他的聲音一落，實驗室一片寂靜。這時候，哪怕是堅定地相信無神論的喬治也不禁生出恐怖之意來，難道是鬼魂？

「我們可不是什麼鬼魂。」那個聲音又響了起來，「我們來自一百二十億光年外的星球，你看不到我們，是因為我們的形體和你們完全不同，怕引起你的恐慌，所以不想現身。」

「你們是外星人？來地球做什麼？」喬治對著空氣說，事實上他一點都感覺不到這些所謂的外星人在哪裡，與其說是他「聽」到了他們的說話，不如說是他「感受」到了他們的話語，他們沒有發出聲音，而是直接把聲音送入到他的大腦中的。

「我們來隨意看看而已。」

「你們是怎麼進入到我的實驗室的，我們研究所的保全設備是全世界一流的，沒有人能侵入進來。」

喬治剛說完這話，就不只一個聲音了，好幾個聲音大笑起來：「他說那些小玩意兒是保全設備？」

喬治發怒了：「你們到底是來做什麼的？是想入侵地球嗎？」

那個聲音再次響起：「入侵地球？就你們的科技發展水準，我們搶來做什麼呢？如果你們會搶一隻大猩猩的試驗所，我們就會來搶你們的。」

他說完，那幾個聲音又笑了起來。

監測設備的螢幕上顯示生命體的特徵逐漸消失，喬治又朝空氣中叫了一聲，沒有人回應。

💡 這樣學邏輯其實很有趣

費米悖論指的是「對地外文明存在性的過高估計和缺少相關證據之間的矛盾」。西元一九五〇年的一天，諾貝爾獎得主、物理學家費米在和別人討論飛碟及外星人的問題時，突然冒出一句：「他們都在哪裡呢？」這句簡單的問話，就是著名的「費米悖論」。

迄今為止，人類對於未知的地外文明的探索從未停歇，自西元一九六〇年來各國都進行了多次嘗試，很多項目至今都仍在進行之中。但由於人類沒有星際旅行的能力，這種探索都只能是遠距離進行的，這樣的限制導致我們只能去探索那些對環境造成顯著影響的文明，或者是該文明已經產生了能被遠距離探測的信號，而我們也總是習慣地以為，探測到的文明會和人類活動非常相像，或者會和人類獲得先進科技之後能產生的現象一樣。然而，智慧外星生物的行為可能並不符合我們的預測，或者會以對人類來說完全新穎的方式表現出來。

但換個角度來看，如果人類是這宇宙中

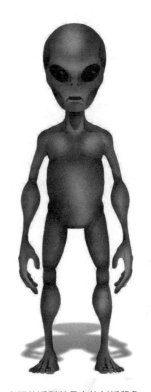

人類普遍對外星人的刻板印象。

唯一的生命，那麼我們的決定將會影響整個宇宙的命運。費米悖論暗示了一個可怕的方向，即高級文明在未發生接觸之前就有可能已經自我滅絕，如同歷史上一直探索卻未能揭祕的瑪雅文明，這個悖論「預見」到了人類文明的未來。

小知識

恩利克·費米（西元一九〇一年～西元一九五四年）：美國物理學家，一百號化學元素鐨，就是為了紀念他而命名的。為了紀念他對核子物理學的貢獻，美國原子能委員會建立了「費米獎」，以表彰為和平利用核能做出貢獻的各國科學家。

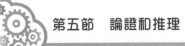

阿基米德解謎

論證

論證，是用一個或者一些已知為真的判斷來確定另一個判斷的真實性的思維過程。

距今兩千多年的古希臘，有位國王叫做艾希羅，他是一個有智慧的人，但在他統治時期，還有一個更有智慧的人，那就是阿基米德。

艾希羅國王給了工匠一塊黃金，讓他配以寶石製作成一個新的王冠。工匠一口答應，回到家中就連夜趕工，一個月不到，就為艾希羅國王製作成了一個嶄新而別緻的王冠。

艾希羅國王拿到王冠很高興，但他很快發現一個問題，這個王冠似乎沒有當時那塊黃金重，他懷疑工匠在製作過程中偷工減料，把一些不是黃金的金屬摻進來充數。

工匠跪下呼天搶地，說自己並沒有偷艾希羅國王的黃金，並且拿來天平給艾希羅國王秤重。秤重的結果跟艾希羅國王當時給他的黃金一樣重。但艾希羅國王就是覺得不對，但又找不出確鑿證據，只能把工匠放了。與此同時，他派人將阿基米德找了過來，要求他解決這個問題。

阿基米德接到任務後，一直閉門不出，任何人都不接見。他想出各種實驗，冥思苦想，就是想不通到底該如何解決這個難題。

邏輯學的分類和方法

思索中的阿基米德不僅不見客，連澡也懶得洗了，只是每天坐在桌子前進行實驗和思考。

　　有一天，他的妻子實在忍受不了了，走到書桌前，把他手裡的筆和紙奪下來，揪著他的耳朵：「你都臭得要把全家人薰暈了！趕緊放下紙、筆，給我洗澡去！」

　　阿基米德被塞到浴缸裡，他剛跳到水裡，水就溢了出來。阿基米德眼睛一亮，從浴缸中跳出來，連衣服都沒穿，就衝到客廳，高喊著：「我知道了！我知道了！」

　　妻子氣得連叫：「這下真的沒臉見人了！」

　　原來，阿基米德在洗澡的時候，突然想出解決國王難題的辦法。

　　他經過了進一步的實驗以後，便來到了王宮，把王冠和同等重量

沉思的阿基米德。

的純金放在盛滿水的兩個盆裡，比較兩盆溢出來的水。結果發現放王冠的盆裡溢出來的水比另一盆多，這就說明王冠的體積比相同重量的純金的體積大，密度不相同，所以證明了王冠裡摻進了其他金屬。

這次試驗的意義遠遠大過查出工匠欺騙國王，阿基米德從中發現了浮力定律（阿基米德原理）：物體在液體中所獲得的浮力，等於它所排出液體的重量。一直到現代，人們還在利用這個原理計算物體比重和測定船舶載重量（即廣為人知的排水量法）等。

💡這樣學邏輯其實很有趣

論證，是用一個或者一些已知為真的判斷來確定另一個判斷的真實性的思維過程。

任何一個論證都是由三個要素構成的，第一個要素是「論題」，是指透過論證要確定真實性的那個判斷，一般有兩類，一個是科學上已經被證明的判斷，另一類是科學上尚未證明的判斷；第二個要素是「論據」，是指用來確定論題真實性的判斷理由或依據，論據也有兩類，一類是已經確認真實性的判斷，另一類是包括定義、公理、定律和原理等表達科學原理的判斷；第三個要素是「論證方法」，是指論證過程中採用的推理方式。

論證從內容上來劃分共有五種：第一種是事實論證，是從個別到一般的論證方法，從很多的個別事物中分析研究，從而歸納出一個共性的結論的推理過程；第二種是理論論證，最常見的是演繹推理，透

過歸納和演繹，證明論點的規律性和普遍性；第三種是比較論證，是從個別到個別的論證方法，一般常見類比論證和對比論證；第四種是比喻論證，是用包含一定關係的形象事例來論證一種抽象的道理的論證過程；第五種是因果論證，表現的是社會中各種現象之間普遍聯繫的論證過程。

 小知識

阿基米德（西元前二八七年～西元前二一二年）：古希臘哲學家、數學家、物理學家、力學家，靜態力學和流體靜力學的奠基人，享有「力學之父」的美譽。他流傳於世的數學著作有十餘種，多為希臘文手稿。其主要成就有浮力原理、槓桿原理，在天文、數學方面也有很高成就。

第五節　論證和推理

平民發怒
歸納論證

歸納論證是透過對許多個別事物的分析研究從而歸納總結出共性，得出一般結論的論證方法。

秦王派人傳話給安陵君，說他願意用方圓五百里的土地來交換安陵，暗示安陵君一定要照做。

安陵君卻婉拒了他，稱秦王用大塊的土地來交換他的一小塊地方，他很感激，但是這塊土地是祖宗傳下來的，一生一世都要守護住它，因此不敢答應秦王的要求，也請秦王體諒他的一片孝心。

秦王接到安陵君的回信，自然是很不高興，便派人傳達了這種不高興。安陵君一籌莫展，他手下一個叫做唐雎的人自告奮勇要出使秦國。

唐雎見了秦王，秦王很不以為然，還是怒氣沖沖地問他：「我拿大片土地換你國君的一小塊地，他為什麼不換？秦國滅了韓國亡了魏國，而安陵卻憑藉方圓五十里的土地倖存下來，是我把安陵君看作忠厚的長者，所以沒有打他的主意。現在我用大於安陵國那麼多倍的土地來跟他交換，他卻不換，豈不是不給我面子嗎？」

唐雎回答說：「不，不是這樣的。安陵君怎麼敢不給秦王面子，只不過安陵君是從世代國君那裡繼承了安陵國，他不想讓歷代國君的

207

辛苦付之東流，別說是方圓幾百里的土地，即便是方圓千里的，也不敢出讓。安陵君正是出於這個考量，才回絕了秦王的好意。」

秦王大怒：「你聽說過天子發怒嗎？」

唐雎說：「我沒聽說過，願聞其詳。」

「所謂天子發怒，」秦王從高高的王位上走下來，步步緊逼唐雎，「會有百萬人屍體倒下，鮮血流淌千里。」

唐雎淡淡一笑：「陛下聽說過平民發怒嗎？」

秦王冷笑：「平民發怒會怎樣，不過就是摘掉帽子光著腳，把頭往地上撞罷了！」

「那是平庸無能的人發怒，有才能、有膽識的人發怒可不是這樣。專諸刺殺吳王僚的時候，彗星的尾巴掃過了月亮；聶政刺殺韓傀的時候，一道白光直衝上太陽；要離刺殺慶忌的時候，蒼鷹突然撲到宮殿上。他們三個人，都是平民中的勇士，心裡的憤怒還沒發作出來，上天就降示了吉凶的徵兆。假若有膽識、有能力的人被逼得一定要發怒，那麼就讓兩個人的屍體倒下，五步之內淌滿鮮血，天下百姓將要穿喪服，今天的情形恐怕就會是這樣了！」

說完，唐雎拔起劍站了起來。

秦王變了臉色，向唐雎道歉說：「先生請坐，我們怎麼會鬧到這個地步呢？我現在終於明白，安陵國為什麼能在韓國、魏國滅亡後還存在，那是因為安陵君有先生您啊！」

這樣學邏輯其實很有趣

歸納論證是一種從個別到一般的論證方法,又稱歸納推理或歸納邏輯,屬於前文提過的事實論證,是透過對許多個別事物的分析研究從而歸納總結出共性,得出一般結論的論證方法。

在論證中列舉事實有兩種形式,一個是列舉個別事實,一個是概括總體事實。列舉個別事實需要選擇有一定代表性的事例,不需要面面俱到,但同時也要考慮不能重複;概括總體性事實則重點在於事實所能展現的普遍性,是對全局的概括。故事中,唐雎在回答秦王問題時列舉出的正是使用了這個方法,透過講述平民發怒的故事讓秦王瞭解了安陵可以在各國滅亡的動亂中倖存的原因,不僅救了自己一命,更是讓秦王心服口服。

歸納論證有兩大類方法,第一類是先列舉事例再做歸納結論,即傳統的歸納法,有簡單枚舉歸納法、科學歸納法、完全歸納法、賴特的消除歸納法、穆勒五法、數學歸納法和逆推理方法;第二類是先提出結論再舉例加以證明,即例證法,包括穆勒五法、簡單枚舉歸納法、賴特的消除歸納法、逆推理方法和類比法,而不包括完全歸納法、科學歸納法和數學歸納法。

小知識

卡爾・古斯塔夫・亨佩爾(西元一九〇五年～西元一九九七年):德國邏輯學家。他認為純粹科學中接受假設的歸納,並不一定能在方法論上給予明確的闡釋。著有《科學說明及其他論文》、《從新邏輯看類型概念》、《經驗科學概念形成的基本原理》等。

諸葛亮舌戰群儒
反駁論證

反駁論證是指提出反對的理由來辯駁，透過推理來證明對方在論證過程中論點和論據之間沒有必然的邏輯關係。

魯肅陪著諸葛亮走進議事廳，廳上已經有張昭、虞翻等人入座了，諸葛亮和各位作揖後，也找了個座位坐下來。

張昭首先對諸葛亮發問：「聽說劉豫州三顧茅廬才請得到先生，還說有了先生就可以得到天下，如今劉豫州連自己的地盤都被曹操奪走了，你就是這樣為你家主公出謀劃策的嗎？」

諸葛亮聽出他的諷刺之意，不急不徐地說：「我的主公劉豫州講仁義，不忍心奪取他哥哥劉表的城池，而劉琮聽信讒言，偷偷地投降了。至於我是如何為主公謀劃的，這個是機密。」

張昭說：「先生自比管仲和樂毅，但是我們都知道，管仲和樂毅給他們的主公打下不少城池，而劉豫州得到先生

諸葛亮像，載於《晚笑堂竹莊畫傳》。

之前還能打點勝仗，現在得到了先生，卻被曹操打得一塌糊塗。為什麼有了先生，他反倒不如之前了呢？」

張昭此話一出，在座的謀士都笑了。

諸葛亮也笑了：「大鵬鳥展翅翱翔萬里，牠的志向豈是那些燕雀所能知道的？我的主公以前軍隊還不到一千人，將領只有關羽、張飛和趙雲而已，卻能用計火燒博望、火燒新野，將夏侯惇、曹仁嚇得心驚膽裂。我想管仲、樂毅之用兵可能也不過如此吧！」

張昭說不出話來，虞翻接著發問：「現在曹操兵力強大，真可謂是勢不可擋，你怎麼看？」

諸葛亮回答說：「曹操的軍隊雖然有百萬之眾，也沒有什麼可怕的。」

虞翻笑道：「你們屢戰屢敗，還說不可怕，這不是吹牛嗎？」

諸葛亮說：「我的主公只有少量的兵馬，而你們東吳兵精糧足，還有長江天險做為屏障，我們都不怕，你們卻怕得想勸主公投降，還有何顏面在這裡信口胡說！」

一直旁觀的步騭開口了：「先生不會是像蘇秦、張儀一樣，來遊說我們東吳幫你們打敗曹操吧？」

諸葛亮冷笑：「蘇秦、張儀也是為國分憂、出謀劃策的英雄豪傑，你們這些怕死鬼有什麼資格嘲笑他們？」

步騭也羞愧退下。

東吳的各位謀士一個接一個地上場，諸葛亮對答如流，誰都不是

他的對手。就在張溫、駱統又想上前辯論時，黃蓋走了進來，他大聲說：「諸葛先生是當世的奇才，你們卻百般刁難他，太不懂禮貌了！如今曹操大軍壓境，你們不好好想想對策，卻在這裡耍嘴皮子，不覺得羞恥嗎?!」

眾人皆啞口無言，抗曹聯盟也就是從這一刻開始結成了。

這樣學邏輯其實很有趣

反駁論證是指提出反對的理由來辯駁，透過推理來證明對方在論證過程中論點和論據之間沒有必然的邏輯關係。反駁由三部分組成，包括被反駁的論題，即確定為虛假的判斷；用以反駁的論據，即透過反駁確定對方虛假性的依據；用以反駁的論證方式，即指出某一違反了推理原則的論證。

而反駁的方法主要是兩大類，一類是直接反駁，就是引用一個真實的命題來直接確定某命題的虛假；另一類是間接反駁，是指透過論證與另一個被反駁的命題有矛盾或反對關係的命題的真實性來反過來證明被反駁命題的虛假性。

反駁與論證的關係相依存，反駁是一種特殊形式的論證，二者的區別在於論證是確定某一個命題的真實性，而反駁是確定某一個命題的虛假性或者確定某一種論證方式的錯誤。但是從另一個方面來說，確定某一個命題的虛假性也可以說是確定「某一個命題是假的」的真實性，而確定某一種論證方法的錯誤也同樣可以說是確定「某一個論

證方法是錯誤的」的正確性。從這個角度來說，反駁即是論證。

小知識

保羅·寇恩（西元一九三四年～西元二〇〇七年）：美國數學家，他證明策梅洛－弗蘭克爾公理系統加上選擇公理（ZFC）不能反駁連續統假設（CH）的否命題，而 ZF 不能反駁選擇公理（AC）的否命題。寇恩在證明中創造了力迫法，如今力迫法已經成為公理集合論的一項基本技術。西元一九六六年，寇恩憑藉連續統假設的獨立性證明獲得菲爾茲獎章。

邏輯學的分類和方法

靈蛇測謊

完全歸納推理

完全歸納推理，是指以某類事物中每一個物件都具有或者不具有某一種屬性為前提來推導出這一類事物都具有或者不具有這一屬性為結論的歸納推理方法。

北宋年間，龐家和楊家不和，此為背景。

在一次對遼兵的大戰中，楊宗保做為將軍帶領大軍抵擋住了遼兵的進攻，但在最後被遼兵圍堵。身處包圍的楊宗保幾次三番向元帥龐吉求救，但龐吉念及兩家的恩怨，按兵不動，導致全軍覆沒。

楊宗保死裡逃生，回到都城開封，到開封府向包拯狀告龐吉公報私仇，龐吉反誣楊宗保好大喜功不聽指揮，導致作戰失敗。

雙方爭執不下，開封府尹包拯沉思了一會兒，說要拿水缸中的靈蛇測謊，看看楊宗保和龐吉兩人誰在說謊。

龐吉和楊宗保都不是好糊弄的人，包拯耐心向他們講解靈蛇測謊的原理：「說謊者心虛，脈搏加快，

清官包拯。

體溫升高，接近靈蛇便會遭到攻擊，而說真話者因為問心無愧，就不會有上面的變化，接近靈蛇時也不會遭到攻擊。」

解釋完畢之後，包拯讓一個一口咬定自己無罪的罪犯上來做測謊實驗，結果這個殺人犯當場死亡。

龐吉和楊宗保心裡都有數了，尤其是龐吉，他在想如何能騙過靈蛇的測謊功能。幸好，包拯說的一句話救了他。

包拯說：「這靈蛇發功一天頂多兩次，今天已經用過一次了，如果測你們兩個就不夠了。這樣吧！明天升堂後，再進行測試。」

龐吉暗喜。

第二天升堂，包拯讓楊宗保先測試，楊宗保把手伸入水缸中，包公開始詢問問題，楊宗保回答完畢，把手從水缸中拿了出來，結果沒有什麼異常。

輪到龐吉的時候，包拯也讓他把手伸入水缸中，流程和楊宗保一樣，詢問之後，他也沒什麼異常。

龐吉大笑：「看來我是無罪的。」

楊宗保不解：「包大人……」

包拯看了一眼水缸，敲了一下驚堂木：「龐吉，你還不從實招來！」

龐吉不服：「憑什麼是我撒謊？我已經通過了靈蛇的測試！」

包拯命人打破水缸，發現水缸裡的水都變成了紅色，而龐吉的手也微微發紅。

包拯說：「水缸裡的這條靈蛇根本沒辦法測謊，牠早就被拔去了

牙齒。為了得知誰心虛，我在這水缸中放了藥草，這個藥草會和雄黃發生反應，將水變成紅色。龐吉的手微紅色，可見他在來之前在自己的手上塗了雄黃，可見他心虛，想害死靈蛇。」

證據面前，龐吉也只能垂頭喪氣地認罪了。

💡 這樣學邏輯其實很有趣

完全歸納推理，是指以某類事物中每一個物件都具有或者不具有某一種屬性為前提，來推導出這一類事物都具有或者不具有這一屬性為結論的歸納推理方法。

進行完全歸納推理，必須要滿足三個要求，第一個指前提是推斷中必須在某一類事物中考察到所有的物件；第二個指前提中涉及到的所有的判斷都必須是真實的；第三個指前提中每一個判斷的核心必須與結論的核心之間具有從屬關係。滿足這三個要求，才能算是具有真實有效性的必然性推理。

完全歸納推理的邏輯形式可以表達為：S1 是（或不是）P；S2 是（或不是）P；S3 是（或不是）P……Sn 是（或不是）P。（S1、S2、S3……Sn 是 S 類的所有物件）所以，可以推導出所有的 S 都是（或不是）P。這裡提到的 S1、S2、S3、……Sn 表示 S 類的每一個物件。

完全歸納推理是在日常生活中最常被使用到的一種推理方法。故事中包公使用的也是完全歸納推理，根據多方面的考察，包括兩人的人品、行事方式等，最後得出龐吉是真兇的結論。完全歸納推理之所

有廣泛應用，是它可以有效地提供新的知識，也可以用於論證觀點。但由於它的結論必須是在考察完某一類事物當中的所有物件之後才能做出的，所以它的使用範圍還是有限的，尤其是並不能確定這一類事物中究竟有多少的個體物件，或者當個體物件數量確定，但對於它們的屬性根本不需要考察或者無從考察的時候，就無法使用這種方法。

小知識

阿隆佐·邱奇（西元一九〇三年～西元一九九五年）：美國數學家。西元一九三六年，他發表可計算函數的第一份精確定義，對演算法理論的系統發展做出巨大的貢獻。

看手賣鞋

不完全歸納推理

不完全歸納推理，與完全歸納推理相對應，是指以某類事物中一部分物件都具有或者不具有某一種屬性為前提，來推導出這一類事物的所有物件都具有或者不具有這一屬性為結論的歸納推理方法。

不用看腳，不用問尺寸，只要看看顧客的手就能為顧客找到合適的鞋子，這是售貨員張曉宇的拿手絕活。

有一個記者慕名前來，他到了張曉宇所在的櫃檯，裝作購買的樣子從鞋櫃這頭看到那頭，來來回回打量張曉宇的一舉一動。

張曉宇此刻正在為一個中年客人服務，那位客人剛坐到試鞋的板凳上，張曉宇就拿著一雙鞋上前說：「先生，您的腳背較高，腳掌較厚，穿這種鞋比較合適，走路不累，減震也比較好！」

中年客人驚奇萬分：「你怎麼知道我腳的情況，簡直比我太太都要瞭解我。」

張曉宇親切地笑著說：「我只要看一眼您的手，就差不多知道您需要什麼樣的鞋。」

客人讚嘆萬分，臨走時一再表示以後還會光顧張曉宇的生意。

送走中年客人，張曉宇走到記者面前：「先生，您想買什麼樣的鞋？」

記者搖搖頭：「我不是來買鞋的，我是╳╳報的記者，聽很多顧客說你有這一手絕活，特意來觀摩一下。」

張曉宇呵呵一笑：「要不您也試一下我的絕活？」

記者也笑著點頭。

張曉宇讓記者把手伸出來，仔細看了看他的手，拿出來的鞋不大不小，剛好合適。

「真是百聞不如一見啊！」記者感慨道，「你這手絕活太厲害了，是怎麼練成的？」

張曉宇告訴記者：「就在十多年前，我偶然發現了人的手型、大小、長短和腳的形狀、大小、長短是有一定的比例的。為了驗證這個比例的規律，無論是在家裡還是在商場，只要有機會接觸到人的手和腳，我都不放過。經過歸納總結，我逐漸掌握了人的手和腳之間的比例規律，從而掌握了『看手賣鞋』的本領。比如說，手短肥的人腳通常都短肥，而手背高的腳背高，手掌厚的腳掌厚。」

……

最後，記者在完成採訪任務的同時，還買到了最舒適的鞋子。

💡 這樣學邏輯其實很有趣

與完全歸納推理相對應，一個看的是每一個物件的屬性，另一個看的是一部分物件的屬性，所以在真正的歸納推理當中，不完全歸納推理更為普遍使用。

進行不完全歸納推理，需要考察某一類事物中的一部分物件是否具有某種屬性，結論卻可以斷定這一類事物的所有物件都具有這種屬性。其實結論所斷定的所有物件的範圍，是比前提考察的部分物件的範圍更大，所以前提與結論之間的關聯有可能真實也有可能虛假。

不完全歸納推理是為了透過已有知識的推廣，來揭示出所有物件之間的普遍規律性，推導出普遍原理。但人們若想更好的認識周邊的事物，必須對事物的各種現象做大量的觀察和實驗，然後根據得出的一系列個別的事實，才能概括生成一般的共性的知識。

不完全歸納推理主要有兩種類型，正是下文中將詳細敘述的簡單枚舉法和科學歸納法。

小知識

M・A・E・杜麥特（西元一九二五年～）：英國邏輯學家，語言學家，英國科學院院士。他以研究G・弗雷格聞名，認為弗雷格用意義理論代替認識論做為全部哲學的出發點和基礎，導致了哲學方法上的革命。他肯定語言是一種社會現象，認為語言分工是任何語言的共同特點。代表著作是《弗雷格：語言哲學》。

登記戶口
簡單枚舉法

簡單枚舉法，是指根據某一類事物中部分物件是否具有某一種屬性，並且在沒有遇到相反情況的前提下，推導出這一類事物的所有物件都具有或者不具有這種屬性的結論的推理方法。

一個戶籍官員到一個村莊裡去登記戶口，這個村莊雖然偏遠，但勝在風景獨特，有山有水，村裡的姑娘美得都像朵朵春花。

戶籍官員的心思早就不在工作上了，只想趕緊忙完戶口登記。

村裡的人都很配合，戶籍官員走到第一家門口，這是個大戶人家，主人很熱情，看見戶籍官員來，端出一杯熱騰騰的咖啡：「您邊喝咖啡邊登記吧！我把鄰居叫到我家來，讓你一起登記。」

「也好。」戶籍官員樂得清閒，大戶人家做完自己家的登記後，又去把第二家、第三家的主人都叫到自己的院子中來。

戶籍官員問第二家戶主：「你叫什麼名字？」

「我叫威廉‧威廉斯。」

「好的。」戶籍官員低頭登記，剛寫下第一個字就恍然想起什麼似的，翻了翻之前的紀錄，又轉頭面對第一戶人家說，「你是不是也叫威廉‧威廉斯。」

「是的。」第一家戶主回答說，「我們從小一起長大，父母關係

也好，就取成一樣的名字了。」

「哦！」戶籍官員笑著說，「你們還真算是有緣啊！能一起長大，還叫一樣的名字，將來你們的孩子關係肯定也特別好。」

第一家戶主和第二家戶主點點頭，又相視了一下，再同時看向第三家戶主。

第三家戶主困窘地開口說：「那個，戶籍官，我也叫威廉·威廉斯。」

「啊？」戶籍官員大吃一驚。

「我也和他們差不多，我出生的時候，他們兩個已經出生了，我父母覺得這個名字很好聽，就給我取了一樣的名字，我的鄰居第四戶人家的戶主也是這樣。」

戶籍官員大喜：「那我在你們村裡登記戶口太簡單了，直接把你們所有人都登記成威廉·威廉斯不就行了！」

「這可不行。」第一家戶主驚呼，「我們村只有我們幾個叫威廉·威廉斯，剩下的人可不是。」

💡 這樣學邏輯其實很有趣

進行簡單枚舉推理有兩個必要的前提，其一是必須保證前提裡所有的判斷都是真實的；其二是前提裡的每一個判斷的核心與結論的核心之間必須要有從屬關係。故事中，戶籍官員就犯了「以偏概全」的錯誤，他運用簡單枚舉歸納推理，根據部分戶主的姓名一樣，沒有注

意發現特例，就得出所有戶主姓名是一樣的確定結論，其推理是不正確的。

　　簡單枚舉法的推理邏輯形式為：S1是（或不是）P；S2是（或不是）P；S3是（或不是）P；……Sn是（或不是）P。（S1、S2、S3，……Sn是S類的部分物件，並且枚舉中沒有遇到相反的情況）所以，可以推導出所有的S都是（或不是）P。這裡提到的S1、S2、S3、……Sn表示S類的個體物件。

　　在日常生活中，簡單枚舉推理使用得非常廣泛，很多的格言諺語甚至定理科研，都是透過簡單枚舉法推導出的結果，不僅可以協助人們獲取新的知識，也可以輔助論證以提高說服力。因為簡單枚舉推理必須在沒有相反情況的狀況下做為判斷依據，論據並不充分，推導出的結果也有可能有失去真實性。有鑑於此，可以在考察中選取盡可能多的物件判斷，前提的考察範圍盡可能廣，並注意關注那些相反的情況，這樣推導才能大大提高結論的有效性和真實性。

小知識

約翰‧鄧斯‧司各脫（Blessed John Duns Scotus）（西元一二六五年～西元一三〇八年）：蘇格蘭中世紀經院哲學家、神學家、唯名論者。他曾大膽提出了物質具有思維能力的推測，認為上帝是萬能的，完全可以賦予物質思維能力。著《巴黎論著》、《牛津論著》、《問題論叢》等。

侏儒之死
科學歸納

科學歸納是指透過考察某類事物的部分物件來分析並找出這些物件之所以具有某種屬性的原因，以研究這些對象內部的因果聯繫來做為根據的一種歸納方法。

馬戲團裡有兩個侏儒，他們同場競技十幾年，一直相處融洽。

後來，馬戲團決定裁員，兩個侏儒只能留下其中一個繼續表演。就這樣，兩個人的爭執開始了。

這兩個侏儒，其中一個是瞎子，一個是眼睛正常的。瞎子侏儒的個子要比眼睛正常的侏儒矮，在馬戲團裡，個子越矮的侏儒會更受觀眾歡迎。馬戲團裡的每個人都在猜測，最後留下的應該是瞎子侏儒，他看不見東西，個子更矮，拙笨的表演會為他加分不少。

誰知，這個瞎子侏儒卻在一天早晨自殺了。

這個消息震驚了馬戲團裡的所有人，他們紛紛議論，認為這肯定是一場謀殺。瞎子侏儒雖然身體狀況不好，但一直是積極樂觀的，他不可能在自己這麼有優勢的情況下選擇走向生命的盡頭。但是，誰會殺死一個無辜的瞎子侏儒呢？

團長很快報了警，在警官沒到來之前，馬戲團所有人都不允許出入，瞎子侏儒的房間專門派了馬戲團中的兩個「巨人」看守，誰都不允許進入，以免破壞現場。

警官很快到達，他仔細檢查了現場，又對馬戲團中的成員進行了審問，最後，他逮捕了那個眼睛正常的侏儒。

雖然馬戲團裡的人也都懷疑過是眼睛正常的侏儒殺死了瞎子侏儒，但誰都沒有證據。瞎子侏儒明明是自己將動脈割斷，流血過多而死，警官是如何斷定是眼睛正常的侏儒殺了瞎子侏儒的呢？

警官走到現場為大家進行了講解。原來，警官到達現場後，發現瞎子侏儒的房間裡一切正常，就是桌椅、床的支柱末端附近都有些許的木屑，而不管是桌腳還是床腳都有被鋸過的痕跡。

警官根據馬戲團裡人員的介紹，知道眼睛正常的侏儒和瞎子侏儒的矛盾，就從眼睛正常的侏儒入手。透過審問，眼睛正常的侏儒最後承認了。

他知道自己的劣勢，如果失去這份工作，也不知道自己將會去做什麼，於是他想起了一個主意，在瞎子侏儒自殺前一天的晚上，偷偷溜到瞎子侏儒的房間，把房間裡的桌椅、板凳還有床都鋸短了一些。當瞎子侏儒晚上準備睡覺的時候，覺得自己的床變矮了，就驚慌失措地撫摸桌椅、板凳，摸過之後，心更是涼了一大截，以為自己長高了。而長高了的侏儒在馬戲團裡是沒有價值的，於是，他在失眠後的第二天凌晨選擇終結了自己的生命。

💡 這樣學邏輯其實很有趣

科學歸納法是從個別到一般的推理方法，是知性思維最基本的方

法。它有多種形式，屬於不完全歸納法的一種。

科學歸納主要有五種使用方法，第一種是求同法，即從不同場合找相同因素；第二種是存異法，即從兩種場合差異中找到因果聯繫；第三種是共用法，即將前兩種方法結合起來找到因果聯繫；第四種是共變法，即從一種現象所引起的另一種現象中找到兩個現象之間的因果聯繫；第五種是殘餘法，即在一些複雜的現象中把已經瞭解因果聯繫的現象去除以研究剩餘現象的產生原因。故事中的警官運用科學歸納法成功破解了瞎子侏儒的自殺案件，從而還他一個公道。

科學歸納在邏輯學應用中有重要的作用，尤其是為揭示事物之間的因果聯繫提供了重要的邏輯依據。但同時它也有其侷限性，主要表現在兩個方面，一是，科學歸納法以直觀的經驗作為基礎，並不能真正揭露事物深刻的內涵和本質；另一個是，科學歸納法根據已經掌握的一部分事物的一些因果聯繫進行歸納，而不能真正全面覆蓋，做出的最終結論也是相對片面的。

小知識

格哈德‧根岑（西元一九○九年～西元一九四五年）：德國的數學家和邏輯學家。他的主要工作是數學基礎中的證明論，特別是自然演繹和相繼式演算。著有《邏輯演繹研究》、《層次邏輯的無矛盾性》、《純數論的無矛盾性》等。

造紙術的發明
典型歸納

典型歸納是指根據一類事物中某一個具有代表性的典型個體物件的某種屬性，延伸到同類的其他個體中，從而推導出這類事物所有的物件都具有這種屬性的推理方法。

　　眾所周知，四大發明之一的造紙術是蔡倫發明的。其實，早在蔡倫之前，就已經有了紙的記載。

　　西漢末年，趙飛燕姐妹備受皇帝的寵愛，她們一個當了皇后，一個當了昭儀。趙飛燕雖然寵冠後宮，但還是不知足，趕走了皇帝身邊所有的女人。但百密總有一疏，在她沒注意到的角落裡，一個叫曹偉能的宮女得到了皇帝的寵幸，並且懷孕生了一位皇子。

　　這件事讓趙飛燕知道後，不僅派人扔掉了皇子，還賜給曹偉能一個綠色的小盒子，裡面是用「赫蹏」包裹著的兩顆毒藥，並且在「赫蹏」上寫著：「告偉能，努力飲此藥，……」就這樣，一個可憐的宮女就被處死了。

　　這張包裹著毒藥的「赫蹏」，就是最早的紙，它是用絲錦製成的，人們可以在上面寫

美女趙飛燕。

字，但是絲錦紙的原料是絲錦，太過貴重，不能被普通老百姓所使用，普及率太低。

蔡倫看到竹簡和木簡太笨重，絲帛太貴，絲綿紙不可能大量生產，就總結了前人的造紙經驗，發明了造紙術。

蔡倫首先發現，前人造紙的時候，會用到樹皮、麻頭、漁網等做原料，於是他就充分發揮這些便宜原料的功用，讓工人們把樹皮、麻頭、破布和破漁網等物剪碎或切斷，放到水裡浸泡很長一段時間。然後搗爛成漿狀物，經過蒸煮，在席子上攤成薄片，放在太陽底下曝曬。

工人們問他：「這樣一些便宜的原料，真的能做出像絲綿紙那樣輕便又好用的紙嗎？」

蔡倫也不敢肯定，他解釋說：「雖然我現在還不知道是不是能造出紙，但是在前人的造紙經驗中，有這些原料的出現。這樣就可以推斷出這些原料是有造紙的屬性的。只不過前人造紙的時候，用得很少，我是適當地把這些原料放大，加上蒸煮、曝曬的方法，希望能造出好用的紙張來。」

用這些便宜的原料，輔以特殊的蒸曬方法，經過多次實驗，蔡倫真的造出了紙張。他造的紙體輕質薄，很適合寫字，廣受人們的歡迎。

東漢元興元年，蔡倫將這個發明報告給了漢和帝。從此，蔡倫改進的造紙方法得以廣泛推廣。

在蔡倫依照前人經驗造出紙張後，後人又在他的基礎上不斷進行改造。在他死後八十年，一個叫做左伯的人進一步改進了造紙術，使造出來的紙厚薄均勻，質地細密，史稱「左伯紙」。

這樣學邏輯其實很有趣

典型歸納的邏輯形式表達為：S1 是 P，S1 是 S 類的具有代表性的個體物件，所以，所有 S 中的物件都是 P。

由於典型歸納只透過考察一個物件就推導出一類物件的共性，在很多時候不具真實性，若要使結論相對更可靠，需要考慮兩個方面：第一個方面是在選擇代表性個體物件時，越具有群體的代表性，結論會越可靠；第二個方面是選取完代表性個體物件後，推導所依據的理論或者思維方法越先進，結論也會越可靠。通常會使用演繹法或者比較法等。

在生活中，我們對典型歸納的應用也是很常見的，正如故事裡提到的造紙術的發明，就表明：每一種技術產品都滿足於一定的需求結構，很多有缺陷的或者特殊的需求結構才能造就新技術發明的潛在動力。

小知識

魯伊茲・艾格博特斯・揚・布勞威爾（Luitzen Egbertus Jan Brouwer）（西元一八八一年～西元一九六六年）：荷蘭數學家和哲學家，數學直覺主義流派的創始人。他最大的成就包括以他名字命名的布勞威爾不動點定理，以及關於拓撲維數不變性的證明。

劉墉巧過生死劫

因果聯繫歸納

因果聯繫歸納是透過理性分析，找到事物原因和結果之間內在聯繫的一種推理方法，這對於事物現象之間因果聯繫的探尋是非常必要的。

第二章

有一次，劉墉無意間得罪了乾隆，乾隆盛怒之下，將他打入大牢，並且下旨明日午時問斬。但迫於大臣們的苦苦哀求，乾隆也想起了過往劉墉的功勞，就對眾臣說由老天來決定劉墉的生死。

乾隆派太監做了兩個紙團，一個紙團上寫著「生」，一個紙團上寫著「死」，這兩個紙團都被放到同個罈子裡，由劉墉在眾人的監視下抽取紙團，如果抽到「生」，就無罪釋放；如果抽到了「死」，就按照原計畫明日午時問斬。

和珅和劉墉是死對頭，他知道這個消息後，第一時間買通了製作紙團的小太監，讓他把兩個紙團都變成了「死」，想讓劉墉在劫難逃。

世上沒有不透風的牆，這個消息被一個好心的太監聽到了，他把這個消息第一時間傳給了大牢裡的劉墉，讓他迅速想出應對方法。

劉墉聽後，哈哈大笑：「和中堂真是我

和珅。

的救命恩人啊！」

好心的太監不解：「大人啊！您是急瘋了吧！和珅要置您於死地，您怎麼還說他是您的救命恩人呢？」

劉墉說：「明日在聖上面前，你就知道原因了。我原本是生死難料，現在看來，我倒是能逃過這一劫了。」

第二天，乾隆召見眾臣，當場決定劉墉的生死。

和珅看著衣衫不整的劉墉，得意之色躍然於臉上，這下他可除掉自己的死對頭了。

劉墉緩緩走到罈子前，故意做出沉重的表情來，好心的太監也在場，看到劉墉的表情，以為他還是沒有想到解決的辦法，不禁為他捏了一把冷汗。

劉墉抓起罈子裡的一個紙團，負責檢查紙團的太監還沒來得及伸出手，他就把紙團放進了嘴裡。大殿上的人都愣了，好心的太監此刻才明白劉墉說的話是什麼意思。和珅顧不得冒犯聖顏，大叫道：「快把他嘴裡的紙團拿出來！」

與和珅交好的太監立刻抓住劉墉，想把紙團從他嘴裡摳出來，但劉墉早就已經吞下去了，太監只好作罷。

和珅剛想跟乾隆告狀，乾隆像是知道了什麼似的，似笑非笑地說：「都不要喧嘩了，吃了一個，看看另外一個，不就知道他吃下去的是什麼了嗎？」

結果，那個還在罈子裡的紙團上寫著「死」，眾人皆嘆劉墉好運氣，和珅落了個竹籃打水一場空。

💡這樣學邏輯其實很有趣

　　因果聯繫是事物現象之間一種非常重要的規律性聯繫，任何事物的產生，可能是一個原因，也可能是多個原因造成的，比如故事中有兩個完全不同的「因」，就會有兩種不同的「果」。

　　由於原因和結果在時間上可能先後不一致，通常原因在先，結果在後，例如通常閃電在前，打雷在後，閃電是原因，打雷是結果；但很多時候也會結果先顯現再挖掘原因，例如我們看到身邊某個人的巨大變化是結果，然後會去分析挖掘造成他變化的原因。

　　因果聯繫有很多種，比如一因一果、一因多果或者多因一果等，而對於探尋因果聯繫的邏輯歸納方法共有五種，是由著名的英國哲學家、邏輯學家 J‧S‧密爾在他的《邏輯體系》一書中提到的，稱為「求因果五法」，分別是求同法、求異法、求同存異並用法、共變法、剩餘法。求因果五法是在 F‧培根提出的「三表法」基礎上的進一步發展，也是對歸納方法的一種強化，促進了對於歸納方法的更為深入的探索。

🌾小知識

約翰‧斯圖爾特‧密爾（西元一八〇六年～西元一八七三年）：英國哲學家、經濟學家、邏輯學家，實證主義和功利主義的著名代表。他繼承發展了邊沁的功利主義倫理思想，建立了以最大幸福主義為內容的完整系統的功利主義理論體系。他認為人的本性都是追求幸福的，幸福是獲得快樂和免除痛苦。

海王星現身
回溯推理

回溯歸納推理是從結果往前推測原因，或者從推斷來推測理由的一種推理方法。

十九世紀，人們在對天王星進行觀測時，發現它的運行總是不太「守規矩」，時常會偏離預先計算好的軌道。

這到底是什麼原因呢？

德國著名天文學家弗利德里克·貝塞爾對此提出了一個大膽的設想：天王星的外側一定存在一顆未知的行星，由於它的引力，才擾亂了天王星的運行。

邏輯學的分類和方法

弗雷德里克·德·威特在西元一六七〇年繪製的星座圖。

可是，茫茫宇宙中，到哪裡去尋找這顆新的行星呢？

西元一八四六年，法國人勒維耶對此進行了複雜的計算，並把結果通知了柏林天文臺。

天文學家加勒和他的學生達萊斯特在九月二十三日晚上進行了觀測，果然發現了一顆不在星座圖上面的星球。加勒做了仔細的觀察，發現這顆星球在逐漸移動。

就這樣，人類有史以來第一次用筆和數學思維就發現了太陽系中未知的行星——海王星。

但英國人否認勒維耶是最先發現海王星的人，他們聲稱，英國一位年輕的天文學家亞當斯，在稍早之前就已經獨立地做出了同樣的預測。

亞當斯是英國劍橋大學數學系的學生，經常利用課餘時間來解決這個問題。西元一八四五年九月，他終於計算出了那顆未知行星的位置。如果那顆行星如此運行的話，就能解釋天王星軌道不準確的原因。當他把自己的計算結果送到了英國天文臺的時候，臺長艾里並未接待他。亞當斯只好留下一封信給他，信中指出他在摩羯座附近發現了一顆九等暗星，也就是新發現的海王星。

當法國人勒維耶發現海王星的消息傳來，艾里才想起查閱亞當斯的研究報告和天文臺其他的觀測紀錄。更為感慨的是，這顆海王星曾兩次被英國天文臺紀錄下來，只不過當時他們認為是一顆恆星，把它放過了。

回溯歸納推理是一種特殊的推理方式，是從結果往前推測原因，或者從推斷來推測理由的一種推理方法。邏輯運算式為：

q；

p→q；

所以，p

其中，q 代表已知的現象，p→q 代表推理者已經知道的一般性知識，而 p 則是這個已知現象的原因或者條件。

由此看出，在回溯推理的邏輯結構中，包含幾個方面：

首先是觀察到的那些有待解釋的現象；其次是導致這一現象的可能的原因做為結論；最後是結論所包含的觀察到的那些現象是一般性的規律或者常識。

回溯推理最主要的特徵就是其因果性，因為萬物的因果都是相互依存、辨證存在的。在日常生活中，回溯推理的應用非常廣泛，比如故事中關於天體的觀察和發現、地球的研究、考古發掘等的演化過程、科學的一些新發現等，尤其是在偵破案件方面特別有效。

回溯推理分為簡單回溯推理和複雜回溯推理兩種類型，在推理使用當中，需要確定事實必須是存在的，但也不能把結論看作是確定無疑的。因為回溯推理畢竟還是有其侷限性的，它只是為了探尋原因找出了可能性而已，也會有不真實性的存在，所以在推論驗證中一定要格外注意。

小知識

戈特弗里德·威廉·萊布尼茨（西元一六四六年～西元一七一六年）：德國哲學家、數學家、邏輯學家，是歷史上少見的通才，被譽為「十七世紀的亞里斯多德」。他在預見了現代邏輯學和分析哲學誕生的同時，也顯然深受經院哲學傳統的影響，更多地應用第一性原理或先驗定義，而不是實驗證據來推導以得到結論。

被偷吃的長生丹
二難推理

二難推理是指由兩個假言判斷和一個有兩個選言支的選言判斷做為前提而構成
的推理，有簡單構成式、簡單破壞式、複雜構成式和複雜破壞式四種表現形式。

中國歷代皇帝在到達自己權力、財富、名望的頂峰後，都會開始
追求長生不老之術。漢武帝也不例外，成年之後他就開始沉迷於煉丹
修道，一心期待自己能長生不老，最好能升天成仙。

這天，負責給漢武帝煉丹的道
士向漢武帝報喜，說他已經煉出了
長生丹，只要漢武帝服下，就可以
永保青春。漢武帝很高興，正要服
下時，道士阻攔了他，解釋說，因
為長生丹是上天賜予的，在服用之
前，要沐浴齋戒七天七夜，以顯示
對上天萬分的虔誠。

漢武帝照做了，認認真真地沐
浴齋戒七天七夜，才準備服用長生
丹。但在服丹藥當日，卻出現了一
個大問題──長生丹不見了！

東方朔偷桃圖。

長生丹一直由東方朔代為保管，除了他本人，誰都沒有辦法接近這顆寶貴的丹藥，漢武帝自然就將弄丟長生丹的責任完全歸於東方朔。

東方朔倒也大大方方承認了，儘管這個承認會讓他有殺身之禍：「是我吃了陛下的長生丹。」

「你好大的膽子！」漢武帝大怒，「你有幾個腦袋敢吃上天賜予我的珍寶！來人啊，把東方朔拉下去砍了！」

兩個侍衛走上前來，一左一右架住東方朔的胳膊，就要把他拉出去斬首。

「陛下請聽臣一言！」

漢武帝悶哼一聲：「事到如今，你還有什麼好說的。」

「陛下，臣酒後放縱自己，吃了陛下的長生丹，是臣的不對，但是……」東方朔說，「如果陛下因為臣偷吃了長生丹，就賜臣死罪，那麼，這個長生丹又有什麼功效呢？您為了一顆假的長生丹，就殺了一個忠臣，臣不忍陛下為此遭世人非議。」

漢武帝思索了一下，轉怒為笑：「你說得也有道理，來人啊，把煉丹的道士給朕抓來！朕倒要問問他，他煉的是什麼長生丹！」

侍衛奉命去道士的房間去捉拿道士，但這裡早已人去樓空。

漢武帝下令在全國境內緝拿道士，而偷吃「長生丹」的東方朔則無罪釋放。

這樣學邏輯其實很有趣

故事中，漢武帝就面臨了一個二難推理。

二難推理有簡單構成式、簡單破壞式、複雜構成式和複雜破壞式四種表現形式，所以也很容易延伸到三難推理、四難推理甚至多難推理。

二難推理看起來似乎並不具有很強的有效性，實際上在日常生活中，尤其是辯論當中，二難推理非常具有說服力的，人們常常故意用錯誤的二難推理來做為詭辯的工具，從而贏得辯論。由於二難推理當中假的結論往往來自於假的前提，所以在傳統邏輯當中也會有很多反駁其假結論的方法。

在辯論中，若想應對對方使用的錯誤二難推理，有三種方法可以使用：

一、指出對方二難推理的推理形式的無效性。

二、指出對方使用的二難推理的前提是假的。

三、以彼之道還以彼身，根據原有的二難推理的形式和內在結構仿造一個結論相反的二難推理。

小知識

阿蘭德・海廷（西元一八九八年～西元一九八〇年）：荷蘭數學家和邏輯學家。他做了很多工作來使直覺主義邏輯立足於成為數理邏輯一部分，同時為了整編布勞威爾做數學研究的方法而對直覺主義邏輯做了首次形式開發。

第五節　論證和推理

張縣令燒豬斷案
類比推理

類比推理，是指根據觀察兩個或者兩類的物件，若是有部分的屬性是相同的，則可以推導出它們的其他屬性也都是相同的推理方法。

張縣令是遠近聞名的推理斷案高手，任何案子到他手裡都沒有不被破解的。

這天，張縣令升堂，就有人來擊鼓鳴冤。

張縣令讓擊鼓人進大堂來，在衙役們威嚴的號子聲後，一個清秀單薄的少年進入到堂內。

張縣令拍了一下驚堂木：「你為何而來，從實道來！」

少年本就單薄，被驚堂木這一嚇，立即癱軟到地上，但還是鼓起勇氣說：「青天大老爺，我特來鳴冤，希望大人能還我哥哥一個清白。」

「你哥哥？他姓甚名誰？發生了什麼事？」

提起哥哥，少年眼淚吧嗒吧嗒地掉下來：「我哥哥叫王二，他去年娶了一個如花似玉的姑娘，人人都說這個姑娘心術不正，可是他就是不聽，被她的美貌吸引了，堅持要娶她過門。誰知，剛過一年，我那個狐狸精嫂嫂就把我哥哥殺死了。」

殺人命案？這可非同小可，張縣令立即派人抓捕少年的嫂嫂。

衙役很快將那婦人帶來，張縣令一看，果然是個美人，怪不得少

第二章

年的哥哥見了一面就放不下她。但張縣令也皺起了眉頭，這婦人美則美矣，眼神裡卻時常流露出狡詐之色來。

見少年在堂上，婦人大概也猜出了什麼，她輕盈地跪下，眼含淚光，煞是動人：「大人，我夫君昨日被火燒死後，我小叔就到處說是我殺死了他哥哥，可是我實在是冤枉的啊！天乾物燥，夫君被火燒死，我也很傷心，從此以後就沒有依靠了。」

燒死的？張縣令有了主意，問婦人：「妳夫君的屍體還在嗎？」

婦人說：「昨日剛發生的不幸，還沒來得及入殮。」

「好。」張縣令對少年說，「帶幾個衙役去把你哥哥的屍體帶來。」

婦人攔住他們的去路說：「大人，我夫君已經燒得不成樣子了，實在不便帶來給大人看。」

「無妨。」張縣令示意他們按原計畫進行，「我會還妳夫君一個清白。」

屍體抬來後，張縣令命人仔細檢查了屍首，當師爺將檢查結果告知張縣令後，張縣令猛拍了一下驚堂木：「妳這惡毒的婦人！說，妳為什麼殺自己的夫君！」

「冤枉啊，大人！」婦人跪倒說：「我夫君的的確確是被火燒死了。」

張縣令冷笑：「好，我就讓妳看個明白。」

他下令綁來一頭豬，將豬活活燒死後，帶眾人到豬屍首旁邊，撬開豬嘴，發現裡面全是煙灰。他又讓眾人查看王二的屍首，王二的嘴

巴裡竟然是乾乾淨淨的。

在事實面前，婦人終於承認了自己和姦夫先殺人後燒屋的犯罪事實。

💡這樣學邏輯其實很有趣

類比推理，簡稱類推、類比，它是科學研究中最常用的方法之一，也是由特殊推導出特殊的推理。故事中張縣令燒豬斷案就是透過豬被燒死後會在口中留下灰塵這一屬性，推斷出如果王二是被殺死的，嘴巴裡應該也有灰塵，從而斷定婦人殺死丈夫的事實。

在進行類比推理時，由於其特殊性，若想讓結論的可靠性增高，需要注意以下四個方面：

第一，考察時，兩組參與類比的物件的共有屬性越多，由此推導出的另一相同屬性的機率就越高。

第二，當參與類比的物件相同的屬性越多的時候，推導出的結論的可靠性越高。

第三，參與類比的物件的共有屬性與另一屬性之間的聯繫越緊密，推導出的結論的可靠性也會提高。

第四，進行類比推理時，需要注意不要僅僅依據物件之間表面的相似或者偶然的相似來進行推導。

事物的物件之間的關係都是錯綜複雜的，若想快速有效地找到適合進行類比的物件，有幾種可以使用的方法，例如使用率最高的代入

法、反其道而行之的排除法、當代入法和排除法都難以發揮作用時的造句法，以及細節法。

小知識

大衛·希爾伯特（西元一八六二年～西元一九四三年）：德國數學家，二十世紀最偉大的數學家之一，他對數學的貢獻是巨大和多方面的。他的研究領域涉及代數不變式、代數數域、幾何基礎、無窮維空間和數學基礎等。西元一九〇〇年，在巴黎舉行的第二屆國際數學家大會上，三十八歲的大衛·希爾伯特做了題為《數學問題》的著名講演，提出了新世紀所面臨的二十三個問題。這二十三個問題涉及了現代數學的大部分重要領域，著名的哥德巴赫猜想就是第八個問題中的一部分。

第五節　論證和推理

狗國的狗洞
假言推理

假言推理是指根據假言命題的邏輯性質進行的推理。有充分條件假言推理、必要條件假言推理和充分必要條件假言推理三種類型。

第
二
章

　　晏子，是春秋時期齊國的大夫，他愛國憂民，勇於直諫，在諸侯和百姓中享有極高的聲譽；他博聞強識，善於辭令，主張以禮治國，也頗得主公的信賴。

　　一次，晏子奉命出使楚國，楚王想要給他一個下馬威，就讓人在城牆下面鑿出了一個小門。此舉是想嘲笑晏子身材矮小。

　　當晏子到達楚國，前來迎接的侍臣將他迎接到城門口，卻沒有打開大門讓他進去，而是打開小門說：「晏子先生，請進。」

　　晏子望向他：「這是什麼意思？」

　　「大人走大門，小人自然走小門了。」侍臣按照之前和楚王說好的話回答晏子。

　　「不對。」晏子搖頭說，「出使到狗國才用得著走狗洞，我今天到楚國來，楚王堅持要讓我走狗洞嗎？」

　　侍臣只好帶著他從大門進入楚國。

　　見到楚王，楚王很輕蔑地說：「難道齊國沒有人了嗎？竟然派你來。」

244

晏子知道楚王是嘲笑自己的外形不佳，回答說：「齊國的首都臨淄有七千五百戶人家，人們張開袖子就能遮天蔽日；人們揮灑汗水就能形成一片小雨；街上人走路都是比肩接踵，怎麼能說齊國沒有人呢？」

「既然這樣的話，為什麼會派你到楚國來呢？」楚王問。

晏子回答得不卑不亢：「我國國君在派遣使臣時，會派沒有能力的去沒有能力的國家，有能力的去有能力的國家。我們國家有能力的人都派出去了，就把我這樣沒能力的人派到了楚國。」

楚王沒有話回他，只好請他入宴吃飯、飲酒。席間，楚王設計好的橋段又來了，就在他們喝酒正開心的時候，兩名士兵押送著一個犯人走到他們面前。

楚王問：「這個人是什麼情況？」

士兵說：「這個人是齊國人，他犯了偷竊罪，我們正要把他拉來讓大王定罪。」

楚王沒定罪，反而轉過頭來對晏子說：「你們齊國本來就很擅長偷東西嗎？」

晏子站起身來，離開座位，對楚王鞠了一躬：「我聽說過一個常識，橘樹生長在淮河以南的地方就是橘樹，生長在淮河以北的地方就是枳樹。它們的葉子完全一樣，果實的味道卻是天壤之別。

究其原因，不過是因為水土不一樣罷了，我們齊國的百姓在齊國不偷東西，到了楚國卻學會了偷東西。難道是楚國的水土使老百姓容

易變得愛偷東西嗎？」

楚王哈哈大笑：「晏子先生，百聞不如一見，我對您深表嘆服。」

這樣學邏輯其實很有趣

充分條件假言推理，是指根據充分條件的假言命題的邏輯性質來進行推導的推理方式，有兩個規則：其一是要肯定前提就必須肯定結論，但是否定前提卻不一定否定結論；其二是否定結論就必須否定前提，但若是肯定結論卻不一定要肯定前提。

必要條件假言推理是指根據必要條件假言命題的邏輯性質來進行推導的推理方式，也同樣有兩個規則：其一是否定前提就必須否定結論，但肯定前提不一定肯定結論；其二是肯定結論必須肯定前提，但否定結論則不一定否定前提。故事中的晏子選擇了一個有利於自己的必要條件假言判斷做前提：只有訪問「狗國」，才從狗洞鑽進去，暗藏著一個必要條件假言推理。

充分必要條件假言推理是指根據充分必要條件的假言命題的邏輯性質來進行推導的推理方式，同樣也有兩個規則：其一是肯定前提必須肯定結論，肯定結論也必須肯定前提；其二是否定前提就必須否定結論，否定結論也必須否定前提。

小知識

雅克・埃爾布朗（西元一九三一年～西元一九五四年）：法國數學家，畢業於巴黎高等師範學校。西元一九三一年的夏季在阿爾卑斯山度假時，不幸遇險身亡。他的主要貢獻在數理邏輯和近世代數方面。在邏輯學上，他建立的埃爾布朗定理是量化理論的一個基本命題，已成為機器證明的基礎。

選擇哪扇門

機率推理

機率推理是指人們根據日常生活中許多不確定的資訊做出決定時所進行的推理，是由已知的不確定資訊來推導未知的不確定資訊的推理過程。

上個世紀八、九〇年代，美國有一個著名的女人叫做瑪麗蓮・瓦・莎凡，她是吉尼斯世界紀錄中智商最高的保持者，她的智商有二百二十八。

她在報紙上開設了一個專欄，名字叫做《請問瑪麗蓮》，專門解答讀者們的各種問題。這個專欄受眾極廣，三百五十種報紙同時刊登，總發行量達到三千六百萬份。

瑪麗蓮・瓦・莎凡最出名的一次問答，是在西元一九九〇年的九月。

有一個讀者問她：「在一個益智節目中，主持人說在現場的三扇門背後，其中一扇門後是汽車，另外兩扇門後都是山羊。參賽者可以任意選擇一扇門打開。當參賽者選

世界上智商最高的人——瑪麗蓮・沃斯・莎凡特。

擇了一扇門後，主持人幫他降低了難度，打開了另外一扇門，那扇門的背後是山羊。主持人是知道哪扇背後是有汽車的，他對參賽者說：『你現在想不想改變選擇，換另外一扇你沒選擇的門？』請問，這個參賽者應該更換選擇嗎？」

這是當時一個電視節目的真實情況，這檔節目的名字叫做「蒙提霍爾問題」。節目很熱門，播出了將近二十七年，一共四千五百集。

這個讀者給瑪麗蓮·瓦·莎凡提出的問題看起來挺無聊的，已經打開了一扇門，門後不是參賽者想要的獎品，那就剩下了兩扇門。要嘛打開一扇，是參賽者期望的大獎；要嘛不是。不管是選擇換還是不換，其成功的機率都是百分之五十。

瑪麗蓮·瓦·莎凡給出的答案是，參賽者應該更換選擇，更換選擇的勝算比較大。

這個回答引起了當時人們的強烈迴響，在瑪麗蓮·瓦·莎凡收到的一萬多封來信中，有百分之九十以上的讀者都認為她的回答是錯的，其中不乏大學教授、數學博士，甚至還包括寫過一千四百七十五篇論文（數學史之最）的數學家保羅·厄爾斯。

但仔細推敲，瑪麗蓮·瓦·莎凡給出的答案是正確的。這個問題早在十六世紀就已經被提出，是一個重要但不複雜的機率問題。參賽者第一次面對三扇門時，他的勝算是三分之一；當主持人干預去掉一個錯誤答案後，讓他進行第二選擇時，他的勝算就變成了三分之二。

這樣學邏輯其實很有趣

　　機率是一種規律，研究的是一種偶然事件，但偶然中也是有其必然性的，是透過很多個偶然事件表現出來的。若是把隨機事件細化，最小的稱為基本事件，把數學統計的規律運用到邏輯推理當中，機率推理的邏輯表達形式為：S1 具有屬性 P，S2 不具有屬性 P，……Sn 具有屬性 P，當在 S 類的物件中有 n 個物件被考查時，其中 m 個都具有屬性 P，則可以推導出在 S 類物件中具有屬性 P 的機率為：m/n。在這裡，n 只是 S 類中的一部分物件，但最後的結論是推廣到了整個 S 類的物件，從這裡可以看出，機率推理其實也是不完全歸納推理的一種。

　　機率同樣也是從個別中歸納出一般規律的過程，當隨機事件的機率越大，該事件真正發生的可能性就越高，反之，當隨機事件的機率越小，該事件真正發生的可能性也就越小。所以，某一個隨機事件的機率大小，可以看出這個事件真實發生的可能性。用這樣的邏輯方法，可以很好地在生活中進行分析，尤其在需要數學分析的部分，可以發揮出非常好的輔助作用。

小知識

德·摩根（西元一八〇六年～西元一八七一年）：英國數學家、邏輯學家，明確陳述了德摩根定律，將數學歸納法的概念嚴格化。他對關係的種類及性質加以分析，對關係命題及關係推理有所研究，從而推出一些邏輯的規律及定理，突破古典的主謂詞邏輯的侷限，這些均影響到後來數理邏輯的發展。

兔子是怎麼死的

關係推理

關係推理是指前提至少有一個是關係判斷，並按照關係的邏輯性質而進行推導的推理過程。

在兔子王國裡，有一個掌權者和九個皇族，分別被稱為大兔子、二兔子、三兔子……十兔子。

大兔子做為首領，日夜操勞，終於抵擋不住病魔來襲而病倒了。出門在外的十兔子知道這個消息後，迅速趕回兔子王國，可是看到的場景卻讓牠目瞪口呆。

大兔子病倒了，二兔子給牠看病，三兔子買藥，四兔子熬藥，五兔子卻莫名其妙死了，六兔子負責抬屍體，七兔子挖埋屍體的坑，八兔子負責埋屍體，九兔子坐在地上大聲哭泣。

十兔子問牠：「九兔子妳為什麼要哭啊？」九兔子說：「五兔子再也回不來了！」

十兔子想了一下，安慰九兔子說：「這是一個謀殺案，妳放心，我會找出真兇，妳的情人不會白白死去的。」

九兔子是一個溫柔的淑女，面對情人的離世，她也是無能無力，此刻更是睜大了無辜的眼睛問十兔子：「你怎麼知道牠是被謀殺的呢？」

十兔子對她分析說：「妳看，大兔子生病了，二兔子去給牠看病，為了治好大兔子的病，二兔子肯定是不惜一切代價的。在我們兔國的歷史上，曾經有一個古方，是用兔肉做藥引，我猜二兔子就是用了這個古方。」

「那跟五兔子有什麼關係呢？」九兔子問。

「這妳都不明白嗎？」十兔子痛心疾首地說：「誰都知道五兔子威望高，是大兔子最大的威脅者，大兔子早就看牠不順眼了，就趁此機會剷除後患。」

「所以牠們就用了五兔子做了藥引？」九兔子似乎有點明白了，氣得眼睛更紅了。

「沒錯。」十兔子斬釘截鐵地說，「用誰的肉做藥引是由二兔子決定的，牠只要順從大兔子的意願，把五兔子做為藥引，就有藉口替大兔子除去心頭大患了。」

「這麼說，就是二兔子殺死了五兔子？」

「不是，做為御醫，牠是不會親手處死五兔子的，妳看五兔子死後，大家是怎麼表現的？」十兔子引導著九兔子去做思考，「在我回來的時候，我聽到牠們說，大兔子之所以很快能有好轉，是因為三兔子去買了藥，所以殺手是牠。」

「這幫壞人！」九兔子咬牙切齒地說，「我一定要想方設法給五兔子報仇！」

「這是當然，還有四兔子，牠是負責熬藥的！」十兔子迎合回答

說，「不過，還是有好人的，妳看六、七、八兔子，牠們就好心地把五兔子給埋了。」

「嗯。」九兔子邊哭邊點頭。

十兔子安慰她說：「妳放心，我會站在妳這一邊的。」

說著，撫摸了她的頭髮，低頭詭異的一笑。

💡 這樣學邏輯其實很有趣

關係推理有兩大類，當中除了只有一個關係判斷做前提的直接關係推理以外，其他前提都是關係判斷的，是純粹關係推理；而前提既有關係判斷又有性質判斷的，成為混合關係推理。

讀了以上的故事，我們可能忽視了這個故事的重點，就是十兔子，牠為什麼出現在這個故事中？難道僅僅為了引出九兔子的一句話嗎？不是這樣的，其實，十兔子才是這個案件的主謀。

案發過程大致如下：

①十兔子喜歡九兔子，九兔子不喜歡牠。

②五兔子和九兔子互相喜歡。

③十兔子妒忌。

④十兔子是大兔子身邊最親信的人，並且對其他兔子之間的關係瞭若指掌。

⑤五兔子也是朝中權貴，十兔子沒辦法隨便處置他，就採用了借刀殺人的計謀。

　　純粹關係推理分為直接關係推理和間接關係推理兩類，而直接關係推理又可以細分為對稱關係推理和反對稱關係推理。對稱關係推理指的是根據對稱關係的邏輯性質來進行推導的關係推理；反對稱關係推理指的是根據反對稱關係的邏輯性質來進行推導的關係推理。間接關係推理也同樣可以細化為兩類，分別是傳遞關係推理，即根據傳遞關係的邏輯性質進行推導的關係推理；反傳遞關係推理，即根據反傳遞關係的邏輯性質進行推導的關係推理。

　　混合關係推理當中，第一個前提是關係命題，第二個前提是直言命題，而結論則是關係命題的推導，前提中的直言命題必須是肯定命題，如果前提中關係命題是肯定的，那麼結論中的關係命題也必須是肯定的；如果前提中的關係命題是否定的，那麼結論中的關係命題也必須是否定的。

小知識

斯坦尼斯瓦夫·亞希科夫斯基（西元一九〇六年～西元一九六五年）：波蘭邏輯學家，曾在證明論和語義學方面上有著重要貢獻。

第六節　謬誤

賽馬之死
賭徒謬誤

賭徒謬誤，是一種錯誤的信念，它認為一系列事件的結果都在某種程度上隱含著自相關聯的關係。

　　有一個賭徒，出生在普通人家，父母雖然沒有絕對的權力或者財力來幫助他達成更高人生的目標，但也盡心盡力地撫養他長大。

　　可是賭徒對這一切都不滿足，發誓一定要出人頭地。但成功是需要機緣，他所有的努力只不過是讓自己的生活維持在溫飽階段而已。

　　從沒有放棄出人頭地的慾望，賭徒才更加覺得委屈和痛苦，在這樣的情況下，他開始沉迷於賭博。

　　在賭徒生活的小鎮上，賭馬是一件特別常見的事情，賭徒開始將賭馬做為自己畢生的事業。他買來一匹駿馬，十分精心地餵草、訓練，雖然他的駿馬並不想這樣。因為賭徒的命運「掌握」在這匹駿馬身上，所以駿馬經常吃鞭子，特別是在牠不想訓練的時候，賭徒就用鞭子狠狠抽打牠，逼迫牠向前飛奔。

　　一個真正的馴馬師應該是懂得駿馬心理的，但是賭徒不懂，他只是不停地把草往駿馬嘴裡送，不停地讓牠在賽道上跑。駿馬的天性是在廣袤的草原上奔跑，牠常常覺得，一圈圈的跑道像是個桎梏，在比賽前期，牠甚至都不想再看到跑道，而永遠吃不完的草也讓牠對咀嚼

邏輯學的分類和方法

255

喪失了樂趣。

賭徒每天都在幻想，當他的駿馬在賭馬大賽中奪得頭彩，他就可以驕傲地對那些賭徒和所有看不起他的人說：「我雖然個人生活水準不如你們，但是我的駿馬比你們任何人的都強！」他把一生的「翻盤」希望都放在了駿馬身上，對牠的訓練也更加急迫和嚴酷了。

時光飛逝，一年一度的賭馬大賽開始了。剛開始的時候，賭徒的駿馬和其他馬一起向前衝，但跑了兩圈，賭徒的馬就明顯表現出體力不支了，原有的訓練不但沒給駿馬良好的應賽準備，反而讓牠傷了精神，在真正的比賽中完全發揮不出實力。賭徒在賽場外大聲加油也不管用，後來加油聲漸漸變成咒罵聲，賭徒知道自己這一輩子完了。

回到家中，他像發瘋了似的用鞭子抽打駿馬，直到自己的手臂完全沒有力氣……

這樣學邏輯其實很有趣

賭徒謬誤，也稱為蒙地卡羅謬誤，其實是一種錯誤的信念，認為隨機序列中一個事件的發生機率與之前發生的事件有關，即一系列事件的結果都在某種程度上隱含著自相關聯的關係。它是不合邏輯的推理方式，但在生活中卻非常常見。

賭徒謬誤的產生是因為人們錯誤地詮釋了「大數法則」的平均律，所以賭徒謬誤有時也被人戲稱為「小數法則」。通常在統計學當中，大數法則是非常重要的一條定律，隨機變數的樣本越大，對樣本期望

值的偏離就越小。而賭徒謬誤所代表的小數法則，則會忽略樣本大小的影響，認為小樣本和大樣本具有同樣的期望值，所以常會出現錯誤的結論。

賭徒謬誤在生活中的應用也非常廣泛，例如，在擲硬幣的實驗中，連續出現正面或反面時，人們基本上會預測下次結果是相反的。如果是在股票市場中，投資者就會在股價連續上漲或下跌一段時間後預期它會反轉。所以投資者往往傾向於在股價連續上漲超過某一臨界點時賣出，而在連續下跌到達某一臨界點是買入。但這是一種認知偏差，股災也是在這樣的認知偏差中出現的。

小知識

利奧波德・克羅內克（西元一八二三年～西元一八九一年）：德國數學家、邏輯學家。他認為算術與數學分析都必須以整數為基礎，曾說：「上帝創造了整數，其餘都是人做的工作」。這與他的老師數學家格奧爾格・康托爾的觀點相互對立。

西門豹治鄴
相關謬誤

相關謬誤，又稱關聯謬誤，是一組謬誤的合稱。

戰國時期，魏王派西門豹到鄴（今河北臨漳縣）這個地方做縣令。

初到鄴縣，西門豹發現這個地方人煙稀少，他拉住一位路過的老伯問：「我幾年前來過這裡，記得人還是很多的，現在怎麼蕭條成這個樣子呢？」

老伯說：「都是河伯娶媳婦鬧的！」

西門豹不解：「河伯是誰？他娶個媳婦就能導致一個縣城都蕭條了？」

老伯說：「您是外地新來的吧！河伯是漳河的河神，祂每年都要娶本地一位年輕貌美的姑娘，如果不給祂送過去，就會發大水淹了縣城。」

西門豹問：「這話是誰說的？」

老伯答：「巫婆說的，縣城裡管事的每年都要給河伯辦喜事，一辦就要老百姓捐錢，我們捐一百萬錢，他們就用二、三十萬錢來辦喜事，剩下的都被他們瓜分了。」

「河伯是怎麼娶新媳婦的？」

老伯說：「這些新媳婦都是巫婆挑的，她聽說誰家有年輕好看的姑娘，就去人家家裡接人，有錢人花點錢就打發了，沒錢人只能讓巫婆拉走姑娘。到河伯娶媳婦的那天，他們把打扮好了的姑娘放在葦席上漂流，沒多久，姑娘就沉到河裡了。就這樣，有女兒的人家都跑到外地去了，這裡的人就越來越少，地方也越來越窮。」

西門豹忍住心裡的怒火，問：「河伯娶親之後，還發大水嗎？」

「怎麼不發啊？」老伯捋著鬍子說，「但巫婆說，如果不給河伯娶媳婦，會發得更厲害。」

西門豹冷笑：「等下次河伯娶親的時候，你也叫我來參加，我是你們的新縣令。」

到了河伯娶媳婦的日子，西門豹帶著士兵們來到漳河邊上，巫婆和地方管事急忙上前迎接。

西門豹問：「河伯的新娘子在哪裡呢？」

巫婆說：「正在那邊等著吉時呢！」

西門豹說：「把她給我帶過來，我看看漂不漂亮。」

新娘子被帶了過來，滿臉淚痕。

西門豹說：「這個新娘子不好看，麻煩巫婆去跟河伯說一聲，過幾天給祂換個漂亮的再送去。」

說完，西門豹就派士兵將巫婆丟進漳河之中。

過了一會兒，還不見巫婆回來，西門豹說：「巫婆怎麼還不回來？讓她徒弟去催一催。」

士兵先後把巫婆的兩個徒弟也扔進河裡。

見巫婆的兩個徒弟也沒能回來，西門豹又說：「看來女人就是辦不了事，讓管事的去催催吧！」

管事的一聽這話，嚇得面色如土，急忙跪地求饒，頭都磕破了，慌忙將自己和巫婆編造謊話騙取老百姓錢財的事情交代得一清二楚。

從此，再也沒有人敢給河伯娶媳婦了。

💡這樣學邏輯其實很有趣

相關謬誤，又稱關聯謬誤，是一組謬誤的合稱，包括訴諸權威，即利用專家在權威領域的觀點來宣傳和說服的邏輯錯誤；訴諸公眾，即利用從眾效應來進行論證的邏輯錯誤；訴諸傳統，即利用傳統道德觀念來進行論證的邏輯錯誤；訴諸憐憫，即利用受眾的憐憫之心來進行論證的邏輯錯誤；訴諸他惡，又稱人身攻擊，即透過對他人人格的扭曲來進行論證的邏輯錯誤。

故事中的巫婆和管事就是利用其本身的權威地位來行騙的。

相關謬誤產生的原因主要是思維主體的主觀問題，由於人性的弱點使得謬誤得以出現。

從人性和心理學的方面進行分析，主要有兩類謬誤：

第一類是由於從眾行為的心理而導致的謬誤，人類崇拜權威的心理狀態是根深蒂固的，也有其深遠的社會根源，哪怕周圍都是默不作聲的人，你也會迫使自己以不同於獨處的方式說話行事。

第二類是由於心理定勢而導致的謬誤，尤其是心理定勢的副作用，就是通俗來說人們大腦中的「惰性思維」。這種惰性思維使得人們在遇事時會不多加考慮，而是本能地隨著這種思維固執地行事，從而導致謬誤。

相關謬誤雖然是邏輯錯誤，但正因為有其的廣泛存在，才會迫使我們不斷地挑戰自己的思維定勢和逆向思維能力，不斷地轉換思考的角度，不斷地探索新的知識，從而實現自我的長足發展。

小知識

路易士・卡羅爾（西元一八三二年～西元一八九八年）：英國數學家，真名叫查理斯・勒特威奇・道奇森，長期在牛津大學任基督堂學院數學講師。他興趣廣泛，對小說、詩歌、邏輯都頗有造詣，同時還是一個優秀的兒童攝影師。他以筆名卡羅爾所寫的童話《愛麗絲漫遊奇境記》、《鏡中世界》為世界兒童文學名著。

可怕的老婆

不相干謬誤

不相干謬誤是指，提出的理由和主張完全沒有關係的謬誤。它的種類有很多，其中最著名的就是訴諸傳統，即以傳統的方式做為「提出理由」來反對「主張」。

汪精衛雖然是一個大漢奸，但是對於老婆卻是縱容有加，並不是他的老婆有多麼惹人憐愛，實在是這個女人太兇悍了。

當初，汪精衛決定北上行刺攝政王時，陳璧君堅持要和他一起前往。有人半開玩笑地對她說：「妳有英國的護照，當然不怕，如果行動失敗，妳只要拿出妳的英國護照，英國大使館自然會派人來救妳。」陳璧君聽後大怒，當場就把英國護照拿出來撕了個粉碎。

後來，汪精衛刺殺行動失敗被捕，陳璧君積極參與營救，救出來之後，她又拿出了「俠女」的氣勢狂追汪精衛。

那年，汪精衛、陳璧君、方君瑛一起到法國留學，汪精衛和方君瑛趁陳璧君不在，態度頗有些曖昧。陳璧君回來後，看到兩人的親密舉動，醋勁大發，惡毒地罵了方君瑛一整天，罵到最後，方君瑛恨不得自己去找條繩子吊死。這個故事很快傳開，所有想接近汪精衛的女人都打了退堂鼓，陳璧君順理成章地成了汪精衛的妻子。

汪精衛準備娶陳璧君時，所有的朋友都勸他說：「傳統的女人都不會像她這樣的，你還是再想想吧！娶了她一定會遭殃！」

汪精衛卻用邏輯學的一個名詞打敗了他們：「你們這叫不相干謬誤。她雖然不像傳統女性那般溫順聽話，但她也有個性，會在事業上幫助我。」

朋友們到底是不是在用不相干邏輯勸解，這個問題在若干年後，歷史給出了答案。

陳璧君和汪精衛結婚後，有人曾說：「汪先生沒有璧君不能成事，但沒有璧君也不至於敗事。」如果汪精衛沒有娶陳璧君，可能依他的性格根本不會去做漢奸，但命運就是這樣安排的。

在日本戰敗，國民政府對陳璧君審訊時，她強詞奪理地說：「日寇侵略，國土淪喪，人民遭殃，這是蔣介石的責任，還是汪先生的責任？說汪先生賣國？重慶統治下的地區，由不得汪先生去賣……汪先生創導和平運動，赤手收回淪陷區，如今完璧歸還國家，不但無罪而且有功。」

最後，法院判處陳璧君無期徒刑，誰知她卻向法官申請說：「本人有受死的勇氣，而無坐牢的耐性，希望法庭改判死刑！」法院沒有支持她的申辯，最終她還是病死在監獄的醫院中。

💡 這樣學邏輯其實很有趣

不相干謬誤是指在推論中，以無關的理由或者前提做為依據來支援結論的邏輯錯誤。

常見的不相干謬誤包括：訴諸權威謬誤，即利用專家在權威領域

的觀點來宣傳和說服的邏輯錯誤；訴諸公眾謬誤，即利用從眾效應來進行論證的邏輯錯誤；訴諸傳統謬誤，即利用傳統道德觀念來進行論證的邏輯錯誤；訴諸憐憫謬誤，即利用受眾的憐憫之心來進行論證的邏輯錯誤；訴諸未知謬誤，即用對方不瞭解的事物做為論據來支援自己論證的邏輯謬誤；訴諸他惡謬誤，又稱人身攻擊，即透過對他人人格的扭曲來進行論證的邏輯錯誤；訴諸恐懼謬誤，即用力量的差異來迫使對方恐懼害怕從而選擇支援自己論證的邏輯錯誤；訴諸論證謬誤，即用還沒被證明的論點當作論據或理由，來支持自己的主張和論調的邏輯錯誤；因人而言謬誤，即用個體的優點，比如對某人的尊敬和愛戴等做為支持論證的論據和理由進行論證而產生的邏輯謬誤；含混不明謬誤，即模稜兩可的論證或者語義不明確的論證所產生的邏輯謬誤。

　　不相干邏輯謬誤有很多，下文就從中挑選幾個生活中常見的來進行詳細論，比如人身攻擊謬誤、稻草人謬誤等。

小知識

馬丁‧海德格爾（西元一八八九年～西元一九七六年）：德國哲學家，在現象學、存在主義、解構主義、詮釋學、後現代主義、政治理論、心理學及神學有舉足輕重的影響。西元一九二七年發表的《存在與時間》是他最具影響力的著作。

地獄中的最強者
人身攻擊謬誤

人身攻擊謬誤是一種謬誤性的反駁，它的反駁和抨擊指向並不是結論，而是那個判定結論或者為結論辯護的人。

地獄王國中的王子出世，為慶祝這一盛事，地獄王國準備舉行一個盛大的遊行儀式。但遊行隊伍中，誰走在最前面，卻讓地獄王國中的魔王發了愁。

毒蛇和誹謗者都爭先恐後地說自己才是地獄王國中的最強者，誰都不肯將遊行隊伍中的頭名位置讓給對方。

既然是地獄王國，考驗誰是最強者的，一定是對人類造成更大傷害的人。魔王開口制止了兩人的爭吵：「你們都說自己是地獄王國最強者，那就拿出你們的真本事看看吧！」

誹謗者首先伸出他的毒舌向眾人展示，他的舌頭鋒利無比，人類的任何言語只要透過他的毒舌說出來，都會變成流言蜚語，造成極大的傷害；毒蛇也不甘示弱，牠把毒牙露出來，地獄王國裡的人都退避三舍，生怕被牠的毒牙所誤傷。

從圍觀者的表情來看，誹謗者就要失敗了。魔王不忍心自己的愛將傷心，就站出來說：「毒蛇，把你的牙齒收起來，我們並不是比較誰能最快讓人喪命。」

　　毒蛇見魔王有意維護誹謗者，不滿地說：「明明是我比較強一些，為什麼您要偏袒誹謗者？」

　　魔王說：「我完全承認你的能力，但是，我覺得誹謗者的能力在你之上。」

　　「為什麼啊？」毒蛇憤怒地齜著毒牙。

　　「收起你的憤怒！」魔王怒道，「你不怕我把你的牙齒打落嗎？」

　　毒蛇不服氣地說：「您不給我一個合理的解釋，我就算被打落了牙齒，也要上天入地討個公道。」

　　魔王厭煩地說：「你不就是要我給你一個結果嗎？我現在就能給你！」

　　魔王走下王位，指著毒蛇的牙齒說：「你的牙齒很厲害，不管是誰，只要被你咬上，就會一命嗚呼，這點我承認。可是，你倒說說看，有誰離你遠遠的而被你中傷過，就像被誹謗者惡毒的舌頭所中傷一樣？人們儘管越過山、跨過海，再遠也逃不掉誹謗者的中傷。和你比起來，誹謗者能夠做更大的惡。你給我乖乖地排到他後面去，以後要學會謙卑一點。」

　　從這一天以後，毒蛇在地獄裡就對誹謗者退讓了。

這樣學邏輯其實很有趣

　　在人身攻擊謬誤當中，最常見的有兩類：

　　第一類就是誹謗，是指在激烈的辯論當中，故意貶低對方的人

格，否認對方的智商或者推理能力，甚至質疑對方是否正直，藉由這些方式來反駁對方所提出的結論。誹謗的前提其實本身跟結論並不相關，常常利用人們心理的劣勢來鼓動對一個人的反對態度以及情感的排斥，從而達到讓人不相信對方所提出的所有論點。在法律程序當中，有時會禁止「存疑證人」的作證就是常見的程序，無論是誹謗還是真實的，當不能判別證人的證詞真實與否時，這都是最保險的方式。

第二類是背景謬誤，是在原本不相關聯的信念與這個信念的使用人的背景加以關聯時，人們拒絕某個主張或者論點的背景同時也不承認這個論點的真實性。這個謬誤常常在對方的職業、國籍、政治背景、宗教背景下使用，其實這樣的論證壓根兒跟討論的論題真假完全無關，只是藉題發揮地試圖轉移人們的注意力，本身就是不公平的。

小知識

龍樹：大約生活在二世紀，印度古代佛教哲學家、邏輯學家，印度大乘佛教中觀派（空宗）的奠基人。他在原始佛教緣起說的基礎上，發展了大乘緣起性空說，創立了空宗哲學系統，即後來所謂中觀派哲學。其核心部分是「緣起性空」、「二諦中道」和「八不」辨證模式。著有《中論》、《大智度論》、《十住毗婆沙論》等。

班和賽琳娜的辯論
稻草人謬誤

稻草人謬誤，是指藉以曲解對方的論點，然後再針對曲解後的論點攻擊對方，以達到反駁對方論點不合理的目的。

在一個幽靜的咖啡廳裡，幾個好朋友展開了激烈的討論。

賽琳娜攪動自己的咖啡勺，對班說：「你為什麼會信上帝呢？上帝不過是人類在無知的時候所信賴的一個虛幻的人物。比如說，為什麼會有洪水，是因為上帝在懲罰我們；人類為什麼會死於疾病，是因為上帝規定了每一個人的命運；我們為什麼有眼睛、鼻子，是因為上帝按照自己的模樣設計了我們的樣子。但是，這些問題的答案太簡單了。」

班不承認她的說法：「這有什麼簡單的，這都是上帝寫好的劇本。」

賽琳娜笑笑：「好，先不探討這些，我們來說說上帝的無限性。既然上帝是無限的，在上帝之外怎麼會有宇宙呢？按照《聖經》裡講過的故事，上帝用一天就創造了無數的星系和天體，然後用五天的時間來創造一個小小的地球。這個時間是不是不成比例啊？」

班沉默了一下，很快辯解說：「那是因為在地球上，上帝要製造很多細小的適合人類生活的東西。」

「好的。」賽琳娜打斷他的話，「既然你說到人類，我們就來看

看《聖經》裡那些故事的漏洞。上帝創造了亞當、夏娃，然後這兩個人生下了該隱和亞伯，該隱又殺死了亞伯。所以，上帝流放了該隱，並在他身上做了記號，不讓城鎮裡的人傷害他。問題就出現在這裡，世界上應該只剩下三個人，那些生活在城鎮裡的人是從哪裡來的呢？」

班回應說：「賽琳娜，我知道很多人都像妳這樣，把《聖經》當作生物學或地質學著作來閱讀，但我不同意這種做法。亞當、夏娃的故事是讓世人知道，我們都是一家人。妳把《聖經》當作科學推理的故事，這對上帝是不公平的。」

這時一直沒說話的薩拉開口了：「班，你真是給了一個很好的反擊！賽琳娜，雖然我不想這麼說，我知道會激怒妳，但是，妳用一個稻草人論證來反對班的觀點，這也是不公平的。」

「什麼是稻草人論證？」賽琳娜問，班也表示不解。

「稻草人論證是一種謬論，它是指當有人替換或歪曲了對立的觀點，以便更容易攻擊這一觀點時，謬誤就出現了。妳就是故意歪曲了《聖經》成文的本質，導致了班無法正面回答妳的問題。」

「對！」班興奮地說，「她就是用了虛擬的稻草人來應對我的！」

一桌人都哈哈大笑了，關於上帝的辯論也就到此結束了。

💡 這樣學邏輯其實很有趣

稻草人謬誤，是指藉由曲解對方的論點，然後再針對曲解後的論點攻擊對方，以達到反駁對方論點不合理的目的。稻草人就是指代這

裡的「曲解後的論點」，因為通常在格鬥訓練中，都會用稻草人做為假想敵來練習，但無論攻擊多猛烈，被擊倒的都只是替身稻草人，真正需要反駁攻擊的對象卻沒有受到任何影響，所以稻草人謬誤是一種非形式謬誤，是偷換概念的一種形式。

稻草人謬誤在社會當中的存在非常普遍，幾乎所有的社會性辯論，尤其是政治相關的辯論都有稻草人謬誤的出現。故事中班和賽琳娜關於上帝和《聖經》的討論，賽琳娜就使用了稻草人謬誤來藉以反駁班，但是最終被識破了。

美國著名的邏輯學教授鄧尼斯‧麥克倫尼在《簡單的邏輯學》一書中，提出「稻草人謬誤」的概念：「稻草人」意味著容易對付的事物；在與他人辯論的過程中，如果你為了削弱對方的論點而故意扭曲其論證過程，那就犯了「稻草人謬誤」；「稻草人謬誤」並非無心之過，因為它是在有意地歪曲別人的論點。

小知識

希帕蒂亞：（約西元三七〇年～約西元四一五年），古羅馬女數學家、天文學家和哲學家，新柏拉圖學派中亞歷山大里亞學派的創始人。她是當地著名哲學家、數學家塞昂之女，曾幫助其父注釋歐幾里德的《幾何原本》和托勒密《大綜合論》。

第六節　謬誤

大難不死的龍子
因果謬誤

因果謬誤，是泛指各種對因果關係推論不當的謬誤，是非形式謬誤的一種。

孫思邈是唐朝的京兆華原人，自幼聰慧，七歲時就開始學習詩詞歌賦，不到一年時間就能日誦千餘字，被家人驚為神童。

後來，孫思邈開始學習醫藥方面的知識，隨著醫術的逐步精進，便開始懸壺濟世。

有一次，孫思邈外出遇到了一個小村童，看到他正在毆打一隻蛇，就上前去對村童說：「孩子，你放牠一條生路吧！」

「可是，牠是我的新玩具。」村童不同意。

孫思邈靈機一動：「這樣吧！我給你一兩銀子，你把這小蛇賣給我，你再去買新的玩具好嗎？」

村童很高興地答應了。

孫思邈帶著奄奄一息的小蛇回家，用藥敷好傷口，細心照顧了好多天，等到完全好了，才把牠放回到草澤中。

過了十幾天，一個身穿白衣的英俊少年騎馬來到孫思邈的住處。他跳下馬背拜謝孫思邈說：「謝謝您救了我的弟弟。」並懇請請孫思邈到家中做客。

孫思邈很驚訝，不知道他說的是什麼意思。少年將馬讓給孫思邈

邏輯學的分類和方法

騎，自己牽著馬幾乎像足不沾地一樣地飛，轉眼就到了一處城郭。這裡花木盛開，房舍金碧輝煌，一副王家氣派。少年邀請孫思邈進門，一個身著紅衣、頭戴小帽的老者，笑容滿面地迎了上來。

他向孫思邈再三道謝說：「承蒙您的大恩，特意派兒子去請您。」他回過頭指著一個身穿青衣的小男孩說：「前幾天他獨自出門，被牧童所傷，幸虧您搭救才有今日。」說完，讓青衣男孩拜謝孫思邈。孫思邈這才想起前些日子救小蛇的事情。他偷偷地問旁邊的人這裡是哪裡，那人告訴他：「這是涇陽水府。」

原來，他救的不是什麼「小蛇」，而是龍王的兒子。

三天後，孫思邈跟龍王告別，臨行之前，龍王命青衣少年拿出珍奇珠寶來贈送，表達感激之情。

孫思邈堅持不要，說自己一心想要濟世救人。

龍王思索了一下：「我龍宮有很多醫病的祕方，如果真人不介意，我可以將這些祕方傳授給真人。」

孫思邈接受了這個饋贈，回到家中反覆試驗，發現這些祕方都是有靈效的，他將這些祕方編入書中，寫成了《千金方》。

此後，他的醫術更加精進，救人無數。

這樣學邏輯其實很有趣

從因果關係的發生層級來區分，可以分為兩個類型，一個是事件層級，即事件甲和事件乙同時發生，或者事件甲在事件乙之前發生，

都不一定能推導出事件甲就是事件乙的造成原因；第二個是類別層級，即當事件甲和事件乙具有很高的相關性的時候，也不一定能推導出事件甲就是事件乙的造成原因。

孫思邈遇見龍子得到饋贈，並不能成為他醫術高明的主要原因，如果用傳說來解釋事實就是一種因果謬誤。

因果謬誤從成因辨析上來區分，可以分為五種：第一種是巧合謬誤，就是用個別的例證來確認因果關係；第二種是複合結果，是當兩個事件都是同個原因的結果的時候，把其中一個事件當作另一個事件的原因；第三種是無足輕重，是在論證中把無足輕重的次要原因拿來主要論證，而忽略了真正的主因；第四種是倒果為因，是徹底顛倒事件之間的因果關係；第五種是複合原因，是在論證過程中，其實有多個原因，但只拿出一個原因做為論證的依據。

因果謬誤是論證中常會發生的一種謬誤形式，容易造成對結論的不當分析論證，或者誤導整個論證過程，要在論證中注意盡量避免，才能真正達到事實論證的效果。

小知識

伊本・路西德（西元一一二六年～西元一一九八年）：阿拉伯中世紀哲學家、自然科學家、醫學家和法學家。拉丁名阿威羅伊，在歐洲中世紀以「亞里斯多德注釋者」聞名。他的主要哲學著作除了對亞里斯多德一些著作的注釋、提要和注疏外，還有《矛盾的矛盾》。該書是他對神祕主義的蘇非派哲學家安薩里的《哲學家的矛盾》一書做的批駁。

離婚前的爭吵
歸因謬誤

歸因謬誤，是由於歸因的不同所產生的邏輯性錯誤。按照原因的屬向可以分為兩類，性格歸因和情境歸因。

戶政事務所的大廳裡，兩個年輕人吵得不可開交，最後連所長都被驚動了。

他將這二人引到自己的辦公室中，打算和他們談談。

「兩位因為什麼吵架？」所長問。

「我們要離婚！」小倆口同時叫出口。

「哦！」所長自以為幽默地說，「來這裡的人不是來結婚的就是來離婚的。」

看小倆口還是劍拔弩張，所長摸了摸鼻子，繼續說：「你們是因為離婚而吵架嗎？」

「誰有心思吵！」小倆口又是同時叫出聲來。

還沒等所長開口，男人先說話了：「不是為了離婚吵架，剛才是誰非要跟我爭個你死我活的。」

「你以為我想跟你吵啊！」女人不甘示弱：「要不是你總說我爸媽的不是，我會跟你吵嗎？都吵到離婚了，還要跟我在這裡吵，你不嫌丟人我還嫌丟人呢！」

「我能不跟妳吵嗎？」男人大喊大叫，「如果沒有妳，我會找到更好的人。那個我錯過的女人，她爸媽能讓我少奮鬥幾十年。可是妳！」男人指著自己的妻子說，「妳對我死纏爛打，讓我娶了妳，誰知道結了婚就變成母老虎了。」

「我變成母老虎？」女人指著自己的鼻子，表情顯得比男人還氣憤，「我就是想要一間房子，你爸媽要是有錢給我們買間房子，我們能為了房子天天吵架嗎？」

男人哼了一聲，聲音稍微低了一些：「我們怎麼會沒房子呢？我又不是繳不起房租，妳不是說過，我們只要有愛，租房也是幸福的嗎？」

女人語塞，半天沒說出話來。

所長聽這兩人吵了這麼久，站起身來對他們說：「要不這樣，你們先回家吵，等到吵夠了，真的想離婚了，再來找我們吧！」

吵鬧許久的小倆口對視了一下，離開了戶政事務所。

💡這樣學邏輯其實很有趣

美國社會心理學家海德提出：「人們根據主觀的感受把別人或自己所表現出來的行為，以行為發生的原因所提出的解釋，稱為歸因」。而由於歸因的不同所產生的邏輯性錯誤則稱為歸因謬誤。按照原因的屬向可以分為兩類，一類是和個人自身有關的因素，稱為「性格歸因」，也可稱為「內在歸因」；第二類是屬於個人以外的因素，稱為「情

境歸因」，也可稱為「外在歸因」。

故事中，兩個年輕人將婚姻出現問題的原因歸結在父母身上，就是歸因謬誤的一種表現。

基於歸因的產生和應用，美國另一位心理學家若斯於西元一九七七年提出了「基本歸因謬誤」的概念，即「一般人在解釋他人行為的時候，傾向採用性格歸因，而忽略情境因素。」

這個歸因謬誤的提出在當時引起了廣泛的討論，因為有很多心理學家認為，很多人在解釋自身的一些行為時，其實傾向於用外部情境來歸因而不是自身的內在性格歸因，因為對發生行為的個體來說，自己身臨其境，可以清楚地意識到周圍的外部情境對自身的影響，從而可以將外部情境列入歸因的考慮範圍，而對旁觀者來說，並不能理解個體的完整情況，所以更容易歸因為發生行為個體本身的內在性格造成。

小知識

艾伯漢姆‧羅伯遜（西元一九一八年～西元一九七四年）：其研究領域是數理邏輯（模型論）。西元一九六一年，創立非標準分析。他的最大學術成就與歷史功績是正式引入超實數，使無限小成為數學嚴謹推理的邏輯「元素」，把微積分的「鬼魂」徹底驅除。

失業的後果

滑坡謬誤

滑坡謬誤是指不合理地使用一連串的因果關係,將「可能性」轉化為「必然性」,以達到某種結論的邏輯謬誤。

西元一六二八年,湖北公安人毛羽健考中進士,由知縣升為御史,調入京城。老婆不在身邊,他就養了個小妾。誰會想到東窗事發,有一天老婆突然從老家到京城來捉姦,將小妾打了個半死,毛羽健也被罰跪一天一夜。

毛羽健開始不明白,遠在千里之外的老婆為什麼來得這麼快?想著想著,忽然眼前一亮,原來這個母老虎是透過大大小小的驛站一路快速趕來的。他恨透了這些驛站,便上奏崇禎皇帝,要求廢除驛遞制度,撤銷各地驛站。

驛遞原本只為了遞送使客,飛報軍情,轉運軍需物資,可是歷經百年,卻變成了大小官員享受外出旅遊的一種免費服務。崇禎起初擔心此舉有違背祖制,沒有批准。毛羽健有個親戚劉懋在刑部當官,認為毛羽健說得有道理,便再次向崇禎皇帝上奏裁減驛站,還建議將裁掉的驛卒的工資用在對付滿洲人身上。

正在為財政傷腦筋的崇禎皇帝,聽了之後覺得有道理,就裁減了大量驛站,這樣一來,一年多共省下六十八萬兩左右的白銀。

由於裁減驛站，身為驛卒的李自成失業了。

李自成是陝西米脂人，從小就給人放羊，當長工。二十歲那年，他到驛站當馬夫，卻不幸在這次裁減中失了業。他生活無著，向當地的富戶艾舉人借了高利貸。由於到期還不起債，李自成被艾舉人告到了官府，被罰戴上木枷，在烈日下遊街示眾。後來，李自成逃出牢房，殺死艾舉人，投奔了農民起義軍。

李自成有很強的領導能力，一次次鹹魚翻身，最後擁兵百萬，佔領了北京，宣告了大明王朝的滅亡。

這樣學邏輯其實很有趣

透過以上故事，也許有人會說，明朝滅亡是因為悍婦捉姦引發李自成失業導致的。這種觀點武斷地將某個可能性引申成為必然性，然後串聯這些不合理的因果關係，推斷成一件毫無關聯的結果，是典型的滑坡謬誤。

滑坡謬誤是一種邏輯謬論，即不合理地使用串聯的因果關係，將「可能性」轉化為「必然性」，以達到某種意欲之結論。

舉例：「如果你偷懶，就會令公司蒙受損失；公司賺不到錢，就會解雇員工；遭解雇的人因為失去收入，就會打劫；如果打劫時遇到對方反抗，就會殺人。所以如果你偷懶，你就是殺人犯。」

滑坡謬誤的邏輯表達形式為「如果發生A，接著必然會發生B，接著必然會發生C，接著必然會發生D……接著必然會發生Z」，而

後通常可以推論出「Ｚ不應該發生，因此我們不應允許發生Ａ」。Ａ
至Ｂ、Ｂ至Ｃ、Ｃ至Ｄ⋯⋯這一系列因果關係好似一個個「斜坡」，
從Ａ推論至Ｚ的過程就像一個滑坡，或者可以理解為當我們就站在斜
坡的邊緣，多邁出一步就會滑下斜坡，而一旦開始就肯定止都止不住。

　　滑坡謬誤反映了一種對於事物之間的因果關係的錯誤理解，有點
像多米諾骨牌，但由於每個「斜坡」的因果關係是不同類型的，即使
Ａ發生，也無法一路滑到Ｚ，Ｚ其實並不一定會發生。

小知識

尼古拉·馬勒伯朗士：（西元一六三八年～西元一七一五年），法國哲學家、神學家
和哲學家，十七世紀笛卡兒學派的代表人物。著有《真理的探索》、《論自然和恩
賜》、《論道德》、《關於宗教和形而上學的探討》，以及《論對上帝的愛》。他
對於光和色的性質、微積分學和幻想心理也有研究。

意外的面試
合成謬誤

合成謬誤是指對局部來說是對的東西，僅僅由於它對局部而言是對的，便說它對總體而言也必然是對的而形成的一種謬誤。

大學剛畢業的陳時雨在招聘大會上四處投自己的履歷，招聘的企業雖多，適合她專業的卻沒幾個。

陳時雨心想：「都怪自己當初選擇了邏輯學做為自己的專業，畢業後才知道工作有多麼難找。」

找了一圈的工作之後，陳時雨到招聘會場外透透氣，剛坐到臺階上沒多久，一個白髮蒼蒼的老者也從會場中出來了，看她旁邊有空地，就坐了下來。

陳時雨朝對方笑笑：「您也是來會場看工作的？」

老者慈祥地笑笑，點點頭：「是。」

年紀這麼大了還要來找工作，真是不容易啊！陳時雨心中暗想，倒也沒再問什麼。

過了片刻，老者開口問陳雨：「妳是來應聘什麼工作的？」

陳時雨說：「還不知道呢！讀了這麼多年的書都白讀了。」

老者哈哈大笑：「還沒進入社會就後悔讀書了？」

「可不是。」陳時雨感慨地說，「可惜我們的父輩不懂得邏輯學，

不然就不會出現這樣的情況了。」

「邏輯學跟找工作有關係？」

「當然！生活中所有的東西都跟邏輯學有關係。就拿我們上學來說吧！大人們在我們小的時候就說，一定要好好讀書，知識改變命運。如果一個人這麼做，其他人都沒有這麼做，那這個結論是對的。但問題是，每個家長都跟自己的孩子這麼說，所以，我們每個人都是大學生，然後我們每個人都找不到工作，因為大家的水準都變成一樣的了。」

老者若有所思，隨後問陳時雨：「在所有的學科中，都會有自己的專有名詞，妳的這個理論在妳的邏輯學中叫做什麼？」

提到自己的邏輯學，陳時雨瞬間有了自信：「這您可難不倒我，這個叫做合成謬誤，是說把局部對的東西轉化為全體，並且認為它在全體中也是正確的。同樣的例子還有啊！比如某人踮起腳尖來看遊行慶祝，可以讓他看得更清楚一些。但是，如果所有人都這樣做，並不能讓大家如願。」

「妳對邏輯學很瞭解啊！」老者讚嘆道。

陳時雨嘿嘿一笑，問老者：「老伯，您是做什麼的？」

老者站起身來，「我是 S 大學邏輯學系的教授，今天是來招聘助理。我看妳不錯，把妳的履歷拿給我，下週就來上班吧！」

合成謬誤是指對局部來說是對的東西，僅僅由於它對局部而言是對的，便說它對總體而言也必然是對的而形成的一種謬誤，是由著名經濟學家保羅·安東尼·薩繆爾森提出的。他在經濟學領域解釋為「微觀上而言是對的東西，在宏觀上並不總是對的；反之，在宏觀上是對的東西，在微觀上可能是十分錯誤的」，尤其在企業併購過程當中會非常容易見到這種謬誤的發生。

合成謬誤的形成原因在於，「對個體來說是正確的」結論的取得是有前提條件的，而這一前提條件在總體情況下卻不一定也存在。由於前提條件的不同，所以我們在分析「總體」事物或現象時要小心謹慎，不能簡單地將個體分析中所得到的結論照搬過來。

這有點像英國經濟學家亞當·斯密在其著名的《國富論》中提出的「看不見的手」的概念——「當個體自私地追求個人利益時，他好像為一隻看不見的手所引導而去實現公眾的最佳福利。」

而避免合成謬誤的最重要法則就是找到適合自己的最獨特的戰略定位，以發展變動的眼光看待問題同時靈活地處理問題，切不可以偏概全。

保羅‧安東尼‧薩繆爾森（西元一九一五年～西元二
〇〇九年）：美國著名經濟學家，專長於數理經濟學、
國際貿易等，為新古典綜合學派的創始者之一。著有《經
濟學》、《經濟分析基礎》。

邏輯學的分類和方法

第三章
邏輯學的歷史淵源及著名人物

贖屍詭論
中國古代名辨邏輯

中國古代名辨邏輯，是名學和辨學的合稱，主要指的是先秦諸家關於名和辨的邏輯思想和理論。

　　鄧析是春秋末期「名辨之學」的倡始人，《呂氏春秋》中曾記載了他的一個關於贖屍的詭論——

　　有一年，鄭國發了大水，在這次水災中喪生的人很多，其中包括鄭國一個大戶人家的成員。

　　這世上總有那麼一些人能夠從災難中發點小財的，水災的突發也衍生出一種新的職業——打撈屍體。這些人將屍體從水中打撈出來，讓死者的親屬高價買回屍體。

　　鄭國的這個大戶人家找到打撈屍體的人想用錢贖回親人的屍體，沒想到打撈屍體的人看買家是富家公子，當場坐地起價，將屍體的價錢提高了兩倍。

　　大戶人家很氣憤，找到鄧析讓他幫忙去和打撈屍體的人講講價。

　　鄧析不慌不忙地說：「你別著急，他除了賣給你，還能賣給誰？我去幫你說說道理吧！」

　　打撈屍體的人很給鄧析面子，答應把價錢降了一部分，但這個價位也不是大戶人家心裡預期的，鄧析婉轉地對打撈屍體的人說：「你

這個是無本生意，能不能再降一點？」

打撈屍體的人搖頭說：「鄧析先生，我辛辛苦苦在冰冷的河水裡打撈屍體，索取的交易金額不過是那大戶人家的九牛之一毛，他們如果希望自己的親人死後不得入土，我也可以將屍體一直曝曬。」

鄧析沒有辦法，就如實回稟了大戶人家。

大戶人家很躊躇，不是捨不得那點錢，而是他們手中也沒有那麼多錢了，這次洪災將他們的大部分土地都淹了，之前年景好的時候，他們又是坐吃山空，一下子拿出這麼多錢，也是不太容易的。

鄧析安慰他們說：「那就再等等好了，反正他不賣你們，也無人可賣。」

過了幾日，大戶人家還是沒有去交易，輪到打撈屍體的人著急了，他找到鄧析：「他們不會是真的不想要親人的屍體了吧！」

鄧析道：「世上誰會做到自己的親人曝屍荒野而不聞不問？」

「那他們怎麼還不來呢？」

鄧析還是不慌不忙地：「你放心，他們除了向你購買，還能跟誰買呢？」

這樣學邏輯其實很有趣

同一個事實，鄧析卻推出了兩個相反的結論，每一個聽起來都合乎邏輯，但合在一起就荒謬了。鄧析是不是希望他們僵持一段時間後，雙方都可以找到一個可以接受的價格平衡點呢？那就不得而知了。

荀子畫像。

中國古代名辨邏輯，是名學和辨學的合稱，主要指的是先秦諸家關於名和辨的邏輯思想和理論。最早將「名」和「辨」結合在一起的是中國古代著名思想家、教育家荀子，他強調論證就是要針對論題，以辨明是非的推理過程。

先秦時代，「名」就是邏輯概念，「辨」就是邏輯的思維規律與法則。最早的名辨邏輯是基於政治產生的，當時的初衷並不是為了研究邏輯，而是發表自己的政治主張。例如，孔子最早提出的「正名」是為了統治者可以用其來穩固政治，體察民眾的一種手段；鄧析提出的「循名責實」則是為了讓統治者可以更好的依法立威；而荀子過分強調「正名」，更是將儒家思想的禮儀做為統治階級統一天下的工具；墨子的《墨經》則是首次將「正名」跳脫出政治主張的框架，開始真正朝著邏輯學方向建立理論體系，也促使了先秦名辨思想真正成為名辨邏輯。

由於中國古代的名辨邏輯融合了太多的政治元素，所以當西方邏輯傳入之後，名辨邏輯開始日漸衰落，但仍是中國邏輯史上不可不提的一次邏輯思想啟蒙運動。

小知識

鄧析（西元前五四五年～西元前五〇一年）：春秋末期思想家，「名辨之學」倡始人。他與子產同時，是名家學派的先驅人物，第一個提出反對「禮治」思想。

白馬是不是馬
公孫龍的邏輯思想

公孫龍的邏輯思想主要透過五篇論著來展現，分別是《名實論》、《通變論》、《指物論》、《白馬論》和《堅白論》。

公孫龍是諸子百家中的名家，一向以詭辯著稱，特別是他的「白馬非馬」理論讓很多大儒都啞口無言。

這天，公孫龍要出關，牽著他那匹「非馬」的白馬。

臨到城門口，公孫龍被官吏攔住了：「按照慣例，人可以出關，馬是不行的。」

公孫龍此時又把他那一套「白馬非馬」的理論擺出來說：「我這匹不是馬啊！」

官吏不認識公孫龍，自然也不熟悉「白馬非馬」的理論，於是按照公孫龍設下的套發問了：「你這明明是馬，怎麼說不是馬了？」

公孫龍對官吏詭辯說：「我這匹是白馬，不是馬。」

「白馬怎麼就不是馬了？」

「馬，是用來形容這種動物的形狀的；白，是用來形容這種動物的顏色的。我這匹只是白色與馬的結合體，而不是馬。」

官吏哈哈大笑：「你簡直是一派胡言！世人皆知，把白和馬放在一起就是你這匹馬的名字，即便你這個是白馬，但牠也還是匹馬，牠

的本質改變不了！就像你叫公孫龍，我叫王二，但是我們的本質屬性都是人。」

「不對，雖然你我都是人，但是我的白馬就不是馬。」

官吏無語：「那好，你來說說白馬跟馬之間有什麼區別？」

公孫龍反問道：「難道對你來說，白馬和馬沒有任何區別嗎？

「我還是那句話，牠們只是顏色上的區別，但牠們都是馬。」

「大錯特錯！」公孫龍跳腳說。

官吏已經不太想搭理公孫龍了：「你說這話是什麼意思呢？在下願聞其詳。」

公孫龍說：「我們都認同馬有很多種顏色，對吧？白、黑、褐、紅、黃、灰，各色皆有，這點認同是一致的，對吧！」

官吏說：「這是自然。」

公孫龍得意洋洋：「如果你的坐騎是一匹白馬，別人借去騎了一天，第二天還給你一匹黑馬，告訴你說都一樣，反正都是馬，你能同意嗎？」官吏一愣：「這個……應該是不能答應的。」

公孫龍得意至極：「沒錯，如果借你馬的人說，馬就等於是白馬，或者是馬就等於是黑馬，那麼白馬就可以等於黑馬。還你白馬還是黑馬又有什麼區別呢？你又如何作答呢？」

「這……」官吏也無從回答了。

「所以，我的白馬根本不是馬，你現在同意嗎？」

「好吧！」官吏無可奈何地說，「既然你這個東西不是馬，牠就

可以過關，但還是請你為牠交付過關費！」

這樣學邏輯其實很有趣

公孫龍的邏輯思想主要透過五篇論著來展現，分別是《名實論》、《通變論》、《指物論》、《白馬論》和《堅白論》。

《名實論》是五篇的邏輯基礎，重點是提出了五個邏輯名詞，「名」指的是對事物的稱謂；「物」指的是天地以及所產生的一切事物的名稱；「實」指的是客觀存在的，決定事物所有的特定的特徵、本質和屬性；「位」指的是實體用來充實名所指的物件而避免空缺的界限；「正」指的是實體剛好處於應該位於的界限。

《通變論》全篇是兩個部分，第一部分探討的是「二無一」的命題，第二部分則是透過一系列例證來展開證明。

《指物論》是公孫龍邏輯思想的認識論基礎，提出了一個重要的命題，即「物莫非指而指非指」，用「物」即萬物之物；「指」即物的屬性；「物指」即定於物的指這三個概念來詳細論述。

《白馬論》全文是四個部分，前文的故事主要就是這個經典的展現，這篇文章稱為公孫龍最具代表性的著作，「白馬非馬」也成了其思想的代名詞。

《堅白論》和《白馬論》一樣，都是「正名實」思想的具體運用，《白馬論》是用「白馬」和「馬」來闡述，這篇文章則是用「堅石」和「白石」來做為例證。

小知識

公孫龍（西元前三二〇年～西元前二五〇年）：中國戰國時期趙國人，曾經做過平原君的門客，名家的代表人物。主要著作為《公孫龍子》，這是著名的詭辯學代表著作，提出了邏輯學中的「個別」和「一般」之間的相互關係，但把它們之間的區別誇大，割斷二者的聯繫，是一種形而上學的思想體系。與公孫龍齊名的是名家惠施。

第三章

墨子止楚攻宋
《墨經》的邏輯思想

《墨經》是戰國時期墨子和他的弟子們通力合作完成的著作總集，是墨子思想最重要的證明，當中邏輯學的比例最大。

　　戰國時期，魯國有一個能工巧匠，名叫魯班（公輸班）。他為楚王造了一種攻城的器械，叫雲梯，士兵們依靠雲梯就可以輕鬆地爬上高高的城牆。

　　有了新的攻城器械，楚王決定用雲梯來攻打宋國。

　　這個消息很快就傳到了齊國，被正在這裡的另一個木匠世家的人聽到了，他就是墨子。墨子名翟，魯國人，也擅長木工，還發明過染布的工藝。不僅如此，他還是一個邏輯學教授，並且廣收門徒，組成了一個有著嚴密組織和嚴格紀律的團體，成員被稱為「墨者」。

　　「墨者」必須絕對服從他的領導和指揮，赴湯蹈火也在所不辭。不過，墨子的組織和黑社會的打打殺殺正好相反，他們講究「兼愛」、「非攻」。

　　墨子聽到楚國伐宋的消息後非常氣憤，他派學生趕到宋國，幫他們做好防禦準備，然後親自來到楚國，勸楚王停止攻宋。

　　再見楚王之前，墨子找到了魯班。

　　魯班久仰墨子的大名，見他滿頭大汗忙問：「先生光臨，有什麼

指教嗎？」

墨子回答：「在北方有人侮辱我，我想藉助您的力量把他殺掉。」

魯班聽了，頓時拉下臉來，說：「怎麼能隨便殺人呢？」

墨子說：「我願用一千兩金子做為酬謝。」

魯班說：「那也不能為了錢而去殺人！」

「既然這樣，您為什麼給楚王製造了雲梯，去攻打宋國呢？」

魯班一時答不上話來了。

過了一會兒，魯班說：「先生說得有道理，可是楚王已經做出了決定。」。

墨子又問：「能不能帶我去見見楚王？」魯班點頭應允。

見過楚王後，墨子給楚王講了一個故事：「我遇到這樣一個人，自己有華麗的車子不坐，偏要去偷鄰居的破舊車子；自己有絲綢的衣服不穿，偏要去偷鄰居的破衣爛襖；自己有山珍海味不吃，偏要去偷鄰居的粗茶淡飯。您說這人是什麼毛病呢？」

楚王笑著說：「我看這人大概是偷上癮了。」

墨子又說：「貴國領土方圓五千里，而宋國只有五百里，這就好比華麗的車子和破舊的車子；貴國森林密布，宋國樹木稀少，這又好比絲綢衣服和破衣爛襖；貴國的土地肥沃，物產豐富，而宋國一片荒野，這就好比山珍海味和粗茶淡飯。這樣說起來，大王派兵去攻打宋國，不是和那個人犯了同樣的毛病嗎？」

楚王聽了，連說：「先生講得對！」但又不甘心就這樣停止攻宋，

便說：「話雖這樣講，不過，我還是打算試一試雲梯是否管用。」言下之意還是要打宋國。

墨子說：「有了雲梯也不見得能取勝！」

楚王聽後，就讓魯班和墨子在沙盤上當場比試一下。結果，魯班的每一次進攻都被墨子擊退了。

看著這個比自己小二十多歲的年輕人，魯班意味深長地說：「我還有最後一個辦法，但是我不說。」

墨子微微一笑，說：「我也知道你怎樣對付我，可是我也不說。」

這下，楚王莫名其妙了，忙問怎麼回事。

墨子說：「他最後的辦法就是把我殺掉，認為我死了，就沒人為宋國守城了。可是他不知道，我的三百多弟子，早已拿著我設計的防禦器械，在宋國的城樓上等你們去送死呢！」

楚王聽了，只好放棄了攻打宋國的計畫。

💡 這樣學邏輯其實很有趣

前文提過，《墨經》是真正推動中國古代名辨思想從政治領域走向純粹邏輯學領域的一次變革，當中邏輯學的比例最大，其次是自然科學類，另外還包括倫理、心理、政法、經濟和建築等多方面的內容。

由於墨子本人精通木工，他的門徒中也大多都會直接參加勞作、接近自然，所以著作中涉及自然科學類的內容很多，涉及幾何學、物理學、力學甚至幾何光學等，充分反映出中國古代自然科學的發展盛

況。

　《墨經》的邏輯學部分，核心在於探討了「名、辭和說」。

　「名」是名稱、稱謂，是一種代表事物的符號，也有今天邏輯學當中「概念」的意思，在墨子的著作中，「名」既是概念又是語詞的意思。

　「辭」在古代是斷定、判斷的意思，《墨經》中，有《小取》和《大取》兩篇文章重點提到了這個概念，並概括出「辭」的兩個重要的特徵，一個是在談辯中用來表達含有斷定想法的語句；另一個是「辭」是由「故、理、類」這三物而提出的，是由結論成立的論題，或者說由前提退出的結論。

　「說」是指邏輯學中的推理，包括效、假、譬、援、推、侔、或七種類型。

　《墨經》邏輯不僅在中國邏輯史上是重要的一環，也同樣在世界邏輯史中佔有重要的位置。

小知識

惠施（西元前三九〇年～西元前三一七年）：戰國時期宋國人，著名的政治家、辯客和哲學家，是名家思想的開山鼻祖和主要代表人物。他的哲學思想只有透過其他人的轉述而為後人所知，其中最重要的是他的朋友莊子的在其著作中提到過他的思想。除了《莊子》外，《荀子》、《韓非子》、《呂氏春秋》等書中也有對他思想的記載。

古印度因明邏輯

「因明」是梵文的音譯，指古印度的邏輯學思想，與聲明（語言文字學）、工巧明（工藝曆算學）、內明（佛學）以及醫方明（醫學）並稱為「五明」。

在印度的傳說故事中，有一個關於女神和君主結合的故事。

故事起源於八個仙家兄弟，祂們在郊外遊玩時，其中一個兄弟的妻子看上了一隻正在散步的可愛小牛，便央求自己的丈夫把小牛偷回家。可是此舉卻給八兄弟帶來了災難。

落入凡間的銀河從喜馬拉雅山流入印度，就成了人間的恆河。

邏輯學的歷史淵源及著名人物

　　這隻小牛是極裕仙人的寵物，祂得知小牛被偷走後很憤怒，對八兄弟下了狠毒的詛咒，並將祂們貶下凡間，永遠都不能返回仙界。八兄弟知道自己錯了，懇切求情，極裕仙人也知道自己出口有些重，但是話一出口，祂也不好意思收回，只是降低了詛咒，說八兄弟可以去人間一年，但惹事的那個必須在人間一直待著，不能再回到仙界。

　　八兄弟想了很久，決定去向恆河女神求救。

　　善良的恆河女神答應了八兄弟的請求，和極裕仙人達成了一個協議，恆河女神到人間走一趟，生下八個孩子，每生一個就會扔到恆河裡面去。

　　恆河女神變成美貌的人間少女，很快和福身王結成了伴侶，她對王子說：「如果你要跟我在一起，必須答應我三個條件：第一個是不要問我從哪裡來；第二個是不要干涉我的行為；第三個是不要對我有所懷疑，只要你懷疑了我，我就會永遠離開你。」

　　沉浸於熱戀中的王子想都沒想，就答應了女神的請求。

　　兩人婚後非常恩愛，王子也確實做到了答應女神的那樣，不問出處，不干涉行為。當他們的第一個孩子出生後，在福身王還處於初為人父的喜悅中時，恆河女神手一揚就把孩子扔進了波濤洶湧的恆河裡。

　　福身王看到妻子的這個舉動，很生氣，剛想問妻子到底是為了什麼，就想起了婚前二人的承諾。他什麼都沒問，只是更加用愛和溫情呵護恆河女神。

　　在這之後的幾年，女神每年都會生下一個男嬰，福身王連孩子長

298

什麼樣子都沒看到，女神就把孩子給丟了。到了第八個孩子，福身王再也忍不住了，他憤怒地問妻子：「我們在一起生活了九年，生了八個孩子，妳已經殺死了七個孩子了。妳能不能告訴我，這一切都是為了什麼？我知道妳有很多祕密，我也不想去問，可是我覺得妳太狠毒了！」

恆河女神流淚不止，她對丈夫說：「既然你已經對我有了疑心，我們就此作別吧！」

福身王以為恆河女神只是發脾氣，女人只要哄哄不就好了，可是當他晚上回到房間，妻子已經不在了。

終其一生，福身王也沒有見過自己的妻子。

恆河女神也不是絕情的人，她最後還是給福身王留下了第八個孩子，這個孩子日後成為了福身王的繼承人，幫助他的父親治理國家。

這樣學邏輯其實很有趣

「因明」是梵文的音譯，「因」是指推理的依據和理由；「明」是指知識和學問。

古印度最早的因明學的著作是《正理經》，由正理派的創始人足目所編寫，書中建立了因明學的十六句義綱要，也就是十六種推理論證的方式，分別是「量」即對事物的認知；「所量」即認識的物件；「疑」即對事物還沒有認清時的心理狀態，故事中福身王就是產生了「疑」的心理狀態；「用」即認知的目的；「喻」即實際的例證；「悉

檀」即學派或者個人的主張;「支分」即由論題、理由、例證、應用和結論五個方面組成的推理形式;「思擇」即透過指明假設的反論題的謬誤而證明正論題的正確;「決」即對事物本質的判定;「論議」即根據邏輯學規則對論題展開的討論;「紛義」即為了論證自己的說法而做出的詭辯;「壞義」即辯論知識為了駁倒對方而不是自己立論;「似因」即似是而非的理由;「難難」即故意歪解對方的言論,以此做為駁論;「諍論」即用錯誤理由推出錯誤結論來反對對方;「墮負」即導致辯論失敗的種種情況。

　　幾乎所有因明學的大師都來自於佛教徒,因此古印度因明學又演變為佛教邏輯學的泛稱。

 小知識

沈有鼎(西元一九〇八年～西元一九八九年):中國當代著名的邏輯學家、哲學家、教育家,專長是數理邏輯和中西邏輯史。著《有集類的類悖論》、《兩個語義悖論》、《〈墨經〉的邏輯學》等。其中,《〈墨經〉的邏輯學》把中國學者對《墨經》邏輯的研究提升到了一個新的層級。

金字塔的高度
泰勒斯邏輯

泰勒斯邏輯哲學觀點最核心的是，他認為水是這個世界存在的本原，並且在他的數學研究方面引入了命題證明的思想。

　　金字塔是世界上最神祕的建築，關於它的猜測很多，甚至有人說它是外星人遺留在地球上的傑作。但不管如何猜測，泰勒斯都是第一個測量出金字塔高度的人。

　　泰勒斯在數學方面劃時代的貢獻是引入了邏輯證明的思想。它象徵著人們對客觀事物的認識從經驗上升到理論，這在數學史上是一次不尋常的進步。並且他還用一根標杆，測量和計算出了金字塔的高度。

　　據說有一年春天，泰勒斯到埃及旅遊，法老對這個久負盛名的數理邏輯學家仰慕已久，特意派人來跟他交涉。

　　埃及代表對泰勒斯說：「泰勒斯先生，聽說您對數理邏輯方面非常擅長，我想請問，我們埃及人有個一直沒能解決掉的問題，您是否能夠利用數理邏輯知識幫我們解答？」

　　泰勒斯問：「一直困擾你們的是什麼問題呢？」

　　埃及代表回答說：「我們的祖先修建了舉世聞名的金字塔，但讓我們後輩汗顏的是，我們竟然不能測算出金字塔的高度。」

　　泰勒斯回答：「這有何難，給我一根標杆，我就能推算出金字塔

的大概高度，誤差不會很大。」

來者很感激，泰勒斯同時提出一個要求，在測量的時候，埃及法老必須來測量現場。來者一口答應，和泰勒斯約定第二天到金字塔前進行測量，並且法老也一定會在現場等待答案揭曉。

第二天，法老如約而至，金字塔周圍也聚集了很多圍觀看熱鬧的老百姓。

泰勒斯走到金字塔前，陽光將他的影子斜斜地照在地上。他每過一段時間，就會讓助手測量他的影子高度。當他影子的高度和他身高差不多時，他立即將金字塔在地面的投影處做一記號，然後丈量金字塔底到投影尖頂的距離。這樣，他就報出了金字塔確切的高度。

在場圍觀的埃及人對此半信半疑，法老懇求泰勒斯講出測量的原理，泰勒斯望望圍觀的眾人，講出了他如何從「影長等於身長」的現象推理出「塔影等於塔高」的原理。

這個超前的理論相當於現在數學中經常提到的相似三角形定理，當他講解完畢後，圍觀的埃及人都報以熱烈的掌聲。在與金字塔相伴的這麼多年裡，他們終於知道了這個神聖建築的真實高度。

這樣學邏輯其實很有趣

泰勒斯邏輯哲學觀點最核心的是一句話「水生萬物，萬物復歸於水」，他認為水是這個世界存在的本源，他曾向埃及人學習如何觀察洪水，不僅閱讀尼羅河每年漲退的紀錄，更是親自察看水退後的現象。

泰勒斯在數學方面引入了命題證明的思想。它象徵著人們對客觀事物的認識從經驗上升到理論。在數學中引入邏輯證明，它的重要意義在於：維持了命題的正確性；揭示各定理之間的內在聯繫，使數學構成一個嚴密的體系，為發展打下基礎；使數學命題具有充分的說服力，令人深信不疑。

　　泰勒斯是希臘幾何學的先驅，提出並證明了下列幾何學基本命題：圓被它的任一直徑所平分；半圓的圓周角是直角；等腰三角形兩底角相等；相似三角形的各對應邊成比例；若兩三角形兩角和一邊對應相等，則兩三角形全等。

　　這些定理是每一個現代國中生都知道的，簡單得不能再簡單了。但是，就是這些簡單的理論，構成了今天極其複雜而又高深理論的根基。

小知識

泰勒斯：（約西元前六二四年～西元前五四六年）：古希臘時期的思想家、科學家、哲學家，希臘最早的哲學學派——米利都學派（也稱愛奧尼亞學派）的創始人。他也是古希臘及西方第一個自然科學家和哲學家。

漂浮的大地
阿納克西曼德演化論

阿納克西曼德是繪製出第一張世界地球的人，讓球體的概念第一次進入了天文學的領域，被稱為天文學的奠基人。

早在西元一六二〇年的時候，英國的哲學家、政治家法蘭西斯·培根就在地圖上觀察到，南美洲東岸和非洲西岸可以很完美地銜接在一起。但這個理論，培根只是處於假想狀態，雖然他也曾經懷疑過，但並沒有進行實地的考察。而真正將這一理論付諸實踐並進行考察的科學家是德國氣象學家魏格納。

西元一九一〇年的一天，年輕的魏格納生病臥床，百無聊賴中，他看到了一幅世界地圖，和培根所發現的狀況一樣。在這幅地圖上，大西洋兩岸的輪廓竟是如此相對應，特別是巴西東端的突出部分，與非洲西岸凹入大陸的幾內亞灣非常吻合。這個驚人的吻合讓他有了一個大膽的設想：非洲大陸與南美洲大陸一開始是連結在一起的，後來因為某種原因，它們之間出現了大西洋而分裂開來。

這個設想讓年輕的魏格納很興奮，病好後的第二年，他就著手準備考察大西洋兩岸的山系和地層，在這裡他發現了北美洲紐芬蘭一帶的褶皺山系與歐洲北部的斯堪的納維亞半島的褶皺山系遙相呼應，暗示了北美洲與歐洲以前曾經「親密接觸」過。

魏格納對這個現象進行了簡單的比喻：就如同被撕裂的報紙一般，大陸也是可以被拼接起來的。除了山脈的證據外，他還找到了地層結構之間的聯繫。

接下來，魏格納又考察了岩石之中的化石，在這裡，他驗證了在他之前的古生物學家們發現的問題，在被大洋隔開的大陸之間，有些古生物是完全一致的。比如，生活在遠古時代的中龍，既能在巴西石炭紀到二疊紀形成的地層中找到，也能在南非的石炭紀、二疊紀的同類地層中找尋到。甚至有一種最普通的蝸牛，既在德國和英國等地出現，也出現在大西洋對岸的北美洲。蝸牛不像中龍那樣，可以快速移動，所以基本上可以排除牠們是自行遷移的可能性。還有一種古代的蕨類植物舌羊齒也是一樣的現象。

基於這些證據，魏格納歸納推斷出，大地是漂浮著的，他將這種理論稱為「活動論」，他認為在很久之前，大陸是連成一片的，後來由於地殼運動而四分五裂，各自漂移，成為現在的樣子。

和很多科學家一樣，魏格納的理論遠遠早於他所在的時代，在當時完全處於孤軍奮戰的狀態，有人開玩笑說，大陸漂移學說只是一個「大詩人的夢」而已。

雖然魏格納的「活動論」直到他死後都沒有被承認，但現在已經成為眾所周知的大陸漂移學說。

💡這樣學邏輯其實很有趣

最早對地球進行深入研究和瞭解的人，是泰勒斯的學生阿納克西曼德。雖然他並不認為萬物由水生成，但同樣認為萬物的本源是一種被稱為「無限」的不可察覺卻很簡單的元素。這個元素可以轉化為我們所認知的各種事物的實質，並且可以在事物之間互相轉化，由此提出他最核心的思想──演化論。而這一演化論的提出，比達爾文的進化論提前了二十三個世紀。

阿納克西曼德認為地球是一個自由浮動的圓柱體，人類是處於圓柱體的一端表面之上。而他的演化論認為，所有陸地上的動物，包括人類，都是從類似魚的祖先演化而來的，只是人類從嬰兒出生時非常脆弱，均是由其他種類的海洋生物所養育。

雖然這樣的演化論並不能解釋所有生物的傳承，但卻是最早嘗試用物質本身來說明宇宙起源和發展狀況的一種樸素唯物主義的宇宙邏輯論點，對後世造成了深遠的影響。

小知識

阿納克西曼德：（約西元前六一○年～西元前五四六年）：古希臘哲學家、米利都學派的學者、泰勒斯的學生。據說他還是在希臘第一個繪製地圖的人。阿那克西曼德還曾經擔任過一個米利都殖民地的領袖。他還是希臘最早的論文作家和最早的哲學著述家。

赫拉克利特的邏輯思想

古希臘著名哲學家、邏輯學家赫拉克利特「萬物皆動」的命題顯示了世界本身的不斷發展、變化和更新，一切事物都在變化著，也同時存在著。

達文西是義大利一位著名的畫家，在他的一生裡，創造了很多美術、機械等方面的奇蹟。在他小的時候，因為畫蛋還發生過一個有意思的小故事。

在達文西十四歲的時候，父親送他到義大利名城佛羅倫斯，拜名畫家弗羅基奧為師。因為達文西有畫畫天賦，弗羅基奧對他比對一般學生要嚴厲得多。

達文西剛到弗羅基奧家中，弗羅基奧就問他：「達文西，如果我讓你畫出兩個一模一樣的雞蛋，你能畫出來嗎？」

自視有天賦的達文西不屑地說：「畫兩個一模一樣的雞蛋，這有何難？」

弗羅基奧什麼都沒說，拿出一個雞蛋放在桌上，讓達文西照著畫，然後就不再管他，做自己的事情去了。達文西一開始還認認真真地臨摹，可是沒過多久，就開始不耐煩了，他找到弗羅基奧，問：「老師，為什麼總是要我畫雞蛋？」

弗羅基奧語重心長地說：「你要先學會畫雞蛋，將來才有可能畫

邏輯學的歷史淵源及著名人物

出更複雜的東西。畫雞蛋，是我的學生必須學會的讓自己的手法和筆法更加熟練的基本功。」

說完，他拿起雞蛋，一會兒放在陽光下，一會兒放在陰暗處讓達文西觀察，並且對達文西說：「你別小看這一個雞蛋，從不同的角度去觀察，它都是不一樣的。人終其一生，也不可能畫出兩個一模一樣的雞蛋。雞蛋的光影變化特別豐富，尤其適合你這樣的初學者。想要學會畫畫，就要明白，先從不同的角度去觀察被畫者。」

達文西記住了弗羅基奧老師的話，從那之後，他再也沒有要求過畫更有難度的東西，而是日復一日、全神貫注地去畫那個放在桌上的

基督受洗。

雞蛋。幾年之後，他的畫紙上已經全都是雞蛋了，各個角度的都有，而他的畫紙已經堆得很高了。

畫了那麼久的雞蛋之後，達文西的繪畫基礎已經打得很牢固。弗羅基奧拿出自己的作品《基督受洗圖》讓達文西臨摹，達文西三筆兩筆，就畫出了可愛的小天使。弗羅基奧欣慰地點點頭，從此放手讓達文西來作畫，而自己則棄筆專心於雕塑了。

經過長時間的努力，達文西終於成為了一位偉大的宗師，創作出《蒙娜麗莎》、《最後的晚餐》等一系列膾炙人口的名畫。

💡 這樣學邏輯其實很有趣

達文西不可能畫出兩個完全一樣的雞蛋，正如古希臘著名哲學家、邏輯學家赫拉克利特認為「人不能兩次走進同一條河流」一樣。

赫拉克利特認為，河水是不斷流動的，今天你踏進一條河，水若流走了，下次若是再踏入哪怕同一條河，流來的又是新的水，所以你永遠也不可能踏進同一條河流。

這個「萬物皆動」的命題顯示了世界本身是不斷發展、變化和更新的，一切事物都在變化著，也同時存在著，運動和發展與物質的本原是無法脫離開的，「一切都存在，同時又不存在，因為一切都在流動，都在不斷地變化，不斷地產生和消滅。」

在赫拉克利特的理論中，不僅承認世界萬物的變化性，同時認為這種變化是有規律的，這種規律被他稱為「邏各斯」，在希臘語中是

「話語、道理、理性、比例」的意思。

　　他認為，邏各斯在自然界、人類社會甚至人類的思想領域都發揮著支配性作用，但很難被人類所認知，要認識邏各斯，不能靠外在的耳聞目睹，而是必須用心思考感受，並且付出艱苦的勞動去發掘。

　　邏各斯的理念為後世「邏輯」的概念形成奠定了堅實的基礎。

小知識

赫拉克利特：（約西元前五三〇年～西元前四七〇年）：古希臘哲學家、愛非斯派的創始人。生於以弗所一個貴族家庭，相傳生性猶豫，被稱為「哭的哲學人」。他的文章只留下片段，愛用隱喻、悖論，致使後世的解釋紛紜。著有《論自然》一書，現有殘篇留存。

畢達哥拉斯的數學理論

畢達哥拉斯開創了演繹邏輯思想，他採用邏輯演繹法證明了畢氏定理，他提出的「黃金分割」理論也為後世所熟知。

畢達哥拉斯自幼聰明，曾經在幾位名師指導下學習幾何學、自然科學和哲學，後來又到了巴比倫、埃及和印度，吸收阿拉伯文明和印度文明甚至中國文明的養分。

畢達哥拉斯醉心於數理及哲學的探討，在他身上也發生過很多趣事。

一次，畢達哥拉斯應邀出席一場盛大的晚宴，宴會主人的家中舖著正方形的美麗的大理石磚。

由於參加宴會的客人很多，廚師忙不過來，餐點遲遲沒有上桌。貴賓們都等得不耐煩了，只有畢達哥拉斯，這位偉大的善於觀察和想像的科學家，自始至終都盯著腳下的美麗方形大理石磚。他並不是在欣賞它們的圖案，而是想到了它們和數學之間的關係。

在眾人的驚愕眼神中，畢達哥拉斯蹲下來，拿出畫筆，在一塊磚上以它的對角線為邊畫了一個正方形，他驚訝地發現他畫出的正方形的面積正好等於兩塊磚的面積之和。

畢達哥拉斯再次以兩塊磚拼成的矩形為基礎，還是以對角線為邊，

畢達哥拉斯。

又畫出一個正方形。他發現這個正方形之面積等於五塊磚的面積，也就是以兩股為邊做正方形面積之和。於是他大膽做出了一個推測：任何直角三角形，其斜邊的平方恰好等於另兩邊平方之和。

後來，畢達哥拉斯因為政治問題，逃亡 samos 島。他結識了島上最有權力的人，這個人提供財力及房舍給畢達哥拉斯辦了一所學校。在這個學校中，畢達哥拉斯創辦了著名的兄弟會。

這是個很特殊的知識幫會，在那個一切都歸屬於神的年代，兄弟會也是帶有宗教色彩的，只不過兄弟會的人真正信仰的是數學。畢達哥拉斯和他的會員們相信，神用「數」創造了宇宙萬物，而能透過對數的研究就能更瞭解宇宙的奧祕也就更能接近神，這是畢達哥拉斯的信仰也是他所創兄弟會的教義。

兄弟會的組織章程很特殊，他們的成員必須將所有的財產都貢獻給組織，與之相對的，義務越大，權力也越大，兄弟會的成員都享有最新數學新知的得知權。這個數學組織如此神祕，在當時吸引了大量的人加入。在後世，也為影視作品所展現。

💡這樣學邏輯其實很有趣

畢達哥拉斯受俄耳普斯哲學思想影響，堅持數學論證必須從「假設」出發，開創了演繹邏輯思想。他採用邏輯演繹法證明了直角三角形斜邊平方等於兩個直角邊平方的之和，即現在我們所稱的「畢氏定理」，又稱畢達哥拉斯定理。他還用數學研究音律，為數學發展開創了新的領域。他提出的「黃金分割」理論認為太陽、月亮、星辰的軌道和地球的距離之比，分別和三種主要的和音相同，分別對應八音度、五音度和四音度。

在畢達哥拉斯的數學邏輯中，數字是萬物的本源，整個宇宙是數字與數字之間關係的和諧體系。他認為「１」是數的第一原則，是萬物之母；「２」是對立和否定的原則相當於不同的意見；「３」是萬物的形體和表現形式；「４」是正義，也是宇宙創造的象徵；「５」是奇數和偶數的結合，雌與雄的結合，相當於婚姻；「６」是神的生命，相當於靈魂；「７」代表機會；「８」代表和諧，也可以看作是愛情和友誼；「９」是理性和強大；「10」則包容了所有的數字，代表完滿和美好。

🌐小知識

畢達哥拉斯（西元前五七二年～西元前四九七年）：古希臘數學家、哲學家。出生貴族家庭，年輕時曾到過埃及和巴比倫學習數學。後來，他來到義大利的南部傳授數學及宣傳他的哲學思想，並和自己的信徒們組成了一個所謂「畢達哥拉斯學派」的政治和宗教團體。

巴門尼德的唯心主義

巴門尼德在他的唯心主義思想中提出「思想與存在是同一的」這個命題，認為感覺與感性事物（非存在）是同一的，二者都是有生有滅、運動變化的。

有一個秀才去趕考，這已經是他第三次上京趕考了，住的還是前兩次住過的旅店。

在考試前一天的晚上，他做了三個夢：第一個夢是夢見自己在牆上種白菜；第二個夢是夢見自己在下雨天戴了斗笠打著傘；第三個夢是夢見自己和心愛的表妹脫光了衣服躺在一起，但什麼都沒做，只是背靠背地躺在一起。

這三個夢看起來毫不相干，但卻在同一天晚上出現，秀才很不安，天一亮就去算命先生那裡去解夢。

他對算命先生說了第一個在牆上種白菜的夢，算命先生一拍大腿：「你還是回家吧！別參加考試了！」

秀才很緊張：「怎麼說呢？」

「你想想看，在牆上種白菜，不是白費力氣嗎？」

「那第二個夢呢？」秀才又把第二個夢說了一遍。

「那就更不好了。下雨天，你都已經戴斗笠了，還打傘做什麼呢？這不是多此一舉嗎？」

秀才更著急了：「那第三個夢呢？」他又講解了第三個夢。

算命先生連拍大腿：「算啦，別考啦。你都跟表妹脫光光了，卻是背對背睡覺，這不是說明還是沒有實質內容嗎？」

秀才心灰意冷，回到旅店裡準備收拾行李回家，店主看到他垂頭喪氣的樣子，就問他：「你不是要來參加考試的嗎？為什麼現在臨到考試了，反倒退縮了？」

秀才將自己和算命先生的對話重複了一遍，店主聽後哈哈大笑，說：「巧了，我也會解夢，你要不要聽聽我的解釋？」

「沒希望了，還解釋什麼啊？」秀才完全一副絕望的表情。

「說什麼胡話呢？你這三個可是好夢。」店主拉他到餐桌上坐下，給他解釋說：「你看你的第一個夢，夢見了自己在牆上種白菜。那就說明你會『高中』啊！」

秀才一聽，覺得很有道理：「第二個和第三個呢？」

「第二個就更好了，下著大雨，你戴著斗笠還打傘，說明你是有備無患，怎麼都不可能被淘汰。」看秀才充滿好奇的眼神，店主接著說：「第三個夢，你和你的表妹脫光了背靠背，這就更好了。你想想，現實中的你，肯定是翻身做點什麼。這個夢說明你翻身的時候就要到了！」

秀才大喜：「果真如此，先生就是我的福星啊！」

秀才精神振奮地去參加考試，後來中了探花，重賞了店主。

💡 這樣學邏輯其實很有趣

在古希臘的各個思想流派之間，所有的探討都是必須用共同遵守的邏各斯來進行推理檢驗的，通過了才會被別人認可。巴門尼德就在這個階段通過邏各斯的論證，撰寫了一首舉世聞名的長詩——《論自然》。

這首詩一共一百五十四行，包括三十二行完整的序詩，以及用女神啟示的形式所提出的兩條道路，一條是真理之路，另一條是不含真理的意見之路。「真理之路」是整篇著作的主體，這部分主要探討的就是存在和非存在；「意見之路」是以感性世界不變的現象來解釋萬物的生成，是以感覺為依據的意見，不包含任何真理。

巴門尼德在真理之路中提出「思想與存在是同一的」這個命題，認為感覺與感性事物（非存在）是同一的，二者都是有生有滅、運動變化的。思想與存在都是不動的、單一的、不可分的，二者的內涵是一樣的，「存在」是唯一的，沒有「存在」之外的思想，否則就會有另一個存在，所以說思想與存在是同一的。

巴門尼德的理論探索了本質與現象、感性認識與理性認識之間的關係，對於古代哲學思想的發展是有促進作用的，但是把需要抽象思維從現實世界中總結出來的「存在」獨立出來，太絕對化了，相當於把它變成了與現實世界相對立並且分離的東西，這就變成了客觀唯心主義的範疇。

故事中的秀才解夢也就是純粹唯心主義的範疇。

小知識

巴門尼德：（約西元前五一五年～西元前五世紀中葉以後），古希臘哲學家。他是前蘇格拉底哲學家中最有代表性的人物之一，也是愛利亞派的實際創始人和主要代表者。他認為，沒有事物會改變，我們的感官認知是不可靠的。

邏輯學的歷史淵源及著名人物

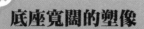

底座寬闊的塑像
巴魯赫·斯賓諾莎的《倫理學》

斯賓諾莎在其震驚世界的著作《倫理學》中，透過邏輯推理得出「上帝和宇宙是一回事」的結論。

有人說，每一個失戀的人都能成為一個短暫的哲學家，巴魯赫·斯賓諾莎就是這樣。只不過和別的失戀者不同，他將一剎那的感悟延續到了一生，成為了一位真正的哲學家。

巴魯赫·斯賓諾莎的父親是一位成功的商人，所有人都以為他會繼承父業，但他卻另闢蹊徑，在猶太教堂裡學習宗教和歷史。教堂裡的長者都眾口一詞，覺得他會成為新的士師：彌賽亞！

巴魯赫·斯賓諾莎受摩西的上帝和宇宙同一的觀念影響，認為物質的宇宙就是上帝的形體。後來，他開始跟一位名為凡·丹·恩德的荷蘭學者學習拉丁文。這位新老師有個美麗的女兒，兩人陷入愛河，但這個美麗的女郎卻愛金錢大於愛情，當另一個仰慕者帶著昂貴的彩禮來求婚時，她立刻拋棄了巴魯赫·斯賓諾莎。在那一刻，巴魯赫·斯賓諾莎徹底成為了一位哲學家。

他比認識女郎之前更加用功讀書，當時哲學史上的「三百年戰爭」已經開始了，笛卡兒、萊布尼茨、休謨、康德先後加入，這場「戰爭」既促進又踐踏了近代哲學。在「戰爭」中，巴魯赫·斯賓諾莎的思想

得到了昇華，認為各種生物的運動，都是一種機械運動。整個世界，以及每個軀體都是一部機器。但是，在世界之外還有上帝，軀體裡還有靈魂。

在西元一六五六年，巴魯赫・斯賓諾莎被帶到了猶太教會，長老們承諾給他五百英鎊的年薪，只要他聽話。斯賓諾莎拒絕了，在這之後，他被開除了教籍。

禍不單行，他的父親因為理念不同不認他這個孩子，他的姐姐更是惦記著他的繼承權，教會裡的一些虔誠者也是忙著追殺他。斯賓諾莎被迫搬到萊頓附近的萊茵斯堡，在那裡過著簡樸的生活，並且一刻不停地進行思考。

在萊茵斯堡的五年間，巴魯赫・斯賓諾莎寫出了《知性改進論》、《用幾何方法證明的倫理學》等著作。

在巴魯赫・斯賓諾莎四十四歲的時候，他走完了自己短暫的一生。

在他去世兩百週年忌日時，人們募捐為他建了一個雕塑，捐款來自世界各地。從來沒有哪一座紀念碑是建造在如此寬廣的愛的底座上！

💡這樣學邏輯其實很有趣

巴魯赫・斯賓諾莎的《倫理學》，全稱是《用幾何學方法做論證的倫理學》，系統詳盡地闡述了他的唯物主義觀點。斯諾賓莎透過邏輯推理，得出「上帝和宇宙是一回事」的結論，認為宇宙間只有一種

實體，即做為整體存在的宇宙本身。上帝不僅包括了物質世界也同時包括了精神世界在內，上帝透過自然法則來主宰控制世界，人類的智慧是上帝授予的部分，思維和廣延都是其屬性，推理和直觀得到的知識就是真實的知識，這個世界上只有上帝是完全自由的。人可以和上帝達成一致從而去除外在的束縛，但永遠無法獲得自由的意志。

《倫理學》是用幾何學的方法論述的，先把一些最基本的哲學觀點以公理的形式提出來，然後以邏輯推理和幾何論證的方式進行證明，在西方哲學史和數學史上引起了很大的波瀾。

小知識

巴魯赫・斯賓諾莎（西元一六三二年～西元一六七七年）：西方近代哲學史重要的理性主義者，與笛卡兒和萊布尼茨齊名。主要著作有《笛卡兒哲學原理》、《神學政治論》、《倫理學》、《知性改進論》等。

大法官的辯護信
弗蘭西斯·培根的歸納法

弗蘭西斯·培根主張科學理論要和科學技術相結合，他的科學方法以實驗定性和歸納為主，強調歸納的重要性。

十三世紀中期，英國有一位卓越的學者叫弗蘭西斯·培根。他出生於一個官宦家庭，父親尼古拉·培根是伊莉莎白女王的掌璽大臣，思想傾向進步，信奉英國國教，反對教皇干涉英國內政；母親安妮·培根是一位頗有名氣的才女，她精通希臘文和拉丁文，是加爾文教派的信徒。良好的家庭教育使培根各方面都表現出異乎尋常的才智。

培根十二歲就被送入大學深造，二十一歲就取得律師執照，二十三歲就被選為英國下議院議員。

西元一六一七年，培根出任掌璽大臣，一六一八年，他擔任詹姆斯一世手下的大法官，並被授予維魯拉姆男爵的稱號，一六二一年晉爵為聖阿爾本子爵。

西元一六二一年，針對王室增加稅收的問題，國會要求法院調查政府貪污的案件。此案直接涉及國王。做為大法官的培根由於站在國王的立場上，不久便受到國會的彈劾，指控他有接受賄賂的嫌疑。一開始，培根對這種指控尚處之泰然。他在當時致國王的寵臣白金漢公爵的一封信中說：「我認為自己的雙手是乾淨的，良心是清白的，但

是在我們這個時代，哪怕擔任大法官的是使徒約伯或任何其他人，他們也隨時可能被指控犯下最醜惡的罪名。因為在這個時代，不僅犯罪已成為一種時髦，而且誣陷也成了時尚。」

可是到了最後，他還是承認了錯誤，決定悔過認罪，以求從輕處理。但處罰是嚴厲的，除罰款四萬英鎊外，他還被關入倫敦塔，不得再擔任公職，不得涉足王室所在地方圓十二英里以內的地方。雖然後來罰金和監禁皆被豁免，但培根卻因此而身敗名裂。

就這樣，培根結束了自己的仕途，但他卻在科學界和思想界找到了自己的一席之地。

💡 這樣學邏輯其實很有趣

弗蘭西斯・培根之所以被稱為是「唯物主義的創始人，實驗科學的真正始祖」，是因為他提出了唯物主義經驗論的一系列原則，制訂了系統的歸納邏輯方式，強調了實驗對於邏輯認知的作用，對哲學觀點進行了科學性的概括。

他認為，世界是不以人的意志為轉移的客觀存在，人的認知只有透過感性的經驗才能從客觀的外在世界所獲得，人只是自然界的僕役，能說能做能瞭解的，只有在自然過程中見到的內容。

培根主張科學理論要和科學技術相結合，他的科學方法以實驗定性和歸納為主，強調歸納的重要性。由於他對假說並不重視，只是將觀察資料加以系統的整理就認為可以確定真假之說，是不恰當的。其

實，演繹在科學當中所發揮的作用遠遠超過培根所理解的，當一個假說需要驗證時，從這個假說到一個能由觀察來驗證的結論，需要的是漫長的演繹過程，通常是數理推演，這在科學研究中具有非常重要的意義。

小知識

弗蘭西斯·培根：（約西元一二一四年～西元一二九三年）：英國具有唯物主義傾向的哲學家和自然科學家，著名的唯名論者，實驗科學的前驅。他具有廣博的知識，素有「奇異的博士」之稱。

唯一的信任
哥德爾不完備定理

哥德爾不完備定理是由庫爾特·哥德爾於西元一九三〇年證明並發表的兩條定理,在形式邏輯和電腦學科方面都有重大影響。

「他真是個瘋子!」又一位醫生從哥德爾的病房裡大叫著走了出來。

「怎麼樣?」哥德爾的朋友王浩迎上前去,「他吃了你的藥嗎?」

醫生氣鼓鼓地回答:「他根本就不相信我,怎麼會吃我的藥?我剛進去幫他檢查,他就說我要殺他,他根本就是有嚴重的妄想症!」

「唉!」王浩嘆了一口氣,拿出診金交給醫生,自己則向哥德爾的病房走去。

哥德爾已經病了兩個月了,自從知道愛因斯坦病逝後,他就天天懷疑有人會給自己下毒。他變得疑神疑鬼,只信任妻子阿黛爾。可是現在阿黛爾也病了,沒有辦法來照顧他,這個重任就落到了王浩的身上。

王浩推開哥德爾的門:「哥德爾,我給你帶來了你太太做的雞肉,你必須吃點東西了。再這樣下去,我怕你熬不住了。」

「不!」哥德爾固執地搖頭,「我只吃阿黛爾送來的飯,你……」

他沒有說下去,但王浩知道他要說的話,他是想說,在來的路上,

會有無數次可以下毒的機會。事到如今，他連自己的朋友也不能信任了。在哥德爾的一生中，他一直飽受精神疾病的折磨，曾經有過好幾次的自殺傾向，但這次尤其嚴重。

哥德爾是一個很奇特的數學家，他和愛因斯坦是好朋友，愛因斯坦在晚年時候說：「我自己的工作是沒什麼意思的，我來上班就是為了能得到和哥德爾一起散步回家的榮幸。」

正因為這份友誼的存在，愛因斯坦的病逝給哥德爾帶來很大的打擊，也讓他的憂鬱症前所未有地嚴重了。

王浩的這次探病是失敗的，面對這樣一個執拗的病人，就是上帝也沒有辦法。王浩只好先回家，把哥德爾太太做好的雞肉放到桌上就走了，準備一週後再來看他。

一週後，王浩又到醫院去看哥德爾，他已經很消瘦了，雖然彬彬

哥德爾和愛因斯坦。

有禮，但是語氣淡漠。他對王浩說：「我親愛的朋友，我現在已經沒有做肯定判斷的能力了，只能做否定判斷。」

三天後，西元一九七八年一月十四日，哥德爾病逝，醫生開具的死亡證明上寫著：「病人死於人格紊亂造成的營養不良和食物不足。」

哥德爾死的時候，體重只有六十五磅，他死後的所有財產都留給了妻子阿黛爾。

這樣學邏輯其實很有趣

哥德爾不完備定理屬於數理邏輯的範疇。

第一條定理是整個數學界最著名的定理之一，同樣也是受人誤解最多的定理之一，定理指出「在任何一個相容的數學形式化的理論中，只要足以蘊含皮亞諾算術公理（即公認的自然數理論中的公理集列表），就可以在這個理論中構造出在整個數學體系中既不能證明也不能否定的命題。」

這條定理表明任何一個允許自定義自然數的體系都是不完全的，因為包含了又不能證明真實性也不能證明虛假性的命題。

在第一條定理的基礎上，哥德爾證明了第二條定理，指出「任何相容的形式體系不能用於證明它本身的相容性」。

在形式邏輯當中，數學命題以及相應的證明都是用符號來描述的，所以非常便於考證其真偽性，哥德爾揭示出的是在絕大多數情況下，比如數學理論或者現實分析中，永遠也找不出公理的一個完整的集合，

當你每一次加入新的公理，就會有另一個命題出現在研究範圍之外。這樣的不確定命題在電腦科學中表現尤為明顯，人工智慧就充分應用了這個理論。

小知識

庫爾特‧哥德爾（西元一九〇六年～西元一九七八年）：捷克數學家、邏輯學家和哲學家，主要貢獻在邏輯學和數學基礎方面，完成了哥德爾不完備定理。他發表的論文《〈數學原理〉（指懷德海和羅素所著的書）及有關系統中的形式不可判定命題》是二十世紀在邏輯學和數學基礎方面最重要的文獻之一。

「最不可靠」的家庭教師
康德的邏輯理論

康德的「三大批判」是三本舉世聞名的著作，構成了他的哲學邏輯理論體系。

十五歲的柯尼斯在自己的房間裡等著新任的家庭老師來臨，在這之前，他已經換過好幾任老師了，他都不喜歡。

房門被打開，他的父親走了進來，背後跟著一個清瘦的年輕男子。父親跟他介紹說：「這個就是你的新任家庭教師，他叫康德。」

柯尼斯斜眼看了他一眼，康德也不在意，坐在他身邊，回頭跟柯尼斯的父親說：「這孩子就交給我吧！」

柯尼斯的父親點點頭，走了出去。

康德隨意地翻翻柯尼斯的書：「這些就是你平時讀的書？」

「是的，有什麼問題嗎？」

「這些書不用讀。」康德把書往旁邊一放。

「這些都是名家的書，我的每一任家庭老師都讓我讀它們。」

「哈哈！」康德笑道，「忘了跟你介紹，我的學生們都說，沒有比我更差的家庭老師了。我不愛讓學生讀書，那你現在想試試我的方法嗎？」

柯尼斯也笑了，這個老師頗得他的喜歡。

這樣的一幕在康德的家庭教師的職業生涯經常出現，他說自己是「沒有哪個家庭老師比他更差」，實在是謙虛至極的說法。事實上，他的學生對他的評價相當高，都覺得他是最好的老師。

在當家庭教師的五年間，康德他發表了第一本著作——《關於生命力的真實估計之思考》，內容是關於笛卡兒、牛頓和萊布尼茨提出的哲學與科學命題。

五年後，家庭教師的資歷讓康德獲得了大學教師的職位，西元一七五五年，他以《自然通史和天體論》獲得碩士學位，三個月後獲得大學私人助教資格，開始教授哲學。在大學任教期間，康德經常發表論文，論題包羅萬象，從自然科學、美學、神學甚至到巫術應有盡有，但貫穿其中的問題只有一個，那就是哲學研究應該如何進行：是從理性的觀點出發，從普遍真理中推導出有關事物的真理，還是從經驗出發，透過觀察得出普遍的結論？

康德發表的眾多論文讓他逐步成為受人尊敬的哲學家，很多學生都慕名前來當他的學生，其中最著名的便是與哥德和席勒一起成為魏瑪古典派頂樑柱的赫爾德。

但康德此時沒能得到教授位置，因為他拒絕了科尼斯堡大學的聘書。並不是科尼斯堡大學給的待遇不優厚，實在是康德的身體不允許他旅行，他曾給友人寫信說：「我胸腔狹窄，心臟和肺的活動餘地很小，天生就有疑病症傾向，小時候甚至十分厭世。」

直到四十六歲時，康德才獲得了教授職稱，在十一年後，他發表

了《純粹理性批判》，奠定了他在哲學史上的不朽地位。

這樣學邏輯其實很有趣

　　康德的「三大批判」是三本舉世聞名的著作，構成了他的哲學邏輯理論體系分別是：《純粹理性批判》、《實踐理性批判》和《判斷力批判》。

　　《純粹理性批判》研究的是人類感知的形式，也就是時間和空間。「先驗邏輯」是其中最核心的部分，康德指出，「邏輯觀念不只是要探討純粹的思維，還要同時決定有關直觀知識的來源、可靠性和界限。」先驗邏輯基於普遍邏輯，普遍邏輯之研究思維的形式而不涉及任何關於知識的內容，而先驗邏輯是研究認識的起源、範圍以及意義的邏輯科學，即認識論。

　　先驗邏輯中，知識是透過做為概念的聯繫的判斷來表現的，分為先驗分析論即研究知性認識形式；先驗辨證論即研究理性認識形式。

　　《實踐理性批判》探討的是倫理學的問題，康德認為人在道德領域應該是自主運行的，雖然有時行為會受限，但只要超越因果的道德界限，就能對自己的行為負責。

　　《判斷力批判》研究的是人類精神活動的目的意義和行為方式，甚至包括了人類的幻想能力。

小知識

伊曼努爾‧康德（西元一七二四年～西元一八〇四年）：
德國古典哲學創始人，對現代歐洲最具影響力的思想家
之一，也是啟蒙運動最後一位主要哲學家。他一生深居
簡出，終生未娶，過著單調刻板的學者生活，直到西元
一八〇四年去世為止，從未踏出過出生地半步。主要著
作有《純粹理性批判》、《實踐理性批判》《判斷力批
判》、《未來形而上學導論》、《道德形而上學基礎》等。

第四章

邏輯學的基本規律及應用

邏輯的同一律

邏輯的同一律是指，在同一個思維過程中，每一個思想與其自身必須維持是同一的。

蘇格拉底是古希臘的著名哲學家，經常帶著學生去和智者們交流。

有一次，他帶著一個學生去到智者歐底姆斯家中去請教問題。

簡短寒暄之後，歐底姆斯為了顯示自己的才能，決定給蘇格拉底的學生一個下馬威。

他問蘇格拉底的學生：「你現在學習的，是你已經知道了的知識，還是不知道的知識？」

學生看看蘇格拉底，猶豫地說：「我學習的，當然是我不知道的知識了。」

蘇格拉底笑笑，自己的這個學生今天肯定是會落到歐底姆斯設的圈套裡了。

歐底姆斯問蘇格拉底的學生：「那你認識字母嗎？」

「我當然認識。」

「所有的字母都認識？」

學生疑惑地回答：「當然，二十四個字母全都認識啊！」

「那你的老師，」歐底姆斯看向蘇格拉底，「教你的不正是字母嗎？」

「沒錯。」

歐底姆斯笑笑：「如果你認識所有的字母，那你老師教你的，而你正在學的，不正是你已經知道的知識嗎？」

學生思索了一下：「照您的說法，恐怕是的。」

「所以，你沒有在學習，只是那些不認識的字母在學？」

學生急忙反駁：「不，我也在學。」

「如果你認識字母，我是不是可以理解，你現在學的，是你已經知道的知識？」

學生迷惑了，只好點頭說：「是的。」

歐底姆斯哈哈大笑：「那你最初的回答就是錯的，你告訴我你學習的是你不知道的知識，但你現在正在學的，不正是你已經知道的知識嗎？」

年輕的學生徹底被歐底姆斯繞暈了。

蘇格拉底此時也笑起來，拍著學生的肩膀：「不要妄想和歐底姆斯比辯論了，他可是辯論的能手，你怎麼能比得過他？」

歐底姆斯揮揮手表示謙虛，但讓兩位宗師意外的是，年輕的學生當場對蘇格拉底說：「老師，對不起了。」

說完，他來到歐底姆斯面前：「請收我為學生吧！」

兩位宗師相視而笑，並不介意，蘇格拉底說：「他已經被你繞暈了。看來，我是兩個人來的，走的時候，卻只剩我一個人了！」

💡這樣學邏輯其實很有趣

邏輯的同一律是指，在同一個思維過程中，每一個思想與其自身必須維持是同一的。若用邏輯運算式則是：「A是A」或「p→p」（如果p，那麼p），在這當中，A表示任何一個概念，p表示任何一個判斷。「A是A」或「p→p」，表示同一思維過程中每一概念或判斷都與其自身保持同一性，亦即保持確定性。

故事中歐底姆斯的問題就是偷換了概念，沒有保持徹頭徹尾的同一律。

在推理論證的過程中，若是違反了同一律，就會出現四種邏輯錯誤：

第一個邏輯錯誤是「混淆概念」，這是無意識的違反了同一律的要求，把不同的概念當作同一個概念在推理中使用而引發的邏輯錯誤。

第二個是「偷換概念」，這是在故意違反同一律要求下把不同的概念當作同一個概念應用在推理中造成的邏輯錯誤。

第三個是「轉移論題」，也叫「離題、跑題」，是在無意識情況下違反同一律要求，使得議論過程偏離了所要討論的論題而造成的邏輯錯誤。

第四個是「偷換論題」，這是故意違反同一律要求，使得議論過程偏離論題而造成的邏輯錯誤。

邏輯同一律的作用主要是在論證過程中維持思維的確定性，因為只有確定的思維才能正確反映客觀世界，人們才能進行思想的交流。

 **小知識**

蘇格拉底（西元前四六九～西元前三九九年）：古希臘著名的思想家、哲學家、教育家，他和他的學生柏拉圖，以及柏拉圖的學生亞里斯多德被並稱為「古希臘三賢」，被後人普遍認為是西方哲學的奠基者。他終生追求法律及社會制度的公平和權威性。

以己之矛，攻己之盾
邏輯的矛盾律

邏輯的矛盾律是指，在同一個思維過程中，兩個相互矛盾或者相反的思想是不可能同時為真的。

在楚國都城熱鬧的市集上，街上的行人絡繹不絕。

時間已經臨到正午，每個人都被熱得昏昏欲睡了，就連道路兩旁的小販們的吆喝聲都顯得那麼有氣無力。

在街道盡頭的角落裡，人們圍成了一圈，像是在看什麼熱鬧。有一個年輕的哲學家也來了興趣，便擠進去一看，發現眾人在圍觀著的，是一個看起來很落魄的中年人，他面前放著一根長矛和一面盾牌，看起來像是在賣武器。可是他的眼神渙散，衣著襤褸，看起來又很像是乞丐。

人們交頭接耳，一時間議論紛紛。

「他是賣武器的吧？」路人甲發問道。

「看起來是，但是你看他的樣子，也不像是打造武器的，肯定是從軍隊裡偷出來的吧！」路人乙回答說。

「我看不是。」路人丙也加入他們的對話，「軍隊裡看守那麼嚴密，他自己偷偷進去，能出來就已經很了不起了，更何況是拿著武器呢！應該是他自己打造的，或者是先人留下來的。」

「不管怎麼樣。」年輕的哲學家插嘴說，「他也應該站起來叫賣，而不是在這裡枯坐著。反正現在到處在打仗，還不如主動去賣給打仗的人。」

賣武器的中年人明顯將年輕哲學家的話聽了進去，眼神一亮。

「大家快閃開啊！」有人突然大叫道，「士兵過來了，他們騎馬速度很快，大家小心誤傷啊！」

人群頓時散開，留下賣長矛和盾牌的中年人。年輕的哲學家一直站在他身旁，觀察他的一舉一動。

中年人看到士兵們遠遠過來了，倏地站起來大聲吆喝：「走過路過不要錯過，我的長矛是最鋒利的，什麼盾牌都擋不住它的進攻！」

士兵們沒有理他，只是從他面前徑直走過。中年人急了，又大聲吆喝說：「快來看啊！我的盾牌是最堅固的，誰的長矛都不可能把它刺穿！」

士兵們突然停了下來，一位將軍走到中年人的面前，挑著眉頭問他：「你這長矛能刺穿任何一面盾牌？」

「那當然！」中年人不假思索地回答。

「而你的盾不會被任何長矛刺穿？」

「是啊！」中年人殷切地看著將軍，「大人，買給士兵們吧！」

將軍哈哈大笑，拍了一下他的肩就離去了，留下中年人半天摸不到頭緒。

年輕的哲學家走上前去，給他演示說：「如果用你的長矛去刺你

的盾牌，會怎樣呢？」

中年人這才知道自己犯下了自相矛盾的錯誤。

這樣學邏輯其實很有趣

邏輯矛盾律的表達形式為「A而且非A」。其中「A」表示任何一個命題，「非A」表示的是和命題A有矛盾關係或者相反的命題，所以這個運算式可以看出，在A和非A兩個命題中，必定有一個命題是假的。由此可以看出，邏輯的矛盾律實際上是提醒不可犯矛盾律的錯誤，應稱是「不矛盾律」。

在論證過程中，需要注意兩個方面：一個是在同一個思維過程中，要注意不要採用兩個相互矛盾的概念來指稱同一個物件；另一個是在判斷時要注意真假的判定。

邏輯的矛盾律主要是為了維持思維的前後一貫性，避免相互矛盾的出現，這是維持思維正確的一個重要的必要條件，在矛盾律的使用中，對兩個相互矛盾的命題或判斷都不能肯定，必須要否定其中的一個，否則又會犯「自相矛盾」的錯了。

在推理論證過程中，若是違反了矛盾律，也會出現邏輯錯誤，例如謬誤和詭辯，而揭露矛盾的方法其實就可以用自相矛盾的方式來間接地進行反駁。

小知識

韓非：（約西元前二八一年～西元前二三三年）：中國戰國末期法家思想的代表人物。他是第一個提出了「矛盾」概念，精闢地揭示了矛盾律的思想原則，指出在「不可陷之盾」與「無不陷之矛」的反對命題中不能同時為真。

傷風的兔子
邏輯的排中律

邏輯的排中律是指,在同一個思維過程中,兩個相互矛盾的思想不能都是假的,必須有一個是真的。

一個偶然的機會,獅子和馬、猴子、兔子成了莫逆之交。

在這個獅子為王的叢林裡,牠的這三個好朋友馬、猴子、兔子,自然而然地成了獅子最為寵信的大臣。

獅子是食肉動物,和幾個吃素的朋友相處久了,就打起了吃牠們的主意。

這天,馬、猴子、兔子跟著獅子大王巡遊森林後,獅子把牠們三個叫到自己的山洞中,對牠們說:「你們三個輔佐我也有一段時間了,我想出道題來考驗你們一下,看你們是不是當了我的寵臣後就變得口是心非了。」

三位大臣自然是說不敢。

於是,測試開始。

獅子張開血盆大口,問馬:「你聞聞我嘴裡是什麼味道。」

獅子是吃肉的,又從來都不刷牙,嘴巴裡的味道自然不好聞。

馬實話實說:「大王,您嘴裡的味道是臭的。」

獅子大怒,撲到馬身上咬斷了牠的喉嚨:「你竟敢當面詆毀大王,

你犯了叛逆罪，現在我就處你死刑！」

第二個被測驗者是猴子，猴子親眼目睹了馬的悲劇，自然是不敢再說大王的嘴巴是臭的，牠阿諛奉承道：「大王，您嘴巴裡的氣味是香的。」

獅子還是大怒：「你真是一個狡猾的傢伙！歷史上所有拍馬屁的人，都是國家的禍害，這種人絕不能留！」

說完，把猴子吞進了肚子。

最後輪到瑟瑟發抖的兔子了，獅子問了牠一樣的問題：「兔子，你告訴我，我嘴巴裡的味道是什麼樣的？」

兔子在猴子被吃時就想到了答案，牠對獅子說：「大王，實在抱歉，我最近傷風了，鼻塞得厲害，您能不能放我回家休息幾天，等我傷風好了，我就回來回答您的問題。」

獅子摸了摸肚子，又看看一旁馬的屍體，決定放兔子回家：「好吧！你先回家養病去，等你好了，再來回答我的問題。」

兔子答應著，飛速往家跑，回到家中就收拾行囊，牠的太太問：「你不是大王的寵臣嗎？怎麼突然就要離開了？」

「別說了。」兔子將自己的經歷講述了一番，「妳說我怎麼回答，同樣的問題，臭和不臭都被否決了，不管是誠實還是不誠實，最後都會被吃掉！」

兔子太太一聽，趕緊跟著丈夫把家裡值錢的東西都打了包，連夜逃到了別的森林裡了。

這樣學邏輯其實很有趣

排中律的邏輯運算式為「A 或者非 A」，這看起來和前文的矛盾律剛好相反，主要是為了維持思維的明確性。

在論證過程中若是違反了排中律，會出現的邏輯錯誤為：首先是「模稜兩可」，也就是說在思維過程中，對於相互矛盾的兩個不同的思維，既不承認這個，又否認另一個；其次是「騎牆居中」，指的是由於認識的混淆，造成在是與非之間含糊其詞不做選擇。

排中律與矛盾律不同點在於：

首先，二者的適用範圍不同，矛盾律既可以使用在相互矛盾的思想中，也可以使用在相反的思想中，而排中律只能用於相互矛盾的兩個思想裡。

其次，二者的要求不一樣，矛盾律要求對相互矛盾或者相反的兩個思想判斷不能同時肯定，而排中律要求在不同時否定的基礎上，必須承認一個是真的。

最後，違反二者所產生的邏輯錯誤是不同的，違反矛盾律所產生的邏輯錯誤主要是「自相矛盾」，而違反排中律所產生的邏輯錯誤則主要是「模稜兩可」。

程顥（西元一〇三二年～西元一〇八五年）：北宋哲學家、教育家。他和弟弟程頤學於周敦頤，世稱「二程」，同為北宋理學的奠基者，其學說在理學發展史上佔有重要地位，後來為朱熹所繼承和發展，世稱程朱學派。著有《定性書》、《識仁篇》等。

邏輯學的基本規律及應用

指鹿為馬

邏輯的充足理由律

邏輯的充足理由律是指,在同一個思維論證過程中,一個思想被確認為真總是有其充足理由的。

趙高是秦朝二世皇帝的丞相,也是一個有名的宦官。

雖然秦二世對趙高寵愛有加,但趙高依舊是野心勃勃,日夜盤算著怎樣才能把秦二世從皇位上拉下來。

謀朝篡位不是一件簡單的事情,除了天時、地利,最重要的是要人和,特別是朝中大臣們,誰是聽他話的,誰是反對他的,趙高心裡一點底都沒有。

經過思索,趙高終於想出了辦法來測試自己在百官心目中的威信。

一天上朝時,趙高牽了一隻鹿來到朝堂上,滿臉諂笑地對秦二世說:「陛下,我給您帶了一匹千里馬。」

秦二世雖頑劣,卻也不是笨蛋,他打量了一下那隻鹿,一邊心裡盤算著趙高到底要打什麼算盤,一邊微笑著對趙高說:「愛卿,你搞錯了,這明明是一隻鹿,哪裡是馬呢?」

趙高面不改色,堅持自己的說法:「陛下,這就是一匹馬,而且是世間難得的千里馬,請陛下看清楚一點。」

秦二世離開皇位,走近那隻鹿仔細看了看:「愛卿還是弄錯了,

這就是一隻鹿，馬的頭上怎麼會長出角呢？」

趙高沒有對秦二世再說什麼，轉身指著滿朝文武大臣們說：「陛下，如果您不信，可以問問您的臣子們，讓他們來說說看，這到底是鹿還是馬？」

如果說滿朝大臣之前不知道趙高葫蘆裡賣的是什麼藥，現在面對他掃過每個人的眼神，都懂了。

一些有正義感但是膽小的大臣都低下了頭，不敢開口，如果迎合趙高的意思，有違自己的良心；如果不迎合他，又怕日後遭到他的報復。

一些平時就緊跟著趙高的人立即同意他的說法：「真是一匹好馬啊！」

有些正直的大臣則站出隊伍，堅決擁護秦二世的說法：「這明明就是隻鹿，是丞相大人搞錯了！」

趙高皮笑肉不笑地盯著他們，在不久之後就利用各種手段把這些不順從他的人統統治罪，最嚴重的則遭到了滿門抄斬。

這樣學邏輯其實很有趣

邏輯的充足理由律就是說，任何一件事或者任何一個陳述，如果是真的存在的，則必須要有一個為什麼這樣而不那樣的充足理由。用邏輯運算式呈現就是「A 真，因為 B 真並且 B 能推出 A」。其中的 A 是命題或陳述，B 就是那個充足的理由。在故事中，鹿被認為是馬，

那些混淆視聽的大臣們的理由就是「忠誠於趙高」。

對於使用充足理由律的邏輯要求主要有兩點，一是理由必須是真實的；另一是理由和推斷之間必須要有邏輯聯繫。當論證過程中違反了充足理由律，同樣也會產生邏輯錯誤，主要是以下幾種：首先是當以主觀臆造的理由做為依據來論證的話，就會產生「理由虛假」的邏輯錯誤；其次是當理由單獨看是真實的，但實際上和推斷沒有聯繫的時候，是無法推斷出結論的，稱為「推不出」的邏輯錯誤。

邏輯的充足理由律的作用主要是用來維持思維的論證性，只有具備論證性，才能讓結論更具有說服力。

前文的同一律、矛盾律和排中律是充足理由律的基礎和必要條件。因為如果思想不明確，自相矛盾，模稜兩可的話，根本無法具備論證性，也就更談不上結論的說服力了。

小知識

桑德斯・麥克萊恩（西元一九〇九年～西元二〇〇五年）：美國數學家，曾當選為美國全國科學院院士、全國科學院副院長、美國數學會主席、《美國數學會通報》主編等職。他的貢獻主要在代數和代數拓撲方面，著有《近世代數綜述》等。

同性戀和異性戀的推理
邏輯之於生活

生活中很多問題追根溯源的過程，就是邏輯分析的過程，事物的原因就是邏輯的線索和依據，事物的結果就是邏輯分析後得出的結論。

鮑比和科比是美國鄉下的兩個年輕人，他們在鄉下生活久了，就想到城市裡的大學去學點東西。但改變是需要勇氣的，鮑比不敢貿然離開，就跟科比商量，決定讓科比先去看看城裡的情況，等他回來了之後，兩人再做打算。

科比在城市裡繞了好幾圈，最後選擇一所大學走了進去。

大學裡到處都是在樹蔭下看書的學生，科比羨慕地看著他們，濃郁的學習氛圍迅速把科比感染了，他想立即就投身到學海之中，但是到底學什麼好呢？

科比上前詢問離他最近的學生：「請問你學的是什麼學科呢？」

文質彬彬的學生回答：「我學的是文學。」

「文學……」文學是什麼東西，科比想問卻不敢問，他轉而問了另一個問題，「我如果想學習，學什麼好呢？」

「看你個人的興趣。」學生有點厭煩科比的多問了，他指了指遠處的一棟獨立的紅頂小房子，「要不你去找阿普里爾博士問問吧！他的辦公室就在那裡。他是一個很博學的人，一定有辦法回答你的問

題。」

科比向學生道謝，向著阿普里爾博士的辦公室走去。

阿普里爾博士的辦公室房門上寫有他的名字，科比很快就找到了。他敲了敲辦公室的門，裡面一個中年男人的聲音傳出來：「請進。」

科比走了進去，看到阿普里爾是一個頭髮濃密的中年人，和自己想像中那種白髮、戴著眼鏡的老者有些不同。

他問阿普里爾博士：「我是從鄉下來的，想讀書。請問大學是學什麼的呢？」

阿普里爾博士示意他坐下：「大學學很多東西，像物理、生物、化學、高等數學、外語，還有邏輯等。」

「邏輯是什麼呢？」科比問。

「邏輯很複雜，一句話也說不清楚。比如說，你家有沒有一臺割草機？」

科比疑惑：「有，怎麼了？邏輯是教人家如何修割草機嗎？」

「當然不是。」阿普里爾博士笑了，「邏輯是研究思維的，你可以運用邏輯學去推斷生活中的很多問題。你家裡有一臺割草機，我可以推斷出你家有一個院子，你家院子中有一棟房子。看你氣色這麼好，我可以推斷出房子裡住著你的妻子，你們的感情一定很好。從你們的感情好，我可以推斷出你是一個異性戀者。」

科比佩服極了，他回家對鮑比說：「我們去學邏輯吧！很有意思。那個邏輯學教授僅憑我家有臺割草機就能推斷出我是個異性戀。」

「可是，我家沒有割草機。」鮑比說。

「那你就是個同性戀！」科比恍然大悟。

「胡說八道！」鮑比怒道，「如果這就是大學裡教的知識，我就不去上大學了！」

💡 這樣學邏輯其實很有趣

邏輯之於生活，就像水之於生命，或是鹽之於飯菜，若是生活中缺少了邏輯，等於沒有任何規則和定律，生活將變得亂七八糟，而飯菜若是沒有鹽，則是食之無味，完全沒有飲食的樂趣。

邏輯在生活中處處可見，從最簡單的寫一篇文章來看，尤其是議論文，最重要的就是文章的構造和邏輯結構，哪個在前、哪個在後要設計好，這樣閱讀的人才能明白你的意圖是怎樣的，若是沒有邏輯在其中，就算文采再好，讀者也是摸不著頭緒的。

生活中很多問題追根溯源的過程，就是邏輯分析的過程，事物的原因就是邏輯的線索和依據，事物的結果就是邏輯分析後得出的結論。當然，在生活中也常常會發生邏輯的錯誤，而誤導人們進行錯誤的推論和選擇，最常見的就是「以偏概全」，人們選取非常少而且不具代表性的樣本來推導出全體共性的結論。也常常會見到所使用的論據太少，不足以推導出最終結論的情況。

小知識

約翰・馮・諾伊曼（西元一九〇三年～西元一九五七年）：美國籍猶太人數學家，現代電腦創始人之一。他在電腦科學、經濟、物理學中的量子力學及幾乎所有數學領域都有著重大的貢獻。

邏輯之於道德

邏輯反映事物的是規律和標準，而道德是衡量行為正當與否的觀念標準。當人們衡量倫理道德的底限和標準並且做出正和反的結論的過程，就是邏輯分析論證的過程。

　　凱羅爾在高位癱瘓之前曾經是個機械師，正是這個他熱愛的職業給他帶來了一生的傷痛——在一次船上作業的意外中，他損傷了頸部，導致高位截癱，臥床三十年。生活完全不能自理，只能依靠他的四個家人來照顧。

　　在受傷的三十年間，他唯一想要的，就是有尊嚴地死去，但是他所屬的國家並不允許安樂死，他只好日復一日地躺在床上，忍受著煎熬。

　　後來，凱羅爾的生活因為兩個女人的到來發生了改變。

　　這兩個女人一個叫艾莉兒，是一名律師，致力於幫助凱羅爾爭取安樂死的權利；另一個叫安妮，她是一個因退化病而喪失了行動能力的家庭主婦，同為行動不便者，她和凱羅爾的想法不同，一直給凱羅爾寫信，鼓勵他活下去。兩人往來信件不斷增多，雖然安妮已經結婚，凱羅爾無法離開床榻，但他們的感情還是快速發展起來了，彼此愛上了對方。

　　儘管愛情來襲，凱羅爾還是滿心希望艾莉兒能給他帶來安樂死的好消息。對他來說，愛情也不足以平息他對生活的絕望，更何況和他相愛著的，也是一個無法自由行動的已婚女士。

　　幾個月後，律師艾莉兒來到凱羅爾的病房，她遺憾地告訴凱羅爾，她藉助法律途徑為他爭取安樂死的努力失敗了。

　　凱羅爾失望到無以復加，他第一次撥通了安妮的電話：「安妮，我爭取安樂死的機會沒有了。」

　　安妮其實是很高興的：「親愛的，我們一起努力活下去吧！」

　　「不，親愛的安妮，妳知道的，我期待這個機會，我不想再活著麻煩任何人了。」

　　「凱羅爾，我們的愛情還不足以陪伴你剩下的人生嗎？」安妮著急地說。

　　凱羅爾沉默了好久，說：「安妮，我很感激妳給的愛情，但是，我認為，在我始終堅持的這件事上，最愛我的人應該幫助我。」

　　說完，凱羅爾掛斷了電話，安妮握住電話很久都沒有放下。

　　最終，安妮還是幫助了絕望到極點的凱羅爾，她找朋友給凱羅爾帶去了一顆毒藥，凱羅爾如願以償結束了的生命。

這樣學邏輯其實很有趣

　　故事中討論的是在整個倫理道德中至今仍在討論而沒有定論的論題之一，由於參與討論的群體社會角色不同，責任義務不同，人生觀、

世界觀和價值觀都不同，所以有不同的評判標準。

長期的爭議如下：

第一是關於「生命神聖論」和「生命品質論」的爭議，這是最大的爭議。一方認為人的生命是神聖不可侵犯的，活著不是選擇而是必盡的義務；另一方則認為人具有社會價值和生命品質，當二者被破壞時，自己具有選擇的自由。

第二是關於「救死扶傷原則」和「減輕痛苦原則」的爭議。從醫學倫理學角度來分析，救死扶傷是最基本的行為準則和職業道德；而從人性倫理角度分析，醫生的職責除了治癒疾病，還有幫助病人減輕痛苦的重要職責。

第三是關於「資源浪費」和「合理分配」的爭議，這也是討論的焦點之一。

第四是關於「尊重人權」與「情境選擇」的爭議。

第五是關於中國傳統的「孝道」與現代的親情理念的爭議，究竟怎樣才算是真正的孝順是難以抉擇的主因。

小知識

王浩（西元一九二一年～西元一九九五年）：華人傑出的數學家和哲學家，在邏輯界享有極高的聲譽。西元一九四六年，王浩赴美留學，師從哈佛大學哲學系的蒯因。在蒯因的指導下，王浩的主要研究方向在公理化集合論方面。西元一九六一年王浩回到美國，任哈佛大學教授。西元一九六六年，他指導博士生進行 NP 完全性方面的開創性研究，獲得了圖靈獎。

比薩斜塔的自由落體

邏輯之於科學

邏輯之於科學，更多展現在進行科學研究當中所使用的邏輯方法，包括科學可以揭示的邏輯模式與方法、科學可以預測的邏輯模式與方法，還有科學假說的邏輯方法等。

世界上最先研究自由落體的是古希臘的科學家亞里斯多德，他認為物體下落的快慢是由物體本身的重量決定的，物體越重，下落得越快；反之，則下落得越慢。以鐵球為例，假如一個一磅重的鐵球和一個十磅重的鐵球同時從同一高度落下，十磅重的鐵球下落的速度一定是一磅重鐵球的十倍。

這個邏輯，在我們現在看來，知道是錯誤的，屬於非科學邏輯。但在當時，它卻被認為是科學邏輯，直到兩千年之後一個年輕科學家的出現。

打破亞里斯多德理論的年輕科學家叫伽利略。

他先是在邏輯科學上做了簡單而準確的推理：如果亞里斯多德的理論是正確的，那麼一個十磅重的鐵球和一個一磅重的鐵球綁在一起，一磅重的鐵球就會減緩十磅重的鐵球的下降速度，拴在一起的兩個鐵球的下落速度就會比十磅重的鐵球單獨下落的速度慢；但是，如果把拴在一起的兩個物體看成是一個整體，下落的速度就會比十磅重的鐵

球單獨下落的速度快。同一個理論推出兩個不同的結論，這在邏輯上是混亂的、矛盾的。伽利略初步推斷出亞里斯多德的理論是錯誤的。

西元一五九〇年的一天早晨，伽利略為了在實踐上證明自己的推斷才是正確的，就來到了比薩斜塔。

他事先準備了一個十磅重和一個一磅重的兩個鐵球，站在比薩斜塔的最頂端，準備將它們同時扔下去。

圍觀的人都在嘲笑伽利略：「這個瘋子！他想推翻亞里斯多德的理論？」

「是啊！他也不看看自己有幾斤幾兩，這下肯定要鬧出笑話了。」

「喔！可憐的伽利略。今天之後，他可怎麼在學術界立足啊！」

……

對於這些冷嘲熱諷，伽利略毫不在意，他相信自己的推論，他也知道，自己今天會以雄辯的事實讓他們明白，他們相信了兩千多年的亞里斯多德的理論是錯誤的。

站在比薩斜塔的頂端，伽利略兩手同時一鬆，兩個鐵球以同樣的速度下降，然後同時落地。

眾人驚住了，他們沒想到兩個鐵球竟然同時落地了

伽利略向威尼斯大侯爵介紹如何使用望遠鏡。

357

這說明，他們相信了那麼長久的理論是錯誤的！

有人不信，親自到比薩斜塔上進行試驗，不管進行幾次，試驗的結果都直接證明亞里斯多德的錯誤。

後來，伽利略又不僅僅侷限於實驗的成果，他透過計算，又得出了自由落體定律，被學術界廣為接納。

這樣學邏輯其實很有趣

所謂科學方法就是經由邏輯分析判斷整理的手段和途徑，比如觀察、實驗、分析、綜合、歸納、演繹、概括、抽象、模擬和假說等等。

按照其獲得知識類型的不同，可以分為兩類：一類是發現經驗和定律的經驗方法，這是對事實的系統性描述，是藉助概念、觀察、判斷、推理已有的經驗資料來發現的，這是科學知識體系當中比較低層次的部分。

另一類是發現理論原理的理論思維方法，是借助一系列邏輯推理來揭示客觀事物的本質，對現象與現象之間的因果聯繫進行判斷、推測和觀察，這是科學知識體系當中較高層次的部分。

小知識

伽利略·伽利雷（西元一五六四年～西元一六四二年）：義大利物理學家、天文學家、比薩大學教授。他在科學上為人類有著巨大的貢獻（包括發明擺針和溫度計），是近代實驗科學的奠基人之一，被譽為「近代力學之父」、「現代科學之父」和「現代科學家的第一人」。他還是利用望遠鏡觀察天體獲得大量成果的第一人。

手機的飢餓行銷
邏輯之於經濟

經濟學當中，用邏輯學方法來進行推理論證，可以更好更快獲得資本利潤的方法和手段，稱為經濟邏輯。

記者一早來到活動現場，發現這裡已經密密麻麻地擠滿了粉絲，幾個票販子鬼鬼祟祟地在人群中穿梭，從懷裡掏出幾張票：「我這裡有票，你們要嗎？是在前排的！」

粉絲們沒有理他，仍舊三五成群地嘰嘰喳喳討論個不停。

其實，這不是什麼天王巨星的演唱會現場，只不過是一款手機的發表會現場。這個手機品牌創始人非常具有商業頭腦，他利用出色的行銷邏輯，給廣大的手機愛好者造成了「飢餓感」，彷彿自己不出手，下一秒高級的手機就會被搶光一般。就連這個新品發表會，也是很大膽地採取了憑門票入場的方式，吊足了大眾的胃口。

時鐘指向九點，發表會正式開始了，憑票入場的粉絲們找好各自的位置，以雷鳴般的掌聲歡迎品牌創始人出場。

品牌創始人一襲黑衣，以他一貫的幽默方式開場，他用簡短的話介紹了發佈會的主旨和重要來賓後，就為在場的所有人播放了一段關於新款手機的影片。這段僅有十分鐘的影片將新款手機的優勢表現得淋漓盡致，現場的所有粉絲都在尖叫，他們對這款新產品充滿了幻想。

　　早早來到現場的記者在品牌創始人發言之後，高舉手臂問道：「我們大概什麼時候能夠在市場上買到這款產品？」

　　品牌創始人回答：「十個月後。」

　　「也就是說，我們在看了如此高科技的產品之後，需要等上十個月才能看到它？」

　　品牌創始人答道：「是這個意思。」

　　「據我所知，根據摩爾定律，當價格不變時，積體電路上可容納的電晶體數目，大約每隔十八個月便會增加一倍，性能也將提升一倍。也就是說，每一美元所能買到的硬體性能，每隔十八個月就會翻倍。這樣算起來，您這款手機並沒有很廉價。」

　　粉絲們譁然，但品牌創始人並沒有生氣，他溫和地對記者說：「我們也真心期望能給用戶即時送上新產品。但是在手機行業中，我們只是一個剛剛學走路的孩子，有很多大廠商將原料控制得很牢，我們只能排隊等。」他誠懇地轉向現場的粉絲們：「實在對不起各位，我們一直在努力，請各位安心等待。」

　　粉絲們大喊：「我們會等！」

　　記者還想說什麼，卻被保全請出了會場。

　　第二天，記者在報紙上看到了其他同仁的報導，稱這款新興手機將會以每月供應幾千部的方式向用戶發售。而發表會現場預購就超過了三十萬支，該品牌再次賺到缽盆滿滿。

這樣學邏輯其實很有趣

在經濟社會中，誰掌握經濟資源也就是貨幣，誰就會獲得利潤，這就是最簡單的經濟邏輯。若是合理利用經濟邏輯來調控市場和貨幣價格，則會促使社會經濟的理性發展。故事中，品牌創始人的方法也許不受記者的贊同，但他的確運用出色的行銷邏輯為自己賺得滿堂彩。

經濟邏輯的核心在於市場，在市場中，消費者最迫切的需要會透過價格的漲落來表現出來，而生產成本則透過人為對利益的追求和大量的競爭而逐漸降低，從而實現經濟效率的過程就是市場的邏輯。市場的經濟制度是以價格來引導經濟資源分配的規則，當分配失衡就會導致經濟失衡，進而威脅到整個社會的穩定，這種情況下，政府會利用政治手段來介入，以不符合經濟邏輯的方式來給市場提供「信用融資」，相當於是提前預支經濟資源。但是實際上，經濟資源畢竟是有限的，這個過程中，就需要價格的調動來保持平衡，也就形成了「通貨膨脹」，這都是違反經濟邏輯所產生的惡果。

小知識

弗蘭克·普倫普頓·拉姆齊（西元一九〇三年～西元一九三〇年）：英國數學家、哲學家兼經濟學家。有些哲學家將他視為可能比維特根斯坦更偉大的哲學家。

柏拉圖與愛情
邏輯之於哲學

雖然邏輯是從哲學當中分離出來的，但哲學當中，必須使用邏輯方法和手段，才能讓哲學觀點得以證明。

　　柏拉圖是古希臘哲學家，他曾跟隨蘇格拉底學習，也曾教授過眾多的學生，其中最著名的就是亞里斯多德。

　　柏拉圖給後人留下的著名概念有柏拉圖主義、柏拉圖式愛情、經濟學圖表等。其中，關於愛情，他和他的啟蒙老師之間有一段著名的對話。

　　年輕時代的柏拉圖看到朋友戀愛後再絕望失戀，然後再陷入無希望的愛情中，反反覆覆受傷卻還是義無反顧，很不能理解。

　　他問自己的啟蒙老師：「老師，究竟什麼是愛情？」

　　啟蒙老師雖然不像蘇格拉底那麼出名，但也是一位智者。他沒有直接回答柏拉圖的問題，反而將柏拉圖帶到一片稻田裡。

　　望著黃燦燦的稻田，啟蒙老師對柏拉圖說：「現在你走進稻田，一直往前走，不能回頭，摘一棵最大最飽滿的稻穗交給我。」

　　「老師，我是問您什麼是愛情，您為什麼讓我做這種沒有意義的事情呢？」柏拉圖問。

　　啟蒙老師耐心地回答他：「你先按照我說的去做，等你回來的時

候，我就會告訴你答案。」

柏拉圖聽話地往稻田裡面走，那裡稻子都長勢喜人，但柏拉圖卻空手回來了。

啟蒙老師問他：「你為什麼空手回來了？」

柏拉圖遺憾地回答：「一路上看到的稻穗都很不錯，我就一直往前走，但我一直都不敢摘，總覺得前面有更好的，可是走到終點的時候，才發現最好的已經錯過了，只好空手而歸。」

啟蒙老師笑笑說：「孩子，這就是愛情。」

又過了很長一段時間，柏拉圖那個經常戀愛、失戀的朋友結婚了，他目睹人家的婚姻生活，又有些不解了，來問自己的啟蒙老師：「老師，上次您教了我什麼叫做愛情，那麼，什麼是婚姻呢？」

柏拉圖的啟蒙老師帶他走到一片樹林前面：「和上次一樣，你走進去，砍一棵最粗的樹拿來給我。」

柏拉圖走進樹林，不久就回來了，肩上扛著一棵很普通的樹。

啟蒙老師問他：「柏拉圖，這棵樹很普通啊！為什麼選擇它呢？」

柏拉圖回答：「我走進去，看到了很多很好的樹，但是我都錯過了，等我快走到盡頭的時候，我挑選了這棵樹。它看起來還不錯，雖然沒之前的好，但我怕後面再遇見的更差。後來，我又遇見了很多不錯的樹，但我已經有這一棵樹了，沒有力氣再搬其他的樹，所以我就帶著它回來了。」

啟蒙老師深深點點頭：「孩子，這就是婚姻。」

💡這樣學邏輯其實很有趣

　　邏輯與哲學之間若即若離的關係形成了兩種研究走向，即「邏輯哲學」和「哲學邏輯」，其中邏輯哲學研究的是邏輯學當中與哲學相關的問題，比如命題裡的「指稱」，或者命題的「真」，最具代表的是邏輯學家蘇珊‧哈克的系列著作；而哲學邏輯是相對於更偏向於哲學領域的邏輯研究，不涉及哪些與思維、情感、想像等心理過程，而是研究哪些可以判別真與假的實體，也就是思維、句子和命題，通常使用的是模態邏輯、時態邏輯、道義邏輯等。

　　英國著名的數理邏輯學家維特根斯坦憑藉《邏輯哲學論》享譽全球，以簡短的、預言式的語言形式，用編號來展現語言和現實之間的關係，並直接地提出「邏輯上完美的語言的條件」來定義哲學的界限，使得這本還不足八十頁的作品成為邏輯實證主義者當中極具影響力的思想啟迪。

🧩小知識

蘇珊‧哈克（西元一九四五年～）：劍橋大學哲學博士，現任美國邁阿密大學的哲學教授、法學教授，著有《變異邏輯》、《邏輯哲學》等書，對邏輯學及實證主義有大量論文闡述。

請為我投票

邏輯之於政治

政治邏輯學就是在政治領域擺事實講道理，在政治邏輯中，應用最為廣泛的是選舉邏輯。

辦公室裡一片寂靜，這是某部門在進行民主選舉。

剛剛卸任的上任局長在部門中長年作威作福，每次年終評審優秀員工的獎金都是他來訂的，最終得獎者一定是給他送禮最多的人。

現在的局長是新上任的，俗話說「新官上任三把火」，新任局長決定今年的年終獎進行不記名投票，讓大家投票選出年終獎的得主。參加選舉的共有三十四個人，除了四個人出差在外，剩下的人都參加了選舉投票。

很快選舉投票結果就出來了，除了張三和李四各得十票外，其餘的人都是可憐的零票或者一票。

新任局長看完選票的結果，說：「既然沒有得出結果，就再投一次吧！」大家嫌麻煩，一時間吵吵鬧鬧的，有人說：「局長，你在他們之間選一個得獎就行了！」

新任局長說：「這怎麼可以呢?!」

在他的堅持下，大家又進行了新一輪的投票。但這次的結局更讓新局長意外，張三和李四各得了十五票。

這下可是把新任局長給難住了，總不能讓大家再投一次票吧！要是再投出一個十五比十五可怎麼辦啊？

面對這尷尬的境地，腦子轉得快的人提議說：「不是有四個人沒來嗎？打電話問問他們的態度。」

大家都說這是個好主意，但是打電話的結果讓新任局長更哭笑不得。出差的四個人，兩個人投了張三，兩個人投了李四。張三、李四的選票變成了十七比十七，還是分不出勝負。

「這樣吧！」新任局長的臉有點掛不住了，「總共就那麼多獎金，可是提名的有兩個，大家發揚民主精神，說說該怎麼辦。」

投票現場議論紛紛，說什麼的都有。這時，張三站起來說：「我退出競爭。」

大家都驚訝了，新任局長問：「你不要獎金了？」

張三說：「沒必要這麼吵來吵去的，我退出，獎金給李四就好了。」

新任局長點點頭：「李四，你的意見呢？」

李四說：「我沒意見。」

新任局長有深意地看了李四一眼，對大家宣布說：「既然這樣，那今年的先進工作者就是李四。」

大家議論紛紛後熱烈鼓掌。

新任局長揮了揮手，示意大家安靜：「這次的獎金是十萬元，有鑑於張三主動退出，我宣布這次的獎金歸張三所有。」

大家愕然，很快心服口服，再次爆發出熱烈的掌聲。

這樣學邏輯其實很有趣

在政治邏輯中，應用最為廣泛的是選舉邏輯，選舉是指「選舉人透過選舉的形式表明自己對某事物的態度」，比如故事中對於獎金得主的選舉，雖然最終還是以主管決定結束，但在過程中畢竟採取了民主的方式。

選舉當中最重要的媒介是選票，選票是指「由負責選舉事務的機構統一制訂，選民或者選舉人用以表示自己贊成或者反對候選人，按照一定的程序計算，來確定當選人的一個選舉名額。」

選舉邏輯是基於全體民眾集體決策進行行為決定，是在全民意志和關注下，以選出合適的某職位的工作者為目標的邏輯系統。選舉邏輯中，最重要的是資訊的透明，才能做到公正、公平；宣傳到位很重要，需要讓民眾瞭解選舉人當選會對這個選舉事物帶來的價值；對於這個選舉的設計要明確合理，是真正可以推動國家（或某個團體）政治發展的必要之選；多人競選是為了避免選舉事物長期在一個人的意志下運行所帶來的對民眾不利的影響。

小知識

波愛修斯：（約西元四七五或四八〇年～約西元五二四或五二五年）：羅馬後期哲學家、政治家和音樂理論家。在邏輯學方面，他創造了大量拉丁文邏輯術語，確定了屬加種差的定義和發生定義，並試用了一些邏輯符號。同時，他還發展了命題邏輯，將假言命題分為簡單的和複合的，提出了十個假言三段式。

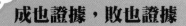

成也證據，敗也證據
邏輯之於法律

邏輯在法律中的應用已有久遠的歷史，而很多邏輯的發展，也是基於法律辯論的需求而不斷發展完善的。

西元一九九四年六月的一個深夜，在一個住宅門口，人們發現了兩具血淋淋的屍體。女死者後來證明是妮克·布朗·辛普森，她身後的是餐館服務生郎·高曼，驗屍官證實他們的死亡時間是晚上的十點多。

據目擊者稱，案發的當天晚上，妮克·布朗·辛普森曾經帶著孩子到郎·高曼的餐廳吃飯，吃完飯後就離開了。離開沒多久，她打來一通電話，說自己的墨鏡忘在餐廳了，郎·高曼就自告奮勇說等到下班後要送過去給她。

後來種種證據都指向了黑人美式足球明星辛普森，員警在辛普森的門外發現了一輛汽車，車上染有血跡，在辛普森回家的路上也發現了血跡。

員警按了很久的門鈴，無人應答。員警們只好爬牆進到了辛普森的房間裡，他們在這個大明星的後院裡發現了一隻染著血跡的手套和其他證據。

這個案件的主要證人是辛普森的房客基圖，他說在客房的牆外發

生過巨響。還有一個司機說他晚上十點左右到辛普森家來接辛普森到機場，但是按門鈴一直沒人理，就在這個時候，他看到一個類似辛普森的黑人從街上跑進了屋。再按門鈴時，辛普森就從房間裡走出來了，說自己剛才沒聽到門鈴聲是因為睡著了。隨後，辛普森就跟著司機坐車去了機場飛往芝加哥。

員警經過幾天調查後，決定將辛普森列為主要疑犯準備逮捕。因為在辦案期間，員警發現妮克·布朗·辛普森是辛普森的前妻。辛普森有足夠的作案動機，因為他的前妻跟那個服務生有曖昧關係。而在辛普森手套、車上發現的血跡也是員警拿出的證據。

但辛普森最後卻被無罪釋放了。無罪的理由和員警控訴他的理由都一樣，都來自於那些證據。

首先是證據之一的血跡，員警在現場找到了一隻帶血的襪子。但是在庭審時，員警出示的拍攝帶血襪子的現場照片卻自相矛盾。案發之日下午四點十三分拍照的現場照片上沒有這隻帶血的襪子，可是四點三十五分拍的照片卻出現了帶血襪子。

這不禁讓人懷疑，到底襪子是不是警方移放到現場的。對於這個問題，警方的回答顛三倒四的。而根據邏輯的排中律的定義分析，兩樣矛盾的東西不可能都是假的，那麼必有一真，所以陪審團認為這個證據無效。

第二個是證據之一的血手套。證人說血手套上的血是濕的，但是驗屍官認為不對，兇案大約發生在六月十二日深夜十點半左右，離證

人發現血手套的時間有在七個小時以上。按照當時的溫度和天氣，手套上的血早就乾了。

正因為這些證據，辛普森被無罪釋放。

💡這樣學邏輯其實很有趣

邏輯在法律中的應用已有久遠的歷史，從羅馬時期的城邦立法開始，就已經成為法律應用的主要工具，而很多邏輯的發展，也是基於法律辯論的需求而不斷發展完善的。

在古羅馬，智者是知識擁有者的代表，第一個智者普羅塔哥拉，為城邦立法，教授人們用邏輯方法來處理法律中出現的問題；蘇格拉底在價值分析方面對法律術語做了邏輯研究，還被尊稱為「蘇格拉底教學法」；柏拉圖創造了辨證法，明確了法律邏輯的定義；亞里斯多德創立了三段論，其間影響了當代法學的發展，尤其是法庭辯論的完善。

現代的法學者們嚴格遵守著法律邏輯，但更多的是研究司法的形式，而不是具體的法律技術，而在研究的過程中，有兩個方面已經發展到必須只用法律邏輯的方式來研究的階段：一個是法律解釋的方法論，究竟是可形式化還是不可形式化，只能透過法律邏輯的推理方式來得以解決；還有一個方面是關於訴訟論題的論證，使用怎樣的技術，如何證明最終的結論，甚至邏輯規則的正確使用，都是在法庭上至關重要的因素。

 小知識

普羅塔哥拉：（約西元前四九〇或四八〇年～西元前四二〇或四一〇年）：古希臘哲學家，智者派的主要代表人物。他一生旅居各地，收徒傳授修辭和論辯知識，是當時最受人尊敬的「智者」。曾為義大利南部的雅典殖民地圖里城制訂過法典。

國家圖書館出版品預行編目資料

關於邏輯學的100個故事／李正榮著.
－－第一版－－臺北市：宇炯文化出版；
紅螞蟻圖書發行，2014.12
面　　公分－－(Elite；40)
ISBN 978-957-659-982-8（平裝）

1.邏輯 2通俗作品

150　　　　　　　　　　　　　103024394

Elite 40

關於邏輯學的100個故事

作　　者／李正榮
發 行 人／賴秀珍
總 編 輯／何南輝
責任編輯／韓顯赫
校　　對／鍾佳穎、周英嬌、賴依蓮
美術構成／Chris' office
出　　版／宇炯文化出版有限公司
發　　行／紅螞蟻圖書有限公司
地　　址／台北市內湖區舊宗路二段121巷19號（紅螞蟻資訊大樓）
網　　站／www.e-redant.com
郵撥帳號／1604621-1　紅螞蟻圖書有限公司
電　　話／(02)2795-3656（代表號）
傳　　真／(02)2795-4100
登 記 證／局版北市業字第1446號
法律顧問／許晏賓律師
印 刷 廠／卡樂彩色製版印刷有限公司
出版日期／2014年 12 月　第一版第一刷
　　　　　2023年 8 月　　　　第六刷

定價 300 元　　港幣 100 元

敬請尊重智慧財產權，未經本社同意，請勿翻印，轉載或部分節錄。
如有破損或裝訂錯誤，請寄回本社更換。

ISBN　978-957-659-982-8　　　　　　**Printed in Taiwan**